『企業広報誌の世界－
広報誌から企業コミュニケーションを読み解く』
正誤表

『企業広報誌の世界－広報誌から企業コミュニケーションを読み解く』（2018年7月刊）に以下のような誤記がありました。お詫びして訂正いたします。

誤：電通アドミュージアム東京
正：アドミュージアム東京

<掲載頁>

P60	18行目
P62	25行目
P66	27行目
P86	15行目
P87	3行目
P94	8・18行目
P95	2・4・14行目
P96	17行目
P108	16行目
P115	26行目
P116	14行目
P141	3行目
P158	26行目
P159	30行目
P161	15行目

企業広報誌の世界

広報誌から企業コミュニケーションを読み解く

三島万里 著

日外アソシエーツ

丸善『學鐙』2017年冬号

『學鐙』創刊号

大林組『季刊大林』No.58（2017年）
（提供：大林組）

帝国ホテル『IMPERIAL』100号（2018年）

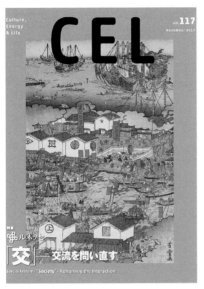

大阪ガス『CEL』Vol.117（2017年11月）

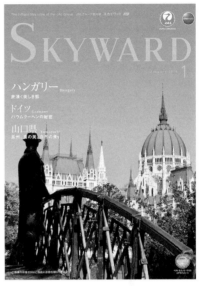

JALグループ機内誌『SKYWARD』
2018年1月号（撮影：山口規子）

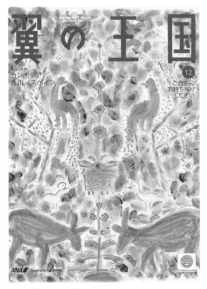

ANA『翼の王国』2017年12月号

鹿島建設『KAJIMA』2018年1月号

三和酒類『季刊iichiko』No.133（2018年）

ミツカン『水の文化』No.57（2017年10月）（提供：ミツカン水の文化センター、撮影：川本聖哉）

新日鉄住金『季刊新日鉄住金』2018年5月号

岩波書店『図書』Vol.21(2018年)

はじめに

　長引く不況、IT技術を駆使したマーケティング技術の進化と企業コミュニケーションの曖昧化、紙媒体と文字文化そのものの縮小傾向などを背景に、企業広報誌の休廃刊が相次いでいる。本論は雑誌とは何か、文字文化とは何か、企業広報とは何か、の3点を再度問い直すことを目的としてまとめたものである。そのために筆者の博士論文『企業広報における広報誌の役割の研究：その歴史的変遷と今後の展望』(2006年)、『広報誌が語る企業像』(2008年、日本評論社)、およびその後『文化女子大学紀要（文化学園大学）人文・社会科学研究』などを中心に執筆した諸論文で数量・内容分析を行った14誌、さらに新たに31誌の内容分析を行い、合計45誌の数量・内容分析を行ったものである。手法としては、第一に企業広報誌の定義と現状の分析を行った。第二に産業分野別に比較検討すべき代表的企業広報誌事例を検出、①それぞれの企業史、②創刊号とその背景、およびその後の広報誌の内容分析、③現在（もしくは休廃刊前後）の内容分析と社会的状況、の比較検討を行った。そして第三にその他各産業分野での代表的広報誌の内容分析、の3点を考察することで、まとめとして企業広報誌の特徴から全体を大きく4つに分類し、それぞれの特徴、企業広報誌の過去・現在から未来を俯瞰する方向性、の2点を検証したものである。

　筆者が前著『広報誌が語る企業像』を上梓してから10年、いま改めて企業広報とは何か、企業広報誌はどのような位置づけにあるのか、今後どのような方向に進もうとしているのか、を問い直すことは、今後ますます多様化・スピード化が進む一方の企業コミュニケーションの意味を、根本から考え直し、その未来を確認することにつながるのではないかと考えている。

2018年5月

三 島 万 里

はじめに……………………………………………………………… 1

第1章　企業広報誌の現状
1-1　企業広報誌とは何か ……………………………………………… 4
1-2　歴史的変遷 ………………………………………………………… 5
1-3　企業広報誌の競合媒体 …………………………………………… 8
1-4　『情報通信白書』から見えてくるもの ………………………… 10

第2章　業種別企業広報誌の分析(1)―比較分析
2-1　輸入消費財販売業(丸善『學鐙』vs明治屋『嗜好』) ……… 12
2-2　建設業(大林組『季刊大林』vs大成建設『大成クオータリー』)… 16
2-3　食品業(サントリー『洋酒天国』vsアサヒビール『ほろにが通信』)… 21
2-4　IT産業(日本IBM『無限大』vs富士ゼロックス『GRAPHICATION』)… 27
2-5　化粧品産業(資生堂『花椿』vsポーラ化粧品『IS』) ……… 34
2-6　繊維産業
　　　(川島織物セルコン『KAWASHIMA』vsワコール『ワコールニュース』)
　　　…………………………………………………………………… 42
2-7　輸送用機器産業
　　　(トヨタ自動車『自動車とその世界』vs本田技研工業『SAFETY 2&4』)
　　　…………………………………………………………………… 49
2-8　食品産業(味の素『奥様手帳』vs日本コカ・コーラ『爽』) … 57
2-9　石油産業(エッソ『エナジー』vsシェル石油『Forum』) …… 63
2-10　ホテル産業(帝国ホテル『インペリアル』vsホテルオークラ『葵』)
　　　…………………………………………………………………… 71
2-11　エネルギー産業(東京電力『東電グラフ』vs大阪ガス『CEL』) … 76
2-12　航空産業(日本航空『SKYWARD』vs全日空『翼の王国』) … 83

第3章　業種別企業広報誌の分析(2)―個別分析
3-1　建設業：鹿島建設『KAJIMA』 ………………………………… 97
3-2　食品産業：サントリー『サントリー・クオータリー』 ……… 100

3-3　食品産業：カルビー『HARVESTER』……………………… 103
3-4　食品産業：三和酒類『季刊iichiko』…………………… 104
3-5　食品産業：雪印乳業『SNOW』…………………………… 108
3-6　食品産業：ミツカン『水の文化』………………………… 111
3-7　繊維産業：帝人『TEIJIN Information』………………… 112
3-8　石油・石炭：TOTO『TOTO通信』………………………… 115
3-9　石油・石炭：INAX『INAX REPORT』…………………… 118
3-10　石油・石炭：コスモ石油『DAGIAN』…………………… 121
3-11　鉄鋼：新日本製鐵『スチールデザイン』………………… 123
3-12　電気機器：日立製作所『日立』…………………………… 125
3-13　電気機器：富士通『Fujitsu　飛翔』…………………… 127
3-14　その他製造業：コクヨ『ECIFFO』……………………… 129
3-15　卸・小売業：日商岩井『月刊トレードピア』…………… 131
3-16　倉庫・運輸業：日本国有鉄道『R』……………………… 136
3-17　倉庫・運輸業：日本道路公団『みち』…………………… 140
3-18　情報・通信：岩波書店『図書』…………………………… 143
3-19　情報・通信：朝日放送『放送朝日』……………………… 151
3-20　情報・通信：日本電電公社『Communication』………… 153
3-21　サービス業：近畿日本ツーリスト『あるく　みる　きく』…… 155

第4章　企業広報誌の内容別分類とその特徴
　　　　　―ビジュアル化とデジタル化の時代へ

4-1　文字言語中心とビジュアル化の系譜 ……………………… 163
4-2　産業文化・生活文化形成・伝承の系譜へ ………………… 165
4-3　休廃刊・デジタル化の理由―企業広報誌は'旦那芸'か …… 167
4-4　まとめに代えて―いま改めて企業広報誌の役割を問う … 168
表-1　企業広報誌の比較検討 …………………………………… 171

企業広報誌目録……………………………………………………… 175

第 1 章
企業広報誌の現状

1-1 企業広報誌とは何か[1]

　本論は企業が社会に対して情報を受発信するコミュニケーション活動のうち、社外向け広報誌を対象に、雑誌としての変遷、同業他社間の企業広報誌の情報内容の比較検討、産業分野別に代表的企業広報誌を検出・分析、の3点を分析考察することで、企業広報誌の企業コミュニケーション上の機能を明確にすることを目的としている。

　企業広報誌とは何か。本論では企業広報誌の要件を以下の4点とする。第一に、企業もしくは企業グループが、企業広報の目的(企業が企業活動の目的・理念、活動内容に関する情報の公開と共有、その結果としての好意の醸成によって、企業と社会との関係を良好にする)に沿って企業理念や活動内容などを、顧客・地域住民・一般社会などの利害関係者に発行する雑誌(多くは無料)であること。第二に、定期的に刊行されていること(その他の企業出版物との相違点)。第三に、ある程度のページ数を持つこと(パンフレット等との相違点)。第四に、情報内容が多岐、詳細であること(カタログ、CSRレポート等との相違点)、である。

メディア特性からみた場合の長所・短所としては次の点をあげておく。
長所：発信者にとっては、(i)いろいろなテーマを時間をかけて取材し、多面的アプローチができ、表現方法に工夫を凝らせること。(ii)読者対象を絞りやすいこと。(iii)発信者側から能動的にアクセスできること(クリックを待たなくともよい)。(iv)HPなどに貼り付けられること。他方受信者にとっては、(v)思考のプロセスを

重視した情報・批評・評論を受け取れること。(vi)時間をかけ、批判的に問題を考えていけること。(vii)持ち運びが可能であり、安価であること。(viii)複雑かつ多様な読者との間に、強い愛着関係を築き上げられること、の8点である。
短所：発信者にとっては(i)贅沢なメディアであること（費用対効果測定が難しいこと）。(ii)制作・配布が煩雑であること。受信者にとっては、(iii)速報性がないこと。(iv)情報量が限定的であること。双方にとっては(v)双方向性が確認しにくいこと、の5点である。

　商業雑誌と異なる点としては、(i)ターゲットが取引先、オピニオン・リーダー、消費者、地域住民などの利害関係者に限定されること。(ii)無料、もしくは低価格で頒布されること。(iii)収益性を離れた雑誌作りが可能であること。(iv)読者を企業側が選定できること、の4点があげられる。

　IRレポート、CSRレポートと異なる点としては、(i)情報開示のみが目的ではないこと。(ii)対象がIR関係者、一部研究者に限定されず、機能も企業の経済的評価を高めることのみに限定されないこと。(iii)編集方針に企業の独自性が打ち出されること（行政・法制度などの「規格・規制」にとらわれないこと）。(iv)企業の「ファン」づくりに貢献できること、の4点が指摘できる。

1-2　歴史的変遷[2]

　日本における企業広報誌の嚆矢は1897年創刊の『學鐙』（丸善、現在も刊行中）に求められ、1902年の『時好』（三越、国立国会図書館で1908年まで確認）に始まる一連の百貨店広報誌、および1908年『嗜好』（明治屋、2008年休刊）がそれに続くものである。第2章第1節で詳述するように、読書文化、食生活文化という、企業が提供する商品の使用価値とは別の側面を強調するための雑誌を刊行したのがいずれも輸入商品販売業者であったことは、明治期の日本に急激に流入した西洋文明の消

化・吸収という課題達成のために、企業広報誌が大きく機能したことを物語る。

　以下では1897年〜2017年までの約120年間を大きく2つの時代に分け、さらにそれぞれを3分類、計6分類として時代分析した。

Ⅰ：第二次大戦前
①1900年前後

　この時代に創刊されたものとして、前述の丸善『學鐙』、三越『時好』、明治屋『嗜好』の三誌があげられる。対象は一般消費者であり、西洋文化を日本社会に周知・啓蒙していった。

②1920年代

　この時代に入ると、伊藤萬『イトマン通信』(1922年創刊、国立国会図書館で1124号(1967年5月)〜1181号(1969年10月)を確認)、武田薬品『薬報』(1923年、国立国会図書館で1946年の復刊1号を確認)、明治製菓『スイート』(1923年、国立国会図書館で戦後の10号(1954年4月)を確認)、資生堂『資生堂月報』(1924年、第2章で詳述『花椿』の前身)、パイロット万年筆『パイロットタイムス』(1925年、国立国会図書館で戦後の35巻2号(1962年3月)を確認)、帝国人絹『帝人タイムス』(1925年、第3章で詳述)などが創刊された。いずれも販売店対象、もしくは販売店が選択した顧客会員に頒布するものであった。消費財流通において卸・小売業者が力を持ち、メーカーがシェア拡大のためのリテール・サポートを重視していた時代であったことが指摘できよう。

③1930年代

　この時代は化粧品・日雑業界のクラブ化粧品『宣言』(国立国会図書館の所収確認できず)、丸見屋『ミツワ文庫』(国立国会図書館で52号(1917年9月)〜91号(1919年9月)を確認)、花王石鹸『プレティン』(国立国会図書館の所収確認できず)、ライオン歯磨『コスモス』(国立国会図書館で1輯(1935年11月)確認)などが競って創刊されたという。さらに3章で詳述する岩波書店『図書』、日立製作所『日立

などもこの時代に創刊されている。その背景には、昭和恐慌後の日本経済の新しい発展があったと考えられる。

Ⅱ：第二次大戦後

④1950年代後半(企業広報黎明期)〜60年代前半(第一次広報課新設ブーム期)

　大衆消費社会到来とともに、マーケティング広報全盛の時代である。企業広報誌は資生堂『花椿』(1951年復刊、59年には100万部突破、2章で詳述)をはじめ、カネボウ『ベル』(国立国会図書館の所収確認できず)、小林コーセー『カトレア』(国立国会図書館で5巻2号(1962年2月)を確認)など消費財メーカーによる商品広報が中心であった。反面甘辛社『あまカラ』(国立国会図書館で3号(1951年10月)を確認)、銀座百店会『銀座百点』(国立国会図書館で1号(1955年1月)を確認)、寿屋『洋酒天国』(1957年、2章で詳述)、アサヒビール『ほろにが通信』(1950年、2章で詳述)など、文化誌的側面をもった広報誌も相次いで創刊された。『週刊朝日』編集長・扇谷正造によって「PR雑誌」と名付けられた時代である。

⑤1960年代後半(第二次広報課新設ブーム期)〜80年代(社会性広報から成熟社会広報へ)

　企業と社会のコンフリクトが高まる中で、企業広報が企業防衛のためのイメージ戦略を中心とした時代である。企業広報誌も製品広報から一転、文化誌的なものが多く創刊された。エッソ『エナジー』(1959年)を皮切りに、トヨタ自動車『自動車とその世界』(1966年)、富士ゼロックス『グラフィケーション』(1967年)、日本IBM『無限大』(1969年)など第2章で詳述するような、大宅壮一が「社会派PR誌」と名付けた一群が相次いで創刊された。

⑥1990年代以降〜現在に至る（バブル崩壊からCSRブームを経てインターネット時代の広報へ）

　以下の3つの理由により、企業広報誌の休廃刊が相次いでいる時代である。第一はバブル崩壊後の長引く不況と企業収益の減少である。

第二はマーケティング技術の普及・進化、広告の「物（ぶつ）」から「コミュニケーション」への転向とともに、企業広報の定義、他の企業コミュニケーションとの境界が曖昧になってきていることである。第三は紙媒体がネット媒体に代わられてきていることである。その結果、トヨタ自動車『自動車とその世界』(1997年12月休刊)、伊藤忠『トレードピア』(1999年3月同)、ポーラ化粧品『IS』(2002年9月同)などすぐれた企業広報誌が相次いで休廃刊となっている。

1-3　企業広報誌の競合媒体[3)4)]

企業広報誌の競合媒体は以下の3点である。

第一は、情報開示型活字媒体の増加である。とくに環境報告書・CSR報告書、IR報告書などが2000年以降急増している点が指摘できる。経済広報センター『アンケート「企業活動のレポート」調査報告書』(2002年)によれば、こうした情報開示型活字媒体は消費者に対し、「製品・サービスに関する情報（広告・宣伝を含む）」や「企業の経営戦略や事業転換に関する情報」を与えることを目的としており、消費者側は「一方的な情報でどこまで信頼できるかわからない」「形式的すぎて企業の独自性がない」などの不満を持っていることがわかる。

第二は、企業ウェブサイトの増加である。経済広報センター『第12回企業の広報活動に関する意識実態調査』(2014年)によれば、2012年の前回調査より3％上昇し、ほぼ100％の企業が自社ウェブサイトを開設している。しかしその目的は、第一が「製品、会社などについての情報をもれなく提供すること」(56.2％)、第2位が「自社製品・商品の販売、取引の拡大に役立つこと」(38.5％)であり、広報の本来の目的である「企業理念やスタンスを伝えること」「社会と企業との相談窓口として機能すること」などはそれより下位におかれていることは重要である。すなわち、企業ウェブサイトは広報よりも広告の役割を上位においたコミュニケーション・メディアとして機能していることがわかる。

第三の、そして現在最大の競合媒体としては、インターネット広報と

してFacebook、Twitter、LINEなどのSNSによる発信、および種々のネットニュース（Yahoo!ニュース、キュレーションメディアなど）、およびそれらに取り上げられるための情報発信技術の追求・模索など、新しいタイプの情報流通構造に転換していることである。

　前述の経済広報センター2014年調査によれば、ソーシャルメディアの活用について、「利用している」と応えたのは前回の33.8％から39％へ増加、広報部門でのソーシャルメディアの活用理由は「顧客とのコミュニケーション」(26.6％)が最も多く、ついで「自社製品・商品の販売、取引の拡大に役立つこと」「製品、会社などの情報をもれなく提供すること」となっている。この点、博報堂DYホールディングスの「第3回全国ソーシャルメディアユーザー1000人調査」(2014年)によれば、インターネットサービスの1日平均利用時間は213分とテレビ1日の視聴時間222分（NHK放送文化研究所、2014年）に迫っていることが確認できる。うちSNS関連は77分と全体の3分の1を占めていること（企業公式サイトは9分と最下位）、なかでもLINEの増加率は前年21.9％から38.0％へと群を抜いていることなどから、企業コミュニケーションの流れはLINEを中心とした方向にいくことが確実視される。

　ネットニュースの増加も著しい。(i)新聞社、出版社、ポータルサイトが提供するネットニュース媒体は日本に200以上存在していること、(ii)Yahoo!ニュースの月間アクセス数は100億PV以上であり、そのうち半分がスマートフォンからであること、(iii)ネットニュースから配信を受け、世の中の興味に従って、ニュースを選んで表示するキュレーションメディアのアプリが近年台頭してきており、その累計ダウンロード数は、2015年9月時点でグノシー（2011年10月サービス開始）1000万超、スマートニュース（2012年12月開始）1300万超となっている。さらにこれらに取り上げられるためのテキスト本の刊行も増加していることを指摘しておきたい。この流れが本来の企業広報のあり方とどのような乖離を生んでいくのだろうか。

第1章　企業広報誌の現状

1-4　『情報通信白書』から見えてくるもの

　最近時点の変化を捉える意味で、総務省『情報通信白書』を見ておく。

　iPhoneが2007年に米国で発売されてから2017年で10年が経過した。総務省『情報通信白書』（平成29年版）によれば、スマートフォンは国内外ともに急速に普及してきており、この傾向は他の情報通信端末と比較するとより明確になるとしている。その原因として、スマートフォンの特徴である、1人が1台持つ情報端末であること、およびそれまでの携帯電話と比較して画面が大きく、多くの文字、画像や動画が見やすいことが挙げられる。それではスマートフォンはどのような用途に使われているのか。「「メールを読む・書く」「ブログやウェブサイトを見る・書く」「SNSを見る・書く」「動画投稿・共有サイトを見る」などの類型別にみると10代及び20代で「SNSを見る・書く」が長くなっている。また、10代及び20代は「動画投稿・共有サイトを見る」も他の年代に比べると長くなっており、特徴的なスマートフォンの使い方をしていることがうかがわれる。

　スマートフォンの普及と軌を一にするように利用が増加してきたのがSNSである。日本における代表的なSNSであり、経年比較が可能なLINE、Facebook、Twitter等の6つサービスのいずれかを利用している割合をみると、全体では、2012年の41.4％から、2016年には71.2％にまで上昇しており、スマートフォンと合わせてSNSの利用が社会に定着してきたことがうかがわれる。

　年代別にみると、10代20代は2012年時点から利用率が比較的高い傾向にあったが、20代は2016年には97.7％がいずれかのサービスを利用しており、この世代ではスマートフォンやSNSが各個人と一体化しているともいえる媒体となっている。40代50代はどうであろうか。2012年時点のこの世代のSNS利用率はそれぞれ、37.1％、20.6％であったが、2014年から2015年にかけて利用率は上昇し、2016年にはそれぞれ80％程度、60％程度となっている。スマートフォンとSNSはもはやすべての世代に

とって「国民的必需品」となっている様子がうかがわれる。

　そのことは、企業広報誌の今後にどのような影響をもたらすだろうか。第一に一層の紙離れを加速化すること、第二にデジタル化した場合、どのような電子媒体を使うかによって閲読数に差が出てくること、第三に広報誌が発信する内容にも大きな変化が起きるであろうこと、などが予想される。

【注】
1) 三島万里『広報誌が語る企業像』（日本評論社、2008年）第2章第1節を参照。
2) 本節については同上書第2章第2節を参照。
3) 本節については同上書第9章第3節および三島万里「インターネット時代の広報誌の役割―予備的研究―」『文化女子大学紀要　人文・社会科学研究』第12集（2004年）を参照。
4) ネットニュース、キュレーションメディア等については月刊広報会議『デジタルPR実践入門』（宣伝会議、2015年）を参照。

第2章
業種別企業広報誌の分析考察(1)―比較分析

2-1 輸入消費財販売業（丸善『學鐙』VS明治屋『嗜好』）[5)6)]

①企業史
●丸善

　丸善は早矢仕有的（1836～1900）が1868年横浜に創立した書籍文具・洋品雑貨の輸入販売業が前身であり、1870年東京・日本橋に進出している。創設当初の丸善の企業活動は、語学書・教科書を中心とする洋書輸入販売、出版事業、および紳士用衣類・文房具など西洋小間物の輸入販売であった。1895年の日清戦争の勝利による教育熱の浸透および雑誌・新聞の隆盛とそこに掲載される欧米の翻訳小説は西洋文学への知的好奇心を引き起こした。より多くの読者、とくに遠方の読者にも原書の内容を正確に紹介し、「友好的交情」を深めることのできる媒体が必要であることが丸善経営陣に芽生えたことが読み取れる。

●明治屋

　明治屋は磯野計（1858～1897）が1885年横浜に創設した日本郵船を中心とする船舶納入業が前身であり、開業当時から西洋酒類、食料品、たばこ、食器などの直輸入販売業も行っていた。1888年磯野はジャパン・ブルワリー社（現在の麒麟麦酒の前身）と総代理店契約を締結、キリンビールの一手販売を開始、その関係は1926年まで続いた（委託販売契約解消後、明治屋の委託販売の中心が日本酒・月桂冠に移ったのは興味深い）。関東大震災によって倒壊した旧社屋に代わり東京・京橋支店の新社屋が完成した1933年、本社機能を横浜から京橋に移転させた。

創立当初の磯野のモットーは「世界のベスト（最良品）を売る」であり、当初は高級食料品の輸入販売が中心であったため、顧客は上流社会に限定されていた。西洋料理の庶民の食生活への土着化＝洋食の定着は喫緊の課題であった。

②創刊号とその後の内容分析[7)8)]
●『學鐙』
『學鐙』は1897年創刊される。その「発刊の辞」は「三光天に輝くも、必ず陰影あり・・・一燈を加ふるもの自ずから一燈の用を為す」とし、学の道の暗がりを照らす燈火の一つとしての役割を自らに与えている。菊判、本文30ページ、漢文趣味の強い論文、詩歌、および赤紙20ページの丸善工業書目録が続き、洋書広告は2ページのみ、さらに菱屋洋物處（丸善洋品部）と熱海・日光の外国人向け旅館広告が並ぶという雑然たるものであった。

1902年批評家として名をなしていた内田魯庵（1868～1929）を重役・編集者として迎え、『學鐙』は形態、内容を一新する。魯庵の行った改革は以下の3点である。第一は、編集者として「読書人」育成を目的とした執筆者ネットワーク作りを行ったことである。坪井小五郎、坪内雄三、森林太郎など、読書雑誌の目的を熟知し、読書への意欲を引き起こすことのできる執筆者群が読者の満足感を醸成していった。第二は、広報人として読み物としての広告作りを行ったことである。新しいターゲットとして実業家・工業家、および女性を選び、文字を主体に様々な広告活動を展開していく。第三は、当時イギリス中心であった日本の洋書読書界に、トルストイ、ゾラ、ニーチェなどの欧州大陸文学を導入したことである。とくにトルストイについては思想上深く惹かれていたようで、日清・日露戦争当時の熱狂的な戦勝ブームのなかで、平和主義、文芸至上主義を訴えるという世論形成・世論変更機能を持っていたことが読み取れる。

第2章　業種別企業広報誌の分析考察(1)―比較分析

● 『嗜好』

　『嗜好』の創刊号（1908年）表紙は『明治屋七十三年史』で確認する限りその後のモダニズムの系譜の先駆となるアールデコ調のものである。判型は新書版様でその後一貫して変わりがなかった。内容[9]は「現代」生活における「趣味」向上という理想を高らかにうたい、料理・食材・食器の紹介、調理法や食事作法の説明、食事の栄養学的側面や歴史的背景の解説など、様々な内容をもった記事で洋食の効能を訴えている。なかでも庶民の生活の中に洋食を必要とする状況をいかに創出するかは最重要課題であり、バレンタイン、復活祭、感謝祭、クリスマスなどの西欧起源の催事が料理、食材を中心に広く紹介されていったことは特筆されよう。

　国立国会図書館で確認できる最初の号である第22巻4号（1929年）はキリンビールの委託販売解消からわずか3年後であり、月桂冠を中心に「お花見の酒」「清酒の話」「ご宴会の必要酒」などの記事が、「英国シービー社のスープや肉の缶詰」「サラダ料理」「林檎のパンケーキ」「トースト・アンド・エッグスタンド　鍋鉢の置臺」などの中にならんでいることが確認される。さらに表紙見開き写真には「花時と明治屋東京支店のショウウインドウ」として特製月桂冠、ビュカナン社ウィスキー、花の白酒等が並んでいる。新しい看板商品・月桂冠をいかに同社のメイン商品・西洋料理食品の中に取り込んでいくか腐心している様子がうかがえる。

③現在（もしくは休廃刊前後）の内容分析と社会状況

● 『學鐙』

　本論執筆時点での直近号『學鐙』第114巻4号（季刊、2017年12月）は菊判、72ページ、表紙写真は東京理科大学葛飾図書館、表2は岡崎武志（フリーライター）の「私のすすめる三冊」が掲載されている。特集「全体と個」として森川輝一（京都大学大学院教授）「全体主義と個」、島田雅彦（作家・法政大学教授）「個人と自由」、金田一秀穂（杏林大学教授）「家とわたし」など、時代の話題を扱ったエッセイが集められ

ている。また連載シリーズとして神崎宣武（民俗学者）「社会の周辺の人々と世すぎ　1—香具師・テキヤ」、柏木博（デザイン評論家・武蔵野美術大学教授）「日本のデザインのモダニズム　20—和洋折衷の物語空間〈小川未明〉」、矢崎彦太郎（指揮者）「音を編む　16—夏の想い出」など学識に裏打ちされたシリーズエッセイが掲載されている。あくまで文字を中心に、読者に物を考えさせ、読書に導き込むことをテーマとしたエッセイを選定・掲載し、「読書人」の育成に力を入れていることがうかがえ、魯庵の時代から脈々と受け継がれているDNAを感じさせる。

● 『嗜好』

　『嗜好』585号（2008年6月）は創刊100年を区切りに休刊することを告げている。新書版、左開き、表2はキリンビバレッジ社の「キリンレモン誕生80周年」というのも創刊当時の因縁を思い起こさせて面白い。全64ページは堀越千秋（スペイン在住アーティスト）他「今、ここに、いる。」、大場秀章（植物学者）「ヒマラヤとの日々」、小松義夫（写真家）「食の原風景」のほか、連載シリーズとして野村哲也（写真家）「パタゴニアの静かな森に住んで」、横明美（ガーデンヒストリアン）「虹色の翼15　フィレンツェの空の下」、ロビンソン治子（ジャーナリスト）「オーストラリア便り　移民32年の記」大竹昭子（エッセイスト）「東京十歩百歩「鮫が橋」を歩く荷風」などが掲載されている。

　1980年代に入り、『嗜好』はそれまでの文章中心から写真記事が多くなってきており、以前の西洋食文化紹介誌から世界の異文化を文字とヴィジュアルで紹介する雑誌へと変貌してきていることがうかがえる。また過去の掲載記事紹介が多くなっていることも指摘しておきたい。例えば最終号585号では、明治41年創刊号「正餐会」・明治43年1月号「明治屋の主義」・昭和37年12月号「フランス食べ歩き6」の3本が紹介されており、『嗜好』の変遷を垣間見ることができる。この変化の原因の一つは編集者の交代にあると推測される。戦後1955年の復刊から70年代までの編集後記を見ると、一貫して「山本」と記名されているが1981年を境に記名がなくなる。『嗜好』483号（1981年8月号）には明治屋・磯

第2章　業種別企業広報誌の分析考察(1)―比較分析

野謙三会長による編集者・山本千代喜[10]への追悼文が掲載されていること、最終号の明治屋・米井元一社長の休刊挨拶には「38年にわたる編集者　亀澤千恵子さん」への謝意が顕されていることから、編集者の意思が雑誌に与える影響の強さを感じさせること、そしてそのことが経営者に十分認識されていたことを思わせる幸せな事例である。

2-2　建設業(大林組『季刊大林』vs大成建設『大成クオータリー』)[11][12]

①企業史
●大林組

　(株)大林組は1892年、大林芳五郎（1864～1916）が大阪市西区で創業した「大林店」が前身であり、いわゆる親方・職人の労働組織から成立した土木建築業である。1904年2月に社名を「大林組」とし、同年6月に東京事務所を開設する。1911年東京中央停車場（旧東京駅丸の内本屋）工事の入札に、東京の清水組・安藤組と並んで関西からただ1社指名されたことで、一躍全国的業者としての地位を獲得した。さらに1923年の関東大震災後の復興事業に際しても、多くの主要建築を手がけた結果、1936年の建設請負代業者の平均年間工事施工高では清水組、大倉土木（大成建設の前身）を抜いてトップ企業となっている。

　第二次世界大戦後、日本の建設活動は民間企業の設備投資、それに誘発された公共投資により、1973年の第一次オイルショックまでは拡大の一途をたどった。大林組は列島改造前夜の1970年、本社機構を東京に移転させているが、社名は一貫して(株)大林組である。

●大成建設

　大成建設(株)は1873年に大倉喜八郎（1837～1928）が資本金15万円をもって大倉組商会を創立し、機械などの直輸入貿易をおこすとともに諸建造物の造営などに当たったことを起源とする。1887年3月大倉喜八郎は渋沢栄一、藤田伝三郎とともに、資本金200万円をもって有限責任日本土木会社を設立、上記大倉組商会の業務の内、土木関係に関するも

のを分離しこれを継承した。これは日本における会社組織による建築土木業の嚆矢である。

　日本土木は経済情勢の変化と法制改革で1893年解散に至るが、わずか6年の間に皇居造営、明治学院ヘボン館などの施工を行っており、その事業は大倉喜八郎単独経営の大倉土木組に継承された。1911年11月大倉土木組は、株式会社大倉組に合併され株式会社大倉組土木部となった。1917年株式会社大倉組より分離して資本金200万円の株式会社大倉土木組となった。さらに1924年には大倉土木株式会社と改称。第二次世界大戦後には1946年には経済民主化と大倉財閥からの離脱のため、大倉土木株式会社を廃して大成建設株式会社と改称（「大成」は大倉喜八郎の戒名「大成院殿礼本超邁鶴翁大居士」による）、今日に至っている。

②創刊号とその後の内容分析[13)14)]
●『季刊大林』
　1970年、大林組は本社機能を東京に移転した。1973年のオイルショックを契機に社会には企業批判の高まりと消費者パワーが盛り上がり、それに対応する経済同友会提言を嚆矢とする企業の社会的責任論がわき起こった。その様な状況の中で、『季刊大林』は創刊された。その背景には企業広報の重要性の高まりと同時に、建設業界全体の社会的評価向上への意思、東京進出により在東京同業他社の動静から広報誌の必要性を理解したこと、があった。

　1978年6月『季刊大林』第1号が創刊される。A4版変型、41ページ、特集テーマは「ピラミッド」として加藤秀俊（学習院大学教授）、川添登（建築評論家）、小松左京（作家）を擁しており、とくに目を引くのは「クフ王型ピラミッド建設計画の試み」（復元：大林組ピラミッド建設プロジェクトチーム）という企画記事であり、これは他誌に例を見ないものであった。発行部数は1万2000部（後には2万5000部）、配布先は得意先、設計事務所、大学および各界のオピニオン・リーダーたちであった。

　その後の編集方針は以下の3点である。第一は建設文化の重要性を理

解してもらうことである。第二は一つのテーマを掘り下げるということである。第三は全58号を通じ、「大林組プロジェクト」というタイトルで想定復元と未来構想を軸に、大林組技術陣による試みを掲載し続けたことである。しかし2002年、『季刊大林』は突然休刊する。その背景には建設業界全体の不振と業績悪化、および1993年に発覚・拡大したゼネコン汚職への社会的批判の蔓延があったと推測する。

●『大成クオータリー』

　『大成クオータリー』の場合はどうであったか。1950年代、建設業界全体の広報宣伝活動はまだ消極的であった。工事現場の板囲い、タワー、シート等に社名を掲げればそれで十分というのが当時の考え方であったという。しかし1956年の株式公開を契機に、PR活動の重要性が顕在化するようになり、大成建設は1960年総務部に広報課を設置する。『大成クオータリー』(季刊)は同課の対外業務の一環として、1961年創刊される。国立国会図書館で確認できた11号(1964年1月)をみると、新書版、右開き、20ページ、白黒印刷で、内容は同社が施工した全国各地の建築物の紹介、技術研究所の先端技術開陳、および大成建設の社史を年表形式にまとめたもので、いわゆる「社内報」「カタログ」の域を出ないものであった。

　1966年5月、18号は『Taisei quarterly』と名前を変え、大きく脱皮している。B5版ワイド、37ページ、カラー化、左開きという斬新な装いとなり、表紙は大倉本館前のアーク灯型街路灯、とびらは1964年に同社が手がけたホテルニューオータニである。同社社員としてホテルオークラ、ホテルニューオータニを手がけた清水一(建築家、随筆家)による「ホテル話」が4ページにわたり掲載されたあと、同社の手がけた建築物として日本ビルヂング、国立京都国際会館が紹介され、さらに「大成の技術研究」「大成ニュース」が続いている。19号以降も「オフィスビルの創造」「電気について」「地下鉄」「モントリオール万博」など建築周辺の時の話題をテーマに特集を組み、文章と写真で読者に新しい情報を提供するスタイルを確立していった。

③現在（もしくは休廃刊前後）の内容分析と社会状況
●『季刊大林』

　2007年、5年の休刊期間を経て『季刊大林』は復刊する。同封挨拶状には、(i)樺山紘一（東京大学名誉教授）、月尾嘉男（東京大学名誉教授）、藤森照信（東京大学名誉教授）の3編集顧問を迎え、体裁も一新して刊行すること、(ii)「健全な企業風土を持ち、社会に貢献できる」新生大林組として生まれ変わる努力を続けており、『季刊大林』はその社会活動の一つとして発行すること、を述べている。復刊の背景にあったものとして同誌編集長・勝山里美[15]は筆者インタビューでコンプライアンス確立に向けての経営陣の強い意志があったことを述べている。

　その50号から58号（2017年11月）の新生『季刊大林』の特徴は以下の3点である。第一は、テーマ選択が未来に重点が置かれていることである。これは編集顧問、なかでも月尾嘉男の影響が大きいと思われる。直近号である58号は主テーマこそ「森林　Forest」であるが、巻頭言で月尾は以下のように述べている。

　「再生可能という言葉・・・が日本にとって重要な意味を持つようになってきた。・・・第一に木材が日本に豊富に賦存する資源であること、第二に木材が先端の素材に変貌しつつあること、第三に木材が日本の文化の基盤を形成していること」としており、大林組プロジェクトチームは「森林と共に生きる街「LOOP50」建設構想」という一大未来都市を20ページにわたって特集している。

　第二は、建築周辺分野における新しい技術力を前面に押し出していることである。

　第三は、社会への発信効果が確立してきていることである。この点がよく表れているのは53号「タワー」（2012年2月）である。表紙はスペイン・タラゴナで2年に一度行われる「カステイエールス」（人間塔）、巻頭は五十嵐太郎（東北大学教授）「グラビア・ウルトラタワー」が10ページ掲載され、樺山紘一「塔と人間―エッフェルからの眺め」、中沢新一（人類学者）「バベルの塔　コミュニケーションの神話」が続いている。大林組プロジェクトチームによる「「宇宙エレベーター」建設構

第 2 章　業種別企業広報誌の分析考察(1)―比較分析

想」は32ページにわたり、文章と写真、図式で地球と宇宙をつなぐ10万キロメートルのタワーの建設可能性を説いている。この内容は各方面で反響を呼び、海外メディアにも取り上げられ、第33回(2012年度)日本BtoB広告賞PR誌部門で金賞を受賞している。いずれにせよ、いったん休刊してから見事に甦った希有な広報誌として特筆しておきたい。

●『大成クオータリー』

　生まれ変わった『Taisei quarterly』はその後何度かの体裁・内容変更を行いながら110号(2000年8月)まで継続して刊行される。とくに66号(1986年8月)以降は「食料」「高齢化社会と健康」「水と文明」「ざ・日本食」など建築から離れたテーマを多く取り上げるようになっている。このことは、その後の内容変化の方向性を示唆するものとして興味深い。87号(1994年1月)からはヴィジュアル度がアップ、上質紙を使い、表2が見開きになるという体裁変更を行っている。100号記念特集(1997年9月)は『日本の建築・土木ドローイングの世界』として藤森照信・清水慶一(国立科学博物館参与)監修のもと、100ページ余の大著となっている。

　その後の『Taisei quarterly』は明らかに建築とは離れた路線をたどっていく。その変化は以下の3点に現れている。

　第一は、87号以降掲載された座談会のメンバーである。川本三郎(評論家)、坂本伸之(評論家)を中心に、木村尚三郎(歴史学者)、赤瀬川原平(作家)、若桑みどり(美術史家)などが顔を揃えている。

　第二は、101号(1997年11月)から106号(1999年3月)までは「便利なもの、不便なもの」「見えるもの、見えないもの」「快適なもの、不快なもの」「似ているもの、似ていないもの」「大きいもの、小さいもの」「変わるもの、変わらないもの」と、相反する言葉を並べたテーマを設定し、常識的な価値観を問い直す特集となっている。田中亮三(建築・美術史家、慶応義塾大学名誉教授)を中心に、池内紀(ドイツ文学者)、本川達雄(生物学者)、中野不二男(ノンフィクション作家)などが対談、執筆を行っている。このエッセイ、対談は単行本化[16]されており、

大成建設のHPには以下のプレスリリースが掲載されている。

> 現代社会に生きる私たちは、とかく目の前の便利さや快適さといったものばかりを優先しがちです。しかし目に見えないことでかえって見えてくる物事の本質もあるのではないでしょうか。硬直した私たちの想像力にふたたび活力を取り戻す時期が来ているのかもしれません。・・・本書では、目に見える便利さや快適さの陰に隠れてしまい、心の目でしか見ることのできなくなってしまった真に価値あるものに光を当て、気鋭の学者・作家・文化人、30人がエッセイと対談で、今という時代を改めて問い直します。・・・来たるべき未来社会における、本当に豊かな生活とは何かを考えるきっかけとなれば幸いです。

第三は、107号（1999年6月）以降最終号となる110号（2000年8月）までで、テーマを変え、「おいしさのしくみ」「遊びのしくみ」「美しさのしくみ」「街のしくみ」などが取り上げられており、対談者も趣を変えている。

結果として、1961年の創刊以来、建設業が果たすべき社会的な役割や文化的意義を広く議論することから、文学や芸術、宇宙論など、社会の様々なジャンルの話題を取り上げる文化情報雑誌となっていく。2000年8月、その突然の休刊に対しての編集部からの叙述は見当たらなかったが、その背景には『季刊大林』の休刊同様の事情（企業利益の低迷、建設業界に対する社会的批判の高まり）があったのではないかと推測される。

2-3　食品業（サントリー『洋酒天国』VSアサヒビール『ほろにが通信』）[17)18)]

①企業史
●サントリー

サントリーは1899年、鳥井信治郎（1879～1963）によって大阪市西区で葡萄酒製造販売業として創業された。当時の酒類生産量の推移を見ると（『国税庁統計年報書100回記念号』国税庁、1976年）、清酒が圧倒的であり焼酎がそれに続いていること、ビールが課税対象となるのは1901年からであるが急速にシェアを高め1916年には焼酎と逆転していること、ウィスキー・果実酒などのその他の酒類は戦前は一貫して2％内外の低い生産量にあったこと、の3点がうかがえる。鳥井が目指したもの

は、第一に甘味葡萄酒「赤玉ポートワイン」の製造（1907年より）、第二がウィスキー作り（1919年より）であった。1921年社名を（株）壽屋に改めた鳥井は山崎工場の建設に着手、1929年本格国産ウィスキー第一号の「サントリーウィスキー白札」を発売、大正末期から昭和にかけての「都市化」の流れの中でのカフェ・バーの隆盛、軍需会社の指定および軍納ウィスキーの生産、などを背景に、日本の飲酒文の中に地歩を固めていったのである。

● **アサヒビール**

アサヒビール（株）は1889年その前身・大阪麦酒会社として大阪・吹田に設立された。日本麦酒醸造会社（1887年創立、ブランド名：ヱビスビール）、札幌麦酒会社（1888年創立、ブランド名：サッポロビール）、ジャパン・ブルワリー（1888年創立、ブランド名：キリンビール）も相前後して創立され、日本のビール産業の興隆期を迎える。1901年ビール税課税により大手4社を中心に競争が激化、東洋のビール王と呼ばれた日本麦酒・馬越恭平によって大阪麦酒、日本麦酒、札幌麦酒の3社合同が実現、大日本麦酒（株）が設立される。1901年の課税開始当時の各社生産シェアは日本：27％、大阪：25％、札幌：11％、ジャパン・ブルワリー：13％というもので、ここに当時の日本市場の63％を占める大ビール会社が生まれたのである。第二次大戦後の1949年、過度経済力集中排除法の指定を受けた大日本麦酒は日本麦酒（ブランド名：サッポロ）と朝日麦酒に分割、朝日麦酒は旧日本麦酒の半分の生産力を持った企業となり、生産工場も旧9工場から4工場（吾妻橋、吹田、西宮、博多）となった。初代社長は山本為三郎、旧大日本麦酒の常務、専務として麦酒業界を知り尽くした人であり、1954年にはニッカウヰスキー（株）に資本参加、1958年には日本初の缶入り「アサヒビール」発売、1969年には日本初のビールギフト券を発売するなど次々と新しいマーケティング戦略を開発している。

2-3 食品業(サントリー『洋酒天国』VSアサヒビール『ほろにが通信』)

②創刊号とその後の内容分析[19)20)]
● 『洋酒天国』

　1949年、全国の料飲店の営業再開が許可され、同年10月壽屋は戦後初の新聞広告(「キットお気に召します！」というコピー)を掲載する。1951年朝鮮動乱の特需景気をきっかけに消費革命は着実に始まっていき、ウィスキーメーカーは新しい時代にふさわしい酒類としてウィスキー売り出しにかかった。1953年頃からウィスキーの新しい飲み方として「冬はホット」「夏はハイボール」を重点的に提案、1955年頃からは百貨店などの「明るい生活展」などにホームバーセットを出展、ホームカクテルの推進に努めた。その一方で家庭外で安価にウィスキーを飲ませる大衆向けスタンドバー「トリスバー」を出店、雨後の筍のごとく数が増えていったという。『洋酒天国』はそうしたチェーンバーのノベルティグッズの一角として企画されたものであった。洒落た洋酒チェーンバーで飲むウィスキーで若いサラリーマンを魅了し、そのポケットには『洋酒天国』が入っているという状況を作ろうとしたのである。

　1956年4月『洋酒天国』は刊行される。創刊の辞は「昔、西洋の坊さんは人々を慰めるため　いろいろの酒をつくったと伝えられます。この小冊子も同じ気持ちで編まれました。お読みになって　何がなし心和むそんな頁が一頁でもあるようなら大変幸せです・・・」。編集兼発行人は壽屋広告部員であった開高健、発行所は株式会社壽屋内洋酒天国社であり、B6版、46ページ。表紙は柳原良平の「アンクルトリス」のイラストだった。内容は吉田健一「呑気話」、春山行夫「西洋合財袋」の連載の他、中谷宇吉郎「味を楽しむ」、横山隆一「私のコクテール」などのエッセイ、石川欽一・本田春吉の対談「戦前と戦後のスコッチ」、木村伊兵衛のグラビア「パリーの酒場」が掲載されている。

　内容を確認できた53冊を通じての特徴は以下の3点である。第一は、創刊号から50才以上の碩学大家を中心に酒と遊びに関する言説を展開せしめていること。第二は、伝説的な綴じ込みヌードフォトを別にすればヴィジュアル度は低く、写真もモノクロであること。第三は、第4号から編集後記以外にも「酔族館」という読者欄を設け、読者との双方向コ

ミュニケーションを図っていること、である。開高は『洋酒天国』の編集方針に関し、以下のように語っている。「コマーシャル一切抜きで、サントリーのサの字も入れない、トリスバーのトの字も入れないPR雑誌をつくろう・・・香水のはなしだとか、西洋骨董のはなしとか、それから酒に欠かせない女の話だとか」を集めた「プレイ雑誌」であり、その流通経路は「トリスバーとサントリーバーに行かないことにはもらえない、もらえるとしてもよほどかようて常連になって、マダムとええ仲にならんことにはもらえない」。そうなりたくなるくらい「おもろいものをつくろうやないか」。刊行期間は短かったが、洋酒文化を日本に根付かせる役割は十分に果たしたと言えよう。

● 『ほろにが通信』

　1950年代前半は日本経済が高度成長期に入る前の生活困窮時代であり、ビール消費の低迷は惨憺たるものであった。価格は格段に高価で1949年のサラリーマンの月収が8810円であるのに対し、大瓶一本は126.5円であった。贅沢な飲料・ビールは業務用消費が8割以上を占めていた。とくに大阪出身のアサヒにとって関東圏はまったく新しい市場であり、大日本麦酒時代の「エビス」「サッポロ」ブランドを引き継いだ日本麦酒の製品が75％以上を占めていたという。知名度を高めるためのしのぎを削る競争が行われた。『ほろにが通信』はそのような雰囲気のなか、1950年10月刊行された。B5版、8ページ、白黒印刷である。創刊の辞として（無記名）「これは、ビールを愛し、ビールに趣味をもつ人々へ献げる一つのしおりである。・・・我々は家庭の総ての人々が、あたかも番茶を飲むような気易さでビールを楽しくたしなむ日を大きな期待を以て望むものである。その日こそ、日本が平和で豊かで楽しい文化国家となったときであろう。その為に人々が幾分でもビールに親しめるようにと、その念願が、小誌となったのである」とある。

　創刊号の表紙は銀座のビアホールで働く女性とゆるキャラ「ほろにが君」の写真（この傾向は3号まで継続、それ以降は「ほろにが君」がメインモデルを務め、9号からは恋人役の「三ツ矢嬢」が加わる）、内容

2-3 食品業(サントリー『洋酒天国』VSアサヒビール『ほろにが通信』)

は「ビール教室：美味いビールとは」、山田耕筰（作曲家）「愉しいビールの味」、木村さく（築地「新喜楽」女将）「御高説拝聴」、渡辺紳一郎（随筆家）・山本為三郎「AB対談：「酔っても楽しく」のほか、パズル、コント、岡部冬彦の漫画「ミスターホップ」などが並んでいる。編集顧問は飯沢匡（当時『アサヒグラフ』編集長）、創刊二年目からは三國一朗（放送タレント）が編集責任者となった。同誌の特徴は以下の3点である。第一に全編を通じてそうそうたる芸術家、学者、文化人たちが「AB対談」出席者として登場し、ビールをテーマにしたおしゃべりを語り合い、その堅苦しくない雰囲気がよくでている（謝礼は現物支給の時代であったらしい）。第二は読者参加型のABパズル、川柳「ビールの四季」など電車の中吊り広告と連動していることであり、第24号には今回の応募総数数十万通とある。第三は表紙（ゆるキャラ2人は製品パッケージなどにも登用されている）、AB対談、読者との交流などで、ビールへの親近感、メーカーへの信頼感を育成することに焦点が当てられており、宣伝臭が感じられないことである。この傾向はその後に創刊された『洋酒天国』にも引き継がれたのではないだろうか（アサヒビール社史『Asahi100』は開高が当時の酒類業界の広報誌状況に関し、「アサヒビールの出していた『ほろにが通信』が光っていたが、やがて消え」と触れていることを述べている）。

③現状(最終号)の内容分析と社会状況
●『洋酒天国』

『洋酒天国』は1964年2月、61号で終刊する。編集後記は「航時機（タイムマシーン）を使って過去を改竄するとどうなるか？・・・編集部一同、延々と1ヶ月間、このタイムパラドックスについて議論していました。・・・二月、素晴らしい二月でした！」と述べるだけで、とくに終刊の辞はない。それはちょうど壽屋が企業名をサントリー株式会社に変更、サントリービールを発売し始めた時期であり、トリスウィスキーの上位ブランド「サントリーレッド」を発売する前年であった。『洋酒天国』の企業広報誌としての機能は第一にウィスキーの販売組織

系列化、第二に潜在的顧客の組織化、第三に、そして編集者・開高が最も目指したのは、洋酒文化の日本への導入・普及であった。「酒と遊びの教養雑誌」「夜の岩波文庫」と呼ばれた企業広報誌は、企業がマーケティング新世代に突入することでその役割を終えたと言えよう。

● 『ほろにが通信』

『ほろにが通信』は1955年6月、55号で休刊する。休刊の言葉として山本為三郎は「創刊の辞に陳べたわれわれの希望は、今月そのすべてが充たされたとは言い得ないものがありますが、我が国に於けるビールの消費量は日を追って増大しつつあり、ビールへの親しみを増すという使命も、今や一アサヒビールより、広く麦酒全体がこれを担うべきであるということから、小誌はひとまず本号を以て」休刊する、と述べている。また飯沢匡は1950年10月本誌を出す相談を受けたとき、「すくなくとも東京地方ではアサヒビールという名はインテリの間に知れ渡っていなかった」それがこの6年間で同誌が「何ほどの貢献をしたかは、自分からは言えないが、アサヒビールの商標を全国津々浦々にまで普くした点では、たぶんみとめてもらえる」であろうことを述べている。

最終号は全24ページ、表紙はほろにが君とその恋人の三ツ矢嬢が結婚して特急列車（「つばめ」を意識か？）で新婚旅行に出かけるシーンの写真が載せられている。内容は (i) 座談会「ほろにが通信の思い出を語る」飯沢匡のほか佐藤美子（声楽家）、桶谷繁雄（東工大助教授）、戸川エマ（文化学院教授）、植田敏郎（一橋大学教授）、岡部冬彦などそうそうたるメンバーで6ページ、(ii)「アサヒビールの今と昔」+「ビールの香りと味」4ページ、(iii)「ほろにがの群像」（集合写真）、(iv)「休刊によせて」（執筆者、愛読者からのメッセージ）6ページ、などからなっている。

『ほろにが通信』の企業広報誌としての機能は以下の2点に求められる。第一にアサヒビールを関東圏の消費者に知らしめたこと、第二に広報宣伝臭がなく、むしろ編集顧問・編集者の個性がよく出ていること[21]、である。1959年ビールは清酒の生産量を抜きトップに躍り出るが、反面アサヒビールのシェアは低下の一途をたどり続ける。企業広報誌による

ビールの啓蒙時代が終わり、新しい製品開発が求められていたのである。アサヒビールのシェアが戦後初めて上向く（一時期は10％前後まで落ち込んでいたという）のは「スーパードライ」の発売、1987年を待たなければならなかった。

2-4　IT産業（日本IBM『無限大』VS富士ゼロックス『グラフィケーション』）[22)23)]

①企業史
●日本IBM

　IBM社の日本進出は1925年である。森村商事、黒澤商店との代理店契約を経て1937年には日本ワットソン統計会計機械（株）として設立された。1950年日本IBMとして事業活動を再開、日本市場にIBMコンピュータが初めて導入されたのは1958年である。コンピュータ産業は戦後の新産業の中でも自動車と並んで最も戦略的に重要視された産業であり、国産メーカーの技術が未発達であることを理由に、1960年代の「自由化」当時は輸入・資本両面で規制されていた。コンピュータの輸入・資本導入は1975年12月からであり、その後も日本政府の徹底した国産メーカー育成政策のため、1982年になっても日本IBMのシェアは27％でしかなかった（ヨーロッパでは7割）。これに対し日本IBMがとった戦略は（i）他メーカーにない技術とノウハウによってコンピュータの新しい用途を開発し「パイ」を大きくすること、（ii）ナショナルプロジェクトに進んで協力することによって、日本社会に貢献する企業であることを表明すること、の2点であった。前者の代表例が朝日・日経両新聞社の全紙面コンピュータ作成システムの開発（1971年から稼働）であり、後者の代表例が東京オリンピック（1964年）に実現させたオンラインシステムの開発であった。

　その後1980年代はビジネス・インフラへのITの浸透、1990年代はe-ビジネスによる変革への挑戦（例えばアスクル（株）の全商品電子化）、2000年代からは「地球を、より賢く、よりスマートに」をモットーに、様々なビジネス開発を行っている。

第2章　業種別企業広報誌の分析考察(1)―比較分析

●富士ゼロックス

　富士ゼロックスは1962年富士写真フイルム(株)と英国ランク・ゼロックス社との合弁により「富士ゼロックス株式会社」として創立された。資本金2億円（出資比率50：50）であった（現在は200億円、富士フイルムHD75％、ゼロックス・リミテッド25％）。1962年に業界初の普通紙複写機「富士ゼロックス914」の国内販売を開始して以来、1980年代のシステム事業、1990年代のネットワーク事業の展開、そしてデジタル化やカラー化を中心に、紙の情報を複写するゼログラフィーの技術でオフィスに変革を起こす一方で、機械そのものでなく効用を提供するレンタルサービスという画期的なビジネスモデルを日本に定着させてきた。その後もさまざまな商品・サービスを通じて顧客のコミュニケーション活動や、価値創造を支援して今日に至っている。

　その広告活動も日本企業としては群を抜いていた。それは「何かにつけて世に先駆けて、あるいは世の流れに逆らうかのように、新しいこと、変わったことをやる企業」というイメージによるところ大であったと小林陽太郎（当時代表取締役社長）[24]は述べている。その象徴的存在が富士ゼロックスの広告であり、マス媒体中心の、新規性に富んだ、しかしこれまでの製品効用を全面に出した広告の「正当派」からは「何を言ってるの？」と首をかしげられるような広告活動であった。しかしそれをあえて始めた理由は以下の3点にある。第一は差別化に広告面から一石を投じたかったこと、第二に新しいコンセプト―本当の機種採用決定者＝企業で実際にコピーをとる若い女性に直接呼びかけるメッセージと媒体を選ぶこと、第三に電通で富士ゼロックスを担当していた藤岡和賀夫[25]の「広告はそれ自身が企業のメッセージ、企業の商品としての意味を持つ」という考えに宣伝広告チームが共鳴、明確な思想を持っていたことが基礎となっていた。換言すれば、小林・藤岡のまず広告思想ありき、そのあとを企業広報が受け継ぎ、拡大していった時代であった。

2-4 IT産業（日本IBM『無限大』VS富士ゼロックス『グラフィケーション』）

②創刊号とその後の内容分析[26)27)]
●『無限大』

　1969年8月『無限大』が創刊される。創刊号の稲垣早苗社長（当時）・挨拶はコンピュータの持つ能力とその役割を知らせることを第一義としていると述べている。また社史『日本アイ・ビー・エム50年史』（日本アイ・ビー・エム、1998年）からは、企業と社会とのコミュニケーションの場を作り出すことを目的とし、当初は科学・技術と人間の関係、異文化間の交流を二本柱とし、後年日本研究という第三の柱が追加されたことを述べている。元編集長・前野昭吉[28)]およびその後継編集者・松野元子への筆者インタビューによれば、対象は一貫してオピニオン・リーダー向けであり、それはアメリカIBMの広報誌'Think'に倣ったものという。

　全体は5期に分けられ、第2期（1972年～79年）および第3期（1980年～89年）の前野編集長の時代の特徴は以下の3点である。第一は、特集テーマ方式が設定されたことである（1969年～72年の揺籃期はコンピュータ関連論文、製品紹介記事が多かった）。第二は、第2期は国際理解、情報、日本関連のものが増えてきていることである。その背景には1974年3月アメリカIBM研究員の江崎玲於奈がノーベル物理学賞を受賞したことで、IBMという企業が日本社会に知られたことがある。第三は、第3期に「日本化」路線が追求されたことである。江上波夫（考古学者）・梅原猛（哲学者）をキーパーソンとして1979年から81年の3回「日本とは何か」をメイン・テーマとして天城シンポジウムが開催される。その後も識者によるシンポジウム・対談などが多用され、『無限大』は日本文化研究、およびその成果を世界に向けて発信するという役割を担っていった（その背景には1978年、1982年の2度にわたる企業不祥事に対する日本社会での日本IBM批判の台頭があったと考えられる[29)]）。ヴィジュアル度は高まり、ページ数もふくれあがり200ページを超える号もあったことは驚きである。

第2章　業種別企業広報誌の分析考察(1)─比較分析

●『グラフィケーション』

　1966年7月、富士ゼロックスは『パイオニア』という広報誌を創刊した。B5版、16ページ、モノクロという簡素なもので、内容はビジネスショーの紹介、ゼロックス機採用ユーザーの会社訪問、グラビア企画「ゼロックスの世界」など、一般的な販促誌の域を出なかった。1967年3月の第6号からは増ページとともに誌名変更され『グラフィケーション』が誕生する。しかしその内容は大きく変わることがなく、27号（1968年11月）まで継続された。その一方で1960年代後半の富士ゼロックスの広告は機械の効用訴求から「ベターコミュニケーション」とユニークさ追求に変化していく（伝説的な「モーレツからビューティフルへ」キャンペーンが行われるのは1970年である）。広報誌も同様に突き抜けた存在感を示す活気あふれる紙面構成が求められていくのである。

　1969年1月新生『GRAPHICATION』（新創刊1号）が誕生する。表紙イラストは湯村輝彦、特集は「現代」、B5版変型、総カラー30ページという上質の手触りが感じられるものであった。富士ゼロックス広報宣伝部・砧一郎[30]は筆者のインタビューに答えて、リニューアルの基本コンセプトは (i)時代の動きをジャーナリスティックにとらえる枠組みを特集という形で設定すること、(ii)ヴィジュアルを重視し、写真、漫画、イラスト、現代美術、映画などの視覚表現を等価で扱い、新しい紙面構成を目指すことにあったこと、(iii)その背景には編集制作を担当した編集プロダクション・ル・マルス　田中和男の功績が大きかったこと、の3点を上げた。

　『GRAPHICATION』は時代とともにテーマを変え、刊行を継続していく。すなわち1970年代の「サブカルチャー追求」、1980年代は「技術と人間」、1990年代は「環境との共生」と「ネットワーク社会」、2000年代からは「市民社会」を全面に出してきている。同時にグラフィケーションとは何かという定義も変化している。新創刊では「グラフィック・コミュニケーションに基づく合成語で、文字、記号、絵画、デザイン、写真、マンガ、映画・テレビの画面などイメージ（像）によって情報を伝達する方法を総称したもの」としている。その後2000年からは「急

速に進展する情報化社会にあって、グラフィケーションは、聴覚、触覚、時空間意識などとともにトータルな人間の知覚と想像力を獲得する手段としてますます重要性を増してきたと言えよう」という後半部分が付加されている。より時代に密着した内容を追求してきた雑誌であることがうかがえる。

③現在(もしくは紙媒体最終号)の内容分析と社会状況
●『無限大』

　1989年秋以降、編集長の交代を契機に『無限大』は編集方針を変えていく。第4期(1989年秋〜99年春)は日本文化そのものの研究から、世界の中で日本がどういう位置にあるのか、「世界を知ることが日本を知ること」(80号)がメイン・テーマとなっていく。日本が外からどう見られているか、異文化をどう理解し、それとどう関わっていくか、という日本国内に向けての発信にスタンスが移っていることが指摘できる。その背景には1990年からの日米構造協議を通して日本の市場開放が求められ、外国人労働力導入が進展していく一方で、日本企業の海外進出など、否応なく異文化との接触・受容が拡大・進化していく日本社会に対するメッセージが込められている。

　第5期(1999年冬〜2013年夏)に入り、『無限大』は以下3点で変化する。第一は創刊30年を迎え、編集テーマをこれまでの三本柱から「ITと社会の架け橋」に発展させたことである。第二はページ数が半分以下(136ページから67ページへ)になったことである。第三は特集テーマがビジネス中心になったことである。これらの変化に対し、松野はインタビューで以下の5点を答えた。(i)転換の理由はやはりコスト削減であること、(ii)ITと社会の架け橋になるテーマ設定により、日本IBMはIT全体に責任を持つ企業であることを打ち出すこと、(iii)読者に「もう少し知りたい」という気持ちを起こさせること、(iv)10年をサイクルとして考えていること、(v)経営陣の企業広報誌に対する的確な判断と支援があること、であった。

　133号(2013年夏)をもって紙媒体の『無限大』は終わりデジタルメ

第2章　業種別企業広報誌の分析考察(1)―比較分析

ディアとなる。紙媒体・最終号のテーマは「リスクマネージメント特集」であり、編集後記には紙媒体の終焉に対しての言葉は述べられていなかった。そして2013年10月16日付デジタルメディア導入の挨拶文は以下のように述べている。

> 『Mugendai（無限大）』は、国内外で起こるイノベーションを、テクノロジーとビジネス、科学、社会、文化、教育など、さまざまな切り口で取り上げ、現在の日本を牽引するリーダー、そしてこれからの日本を牽引するリーダーの方々に、新たな視点と最新の動向を提供していくWebメディアです。・・・今回、より多くの方に情報をご提供することを目的に、デジタルメディアとしての『Mugendai』を開始することにいたしました。・・・
> 『Mugendai』は、国内外の各界の専門家とともにWebメディアを通じ、社会で起こるイノベーションをタイムリーに読み解き、現状に満足せずチャレンジを続ける日本のリーダーの次なるイノベーションの創造を触発してまいります。

現在ウェブで公開されているデジタルメディア『MUGENDAI』をみると、「イノベーションを触発するデジタルメディア」の名の下、「キーワード」として「環境」「宇宙」「教育」「データマイニング」「グローバル」「クラウド」「資源・エネルギー」などが掲げられ、様々なインタビュー記事も多く、ヴィジュアル性は一段と高まっている。Twitter・Facebookとも連動しており、「いいね！」の数が表されているが、しかし全体として「いいね！」の数が少ない（とくに力を入れているデータ・クラウド関連記事での少なさが目立つ）という気がする。同様のデジタルメディアが増加している中で、ターゲットとするビジネスパーソンへの訴求度が高まっていないのではないだろうか。

●『グラフィケーション』

2015年7月、『GRAPHICATION』199号には「電子化のお知らせ」として、紙のもつ世界観、重要性は十分認識していること、電子メディアの発達はタブレット端末やアプリの普及により、とくに若い世代の利用が増加していること、を述べ、「紙の持ち味、良さを十分に認識しつつ、一方で電子メディア活用へのチャレンジは、ITをリードする富士ゼロックスにとっても魅力的なテーマ」であり、200号を節目として、以後電

2-4　IT産業（日本IBM『無限大』VS富士ゼロックス『グラフィケーション』）

子の世界で『GRAPHICATION』の個性を磨き、ユニークな表現を追求するとともに、これまで以上に注目される存在を目指すこと、を宣言している。

　同年9月『GRAPHICATION』は紙媒体の最終号を発刊した。46ページ、特集テーマは「非文字文化の魅力」、鶴岡真弓（美術文明史家）・松山巌（作家）の対談「文様と装飾の世界—かたちの始原を訪ねて」（8ページ）に始まり、又重勝彦（フリーライター）「絵を組み合わせて文字に読ませる」、橘川俊忠（日本政治思想史）「非文字化とは何か」と続く。表紙はスズキコージ「WILDER MANN」、「角の生えた頭の上にカタツムリをのせて、時を遡ってゆく獣人」をあらわしたものである。

　紙媒体を終える理由として富士ゼロックス広報宣伝部の硲は以下の3点を挙げた。第一は、編集者・田中和男の引退、第二は、時代に即した発信力強化と双方向性確保、第三は、文化・社会論を核にした本編に加え、富士ゼロックス周辺の企業情報発信枠を確保することで、顧客向け発信力を強化すること、であり、そのことにより「洗練されたIT企業の最先端イメージ」を牽引することが最大の目的であるという。そのことが実現されるかどうか、12月に登場したデジタル版『GRAPHICATION』は、硲によればいまだ紙媒体ほどの影響力をもって社会に認知されていないという。その原因の一つはスマホ使用率が圧倒的に高い時代に、タブレット版を出した点にあるのではないだろうか。

　その後の『GRAPHICATION』の内容をデジタル版及び同社HPから見てみよう。

　2016年度は「続・新しい時代の多様なコミュニケーション」として以下の内容が示されている。

> 「文明の衝突」が著された1996年以後、その指摘に沿うように異文化間の軋轢が強まり、非寛容と反知性が際立つ荒々しい状況となっています。こうした対立を和らげ解くには、さまざまな社会の成り立ちや文化、価値観を知り、まずは相互に理解する寛容さが何よりも大切でしょう。対話と協調を得るためにも多様なコミュニケーションの重要性はいや増しており、今年度もう一年その可能性を追求して参ります。

2017年度は「再編成の時代に向けて」である。

　世界のあちらこちらで衝突や分断が起き、経済は停滞、社会システム全体の疲弊が見てとれるなど、20世紀に形づくられた世界の秩序が大きく揺らいでいます。私たちはいま、歴史の大転換点の只中にいるのかもしれません。こうした潮流に向き合うためにも、従来のシステムや価値観を見直し、より社会包摂的な考えを取り入れた環境作りを指向する必要がありそうです。今年度は「再編成」をテーマに掲げて、新しい時代を生きる拠り所を探索してまいります。

　そして本稿執筆時点の直近号であるデジタル版14号（2018年2月）は「特集―他者を知る」である。「何かものごとを進める上で、それがビジネスであれ趣味であれ、他者との関係性を考慮することは不可欠です。「彼を知り己を知れば、百戦して殆（あや）うからず」、この孫子の謀攻篇にある一文はあまりにも有名ですが、しかし、真に他者を知る、そして理解することは、そう簡単なことではないでしょう。さらには、他者を知ることで自分自身の対応も問われることになります。社会が激しいスピードで変化する今、他者への理解をより一層注意深くする必要があるのではないかと、特集を組みました」との挨拶文とともに、布施英利（美術批評家）「他者をめぐるアート・文学」、伊藤陽一（国際教養大学・慶應義塾大学名誉教授）「「空気」と「世間」」、庵功雄（一橋大学国際教育センター教授）「「ことば」から見た他者との対話」などのエッセイとともに、ばるぼら（ネットワーカー）「PR誌の時代と雑誌の近未来」という魅力的な掌編が掲載されており、紙媒体にこだわることのないPR誌のあり方を示唆している。いやはやデジタル版になっても隅に置けないPR誌を出しているな、という感触を得た。

2-5　化粧品産業（(株)資生堂『花椿』vsポーラ化粧品『IS』）

①企業史[31)32)]
● **資生堂**
　（株）資生堂は福原有信（1848～1924）が東京・銀座に創立した西洋薬舗会社「資生堂」が前身である。その社名は易経「至哉坤元　万物資

生」からとったものという。

　有信の三男・信三（1883～1948）はアメリカ留学から帰国後の1915年資生堂の経営を任され、3つの経営改革を行う。第一は意匠部を創設、商標を「花椿」に定めたこと、第二は化粧品を経営の中心に据え、新製品の開発・宣伝に努めたこと、第三は販売部の拡大を目指したこと、である。当時の化粧品メーカーを悩ませていたのは、小売店の採算を度外視した値引き競争、いわゆる乱売である。化粧品専門の小売店がまだ存在しておらず、小間物屋・薬屋の一角で化粧品が販売されていた時代、仕入れ値は店によってまちまちであり、クラブ・レートなど有名ブランド商品はおとりとして使われていた。有力問屋筋は協調して乱売防止、取引統制に努力したが、焼け石に水であった。

　転機となったのは関東大震災による品不足である。いち早く生産を再開した資生堂は1923年12月には卸売・小売二段階に及ぶ流通チャネルの再編成に着手した。資生堂化粧品は（i）全国のチェーンストアのみにあること、（ii）全国のチェーンストアいずれでも同品質同値段であること、を徹底。契約小売店数の目標を当初目標の200店から1年後には2000店に伸ばしている。チェーンストア組織形成という流通チャネル構築の第一段階に成功、続いて取次店の販売会社化、消費者の組織化に取りかかった。そのツールとして考えられたのがチェーンストア関係者、消費者をターゲットとした広報誌であった。

　1924年、資生堂は広報誌『資生堂月報』を創刊。その目的は「資生堂チェインストアと定価販売について、消費者の理解を得ること」であった。しかしタブロイド判4ページ、その内容は専ら実用記事、定価販売の推奨、自社広告と化粧品解説、製品目録など、チェーンストア関係者への「準社内報」として、販売組織系列化とその強化を目的としていたものであった。

● **ポーラ化粧品**

　ポーラ化粧品(株)は鈴木忍（1902～1954）により1931年「ポーラ化粧品本舗」として静岡市一番町に創設された。当初は基礎化粧品からメー

クアップ化粧品13品目を製造・販売した。当時まだ日本的な商号が多いときにモダンで優しい、今日的なブランドを命名したいきさつとして、社史は当時大ヒットしたフランス映画「巴里の屋根の下」の主人公および主演女優名からとったものではないかと推測している。

同社は創業当初から最高級品をつくることを目指し、安物の材料を排除していったため、高額の商品が多かった。そのため販売先の開拓・販売方法の工夫が必要であったことから、訪問販売により、高額商品である理由の説明、メーク方法の指導を行っていったという。1937年ころから女性の訪問販売員を採用、現在のポーラレディの原点となっている。販売員数は創業当時の数名から6年後には200名余となり、静岡から名古屋、やがて東京・横浜・京都・大阪・神戸・広島・福岡・熊本と支店、営業所網を広げていった。

②創刊号と当時の社会状況[33][34]
●『花椿』

1937年『花椿』が創刊される。四六倍判18ページ、定価10銭（実際には無料で消費者に頒布）、「創刊の辞」は(i)『資生堂グラフ』（筆者注：『資生堂月報』の後継誌）の50号を記念して内容外観総てを一新、新時代の流行雑誌を創刊すること、(ii)花椿会員を中心とし、美容・服飾、流行・趣味・学芸、その他近代女性に資すると思われるものを網羅掲載すること、を述べている。

表紙は「そぞろ歩き」というテーマの女性2人の写真であり、記事内容は巻頭写真「七五三」、その後「楽しきドライブ」「明眸皓歯」「工芸の話」「映画の頁」など写真を中心とした流行・趣味関連（このヴィジュアル性は福原信三が写真に対し素人離れした腕前の持ち主であったことと関係が深いと推測される）、「十一月の化粧・結髪」「帯の話」「写真の写され方」など美容・服飾関連、および書籍紹介、美容相談が続いている。消費者組織・花椿会会員をターゲットに、第一に他商業雑誌との差別化としての「見る雑誌」の提供、第二に読者のページを開設することで、双方向コミュニケーションを確立、満足感を醸成する機能を提

供するという、それまでの商品説明の一方的発信とは異なった新しいタイプの企業広報誌が生まれたのである。

● 『IS』

　1970年代後半は消費者運動の高まりとともに、企業の社会的責任が高らかにうたい上げられた時代であった。ポーラはこの観点から、1976年新消費者政策課と文化研究所を新設、社会との調和を具体的に実現する方法を検討し始める。文化研究所は化粧に関する情報、総合美に関する情報を収集、対外的にアウトプットすることを目的として設立されたものであり、その結果が1978年6月の『IS』—panoramic mag. intellect & sensitivity—の創刊であった。全88号を通じて見られるのは、文化史的な流れの中で「美と文化」の全体像を開示するという壮大な意図のもと、化粧の心とは何か探ろうとするものであった。

　創刊号の特集は「鏡」。多田美波（彫刻家）・秋山邦晴（音楽評論家）の対談「鏡の変奏曲—空間から環境へ」に始まり、高橋康也（英文学）「鏡よ鏡　文学的断章」、秋山さと子（精神分析家）「夢を紡ぐ鏡　鏡の精神分析」、由水常雄（美術史家）「鏡の考古学　鏡の発生と伝播」、アラン・ジュフロワ（美術評論家）「現代美術と鏡のイマージュ」など、多方面から鏡と美の関係を追い求めている。特集と離れた連載も山崎昌夫（詩人）「部屋の宇宙誌　窓」、池澤康郎（整形外科医）「身体のエステティク　爪」、清水徹（仏文学）「都市の解剖学　都市の空間と書物の空間」、松田修（国文学）「様式の死と再生　歌のありか歌のおきて」など、多彩な内容で「鏡」のもつ美の追究を試みようとしていることがうかがえる。

　A4変型、全64ページ、定価350円（市販はせず、研究所宛て送料200円を含め直接申し込みシステム）であり、創刊号の編集後記には以下のように綴られている。

　　かつて「パノラマ」とは、時間を切り取って静止した風景を呼ぶ言葉だった。しかし、そうしてある瞬間を切り取られた図像は、その時代の世界観の全体像を確実に反映していた。私たちが小誌を「パノラミック・マガジン」と名

付けた由縁もここにある。小誌はそうして試みられた「テクスチャー」(織物)に他ならない。
　こうして壮大な織物の第一陣が世に出たのである。

③現状もしくは最終号の内容分析
●『花椿』
　筆者が博士論文を執筆した2005年当時の『花椿』[35)36)]の特徴は以下の5点であった。第一は、当時の発行部数は10万部であり、93年当時の40万部から減少傾向にあることである（花椿クラブ会員は800万人と増加している）。制作スタッフは5名、全員自社社員であること。第二は、2000年から書店等での販売を行っているが、依然99％がチェーンストア経由で消費者に頒布されていること。第三は、『花椿』のコンテンツはHPに貼り付けているが、雑誌とくにヴィジュアルな雑誌は手に取ってみてもらうものであると考えていること。第四は、1年たっても腐らないもの、「これで喜んでいただけますか」ではなく「ついておいで」というものを提示したいこと。第五は、バブル崩壊後のうち続く不況の影響で社内に廃刊の動きが起こる中、ようやく存続が決まったこと、である。
　『花椿』は創刊以来常に「人が美しくなるために必要なもの」の本質を見いだすために、時代の先端を見つめ、新鮮な「美」と「知」を社会に発信することを目標とする企業文化誌であった。しかし2005年以降の10年の間に『花椿』は大きく2度変化している。すなわち創刊70周年に当たる2007年7月号から言葉の力を追求するテキスト中心の『よむ花椿』と、ヴィジュアル表現に重点を置いた『みる花椿』に分割・交互に発行するという新しい取り組みを行った。この変更について、変更直前の6月号は以下のように述べている。

　　「心の時代」になったといわれて久しい今日・・・雑誌というメディアの可能性をもう一度深く考えて、価値を提案したいと考えています。

　さらに資生堂が創業140周年を迎えた2012年、資生堂のPR誌であるという原点に立ち戻り、月刊誌『花椿』として再び一誌に統合、モデルを

一般から募集したり、新進気鋭のアーティストや女優を表紙や特集に起用したり、と実験的なチャレンジを始めている。これは1966年から2011年までアートディレクターとして雑誌制作の先頭に立ってきた仲條正義が引退したことと関わりがあると推測される。さらに2014年12月からはウェブ版を本格展開し始めた。この変更について、同誌編集後記は雑誌のコンテンツをそのまま使うのではなく、世界観を届けるツールの一つとしてデザインしたものと述べている。

2015年9月同社は2015年12月号を持って月刊誌を廃し、2016年1月からデジタルに移行、現在のウェブサイトも全面リニューアルする予定であると発表した。このことは何を意味するのであろうか。

その前に『花椿』はどのように変化していったのかを確認しておこう。創刊800号を迎えた2014年9月号を見ると、A4版42ページ、特集テーマ「であう」。表2は暁方ミセイの詩、表3は滝田明日香の写真、3ページ～15ページはニューヨーク・ミラノ・パリ2014-15秋冬ファッションショー、23～25ページはビューティ&ファッション、26～29ページは「Talk」として穂村弘（歌人）と西加奈子（作家）の資生堂パーラーでの対談、30～33ページが資生堂化粧品の自社宣伝、36～42ページが美術館、ファッショントレンド情報、話題の映画、食事、書籍、自社情報など、盛りだくさんな情報が詰め込まれている。単なる美容・流行情報にとどまらない、様々な「美」が「出会う」ところに起こる調和・進化・きしみ・とまどいなどの側面を情報発信しようとしていることがうかがえる。

この変化を編集長・樋口昌樹はあるインタビュー記事[37]で、その根底にあるのは福原信三の口癖であった「リッチ」という言葉であること、時代によって「リッチ」の意味合いは変わるものであり、人によって求めるものも違ってくること、それを『花椿』は提案するスタイル（「ついておいで」）から「一緒に考えよう」という姿勢に移っていること、と述べている。企業広報誌が企業からの提案から読者とともに考える方向へ変化していくこと、SNSが企業コミュニケーションの様々な面で主導的地位にあること、ウェブマガジンが紙媒体に取って代わり企

業広報誌の主流となっていくこと、この三者間の関係性の中に、企業コミュニケーションそのもののどのような変化が読み取れるのだろうか。

　2015年12月、紙媒体最後の『花椿』が刊行された。A4判46ページ。特集は「現代詩花椿賞」を受賞した最果タヒの詩が10ページ、イナ・ジャンの写真と穂村弘の和歌が織りなす「リボンを解くと運命の天使が目覚める」が14ページ、荒木経惟（写真家）と穂村の対談、資生堂製品の自社宣伝と資生堂ギャラリーの展覧会紹介などが続く。45ページには、発行人・斉藤幸博、編集長・樋口昌樹の連名で「『花椿』、月刊刊行終了のお知らせ」として、近年インターネットやスマートフォンなどの急激な普及によりメディア環境が激変していること、デジタル時代にふさわしい媒体に進化すべく、来年よりWEB版花椿を全面リニューアルすること、月刊誌は本号を持って終了すること、紙媒体についてはWEBと両立する新しい形を現在検討していること、を述べている。最終ページは森村泰昌（美術家）の「美の毒な人々㊶　太宰治」で、「太宰に倣い私も告げる。「さらば、読者よ。さらば、花椿よ」と。しかし「命だけは粗末に扱わぬようにと、(中略)「グッドバイ」。「では、失敬」。」で終わっている。79年継続した一つのすぐれた企業文化誌は終わったと思われた。

　しかしその後2016年6月から新たにデジタル時代に対応した紙とWEBを組み合わせるクロスメディアへと生まれ変わり、年4回の季刊誌として発行している。不死鳥のように甦る『花椿』、新しい編集者インタビューは今後の課題である。

● 『IS』

　バブル崩壊後の1993年頃から、ポーラはフィットネス事業、花卉事業、書籍販売などの不採算事業から撤退しはじめる。さらに女性の社会進出による在宅率の低下、化粧品小売業態の多様化、不況による消費者の低価格志向を背景に、本業である化粧品訪問販売が不振となっていく。

　1993年から年2回刊行となった『IS』は、2002年3月刊行の87号最終

2ページに「長らくご愛読いただきましたが、次号の88号を持って最終号とさせていただきます」という短い挨拶とともに、「『IS』の全仕事①」としてNo1（特集「鏡」）からNo45（特集「空中遊戯」）の表紙を載せている。そして88号では、「『IS』は24年間にわたって刊行されてまいりましたが、今号を持って終わりとなります。長い間ご愛読いただき、本当にありがとうございました」という挨拶と、「『IS』の全仕事②」としてNo46（特集「あやうい文体」）からNo88（特集「終わり方の研究）の表紙を掲げている。

最終号はどのような構成になっているのだろうか。巻頭「特集終わり方の研究　isがwasになるとき」として、人と社会の終わり方を考えてみようと思ったこと、われら文化の旅人、終わりについて考えることは人の生死と同じに、文化の大事な要目であること、が述べられている。「終わりを考え、終わりを迎えることはさびしいことだが、それはまた新しい始まりであるという輝かしさを秘めている」ともある。

その内容は、以下の通りである。

小林康夫（表象文化論）「光のレシピ」、小池寿子（西洋美術史）「終の棲家　ペトラルカの場合」、四方田犬彦（映画史、比較文化）「連載・摩滅の賦　最終回・時の崇高」、太田治子（作家）「パイプのけむりの匂い」、木下直之（日本納骨堂史）「死者が死ぬとき」、高山宏（英文学）「往生の物語」、野口武彦（日本思想史）「江戸焦土作戦の夢」、氏家幹人（日本近世史）「切腹の美学の裏側」、谷川渥（美学）「「終わり」をめぐる断章」、坪内祐三（評論家）「博文館の『太陽』が沈んでいった頃」、鈴木晶（文学・精神分析学）「死ぬ瞬間」、フランス・ドルヌ（日仏対照言語学）「おあとがよろしいようで」などなど、実に多彩であることに驚かされる。

さらに要所要所に繁栄するテーマパーク、疲れた工場現場、ゴミ捨て場、華やかなバルーンの一群、人一人いないゴルフ場など、現代の様々な「is」と「was」を写し取ったカラフルな挟み込みページが8枚施されているのは、編集者の遊び心であろうか。それは坪内が博文館『太陽』の最後になぞらえて、「終刊間際の雑誌というものが、・・・ある種

の妙な自由（期待感の薄さから来る自由）がきいて、アナーキーなおもしろさを出せること」、そのおもしろさこそは「ただのジャーナリズム史や社会史専攻の学者先生たちにはかぎ取ることのできない、つまり、まさしく雑誌ならではのおもしろさ」なのである。

　24年間、88冊毎号特集テーマを立て、古今東西の思想や文化、政治や経済、風俗に至る、時間的・空間的広がりを持つ様々な記事や論考が提供されてきた。最後の言葉として編集者・山内直樹は「時代にそれが何ほどの意味を持ったのかはわからないが、少なくとも時代の文化のある様相を表したものだということは記憶しておいてほしい」としている。私たちは「このような形式の雑誌がこの時代に存在していた」ことを決して忘れないであろう。

2-6　繊維産業（川島織物セルコン『KAWASHIMA』VS ワコール『ワコールニュース』）

①企業史[38)39)]

●川島織物セルコン

　川島織物は川島文次郎（初代川島甚兵衛、1819～1879）により、京都室町で開いた呉服悉皆店を嚆矢とする。初代の後を継いだ二代川島甚兵衛（1853～1910）は、西陣織物改良に努め、1885年東京の共進会に出展した掛け軸「葵祭」は品川彌二郎子爵の目にとまり、織物研究のため、ともにヨーロッパに渡ることとなった。1887年には明治宮殿の内装織物の特命を受け、国内初めてのカーテン等室内装飾業者となる。1889年新工場の完成とともに綴織、紋織、刺繍などの美術織物の本格生産に乗り出した。二代甚兵衛の足跡は『KAWASHIMA』12号（1989年）に詳細に掲載されているが、特に力を注いだのは、フランスで視察したゴブラン織りに刺激を受けた綴織、および室内を織物で装飾する室内装飾の重要性に着眼したことである。この２者を中心に国内の勧業博覧会、共進会、に次々と出品。さらに1889年のパリ万国博覧会、1893年のシカゴ万国博覧会に次々と綴織の大型掛け軸を出品した。その集大成が1904年の

2-6 繊維産業（川島織物セルコン『KAWASHIMA』VSワコール『ワコールニュース』）

セントルイス万国博覧会に出品した「若冲の間」「網代の間」で得た名誉大賞であろう。

第二次世界大戦後の川島織物は、1968年昭和新宮殿用室内装飾織物（豊明殿壁面装飾綴錦「豊幡雲」）や71年の赤坂迎賓館室内装飾織物など伝統の綴織分野で日本を代表する企業であり続けたばかりでなく、一般住宅・自動車用内装分野にも進出、海外展開を積極的に行っていく。その過程で1913年創立の「近藤忠商店」（神戸加納町のレース専門店が嚆矢。その後カーテン・クッション分野に進出、1992年に社名を（株）セルコンに変更）と2006年に合併し、活動分野を広げていく。2010年には（株）住生活グループ（現（株）LIXILグループ）の子会社となっている。

●ワコール

（株）ワコールは、創業者・塚本幸一（1920〜1998）が1946年、京都市中京区の自宅に設立した婦人装身具販売会社「和江商事」（塚本の父・粂次郎の出身地である滋賀県・近江の呼び名「江州」にちなみ、「江州に和す」という思いで作ったという）が起源である。和江商事が大きく転換したのは、1949年のブラパットの製造販売からであり、社名を「和江商事株式会社」とし、婦人洋装下着を自社製造、50年には高島屋京都店を手始めに、全国有名百貨店、小売店に販路を開拓していく。

洋装下着の啓蒙として特筆されるべきは百貨店フロアで男子禁制として行われた「下着ショウ」であった。1952年大阪・阪急百貨店で行われた最初の「下着ショウ」を皮切りに、続いて行われた高島屋大阪店での「ショウ」は著名デザイナー・藤川延子のファッションショウと抱き合わせという華やかなものであり、隣接するワコール売り場にはショウを見終えた買い物客が殺到したという。ショウは百貨店への売り場開設と抱き合わせで開催され、1954年東京伊勢丹で行われたときは定員500人のホールが連日超満員であったという。洋装下着への関心、百貨店の高級ブランド品としてのワコールを消費者にすり込むのに大きな役割を果たしたのである。

これと同時並行的に新聞・雑誌等への広告露出度を高めていることも

第2章　業種別企業広報誌の分析考察(1)―比較分析

述べておきたい。すなわち1952年秋に「和江」を英語風にもじった「ワコール」を新しく商標とし、1953年にはファッション誌『装苑』3月号に「"ワコール"のブラジャーコルセットは日夜研究改良された最優良品です。貴女の洋装をより美しくするのも"ワコール"の製品です。」という広告を載せた。これを皮切りに、55年から諸雑誌への広告掲載は加速化し、翌56年には婦人雑誌のみではなく、『週刊朝日』『サンデー毎日』など週刊4誌に拡大、多いつきには1ヶ月で8誌に及ぶ月刊誌・週刊誌に広告を掲載、同時に洋装下着への啓蒙記事を載せていることは注目に値する。企業広報活動の先駆けとして雑誌媒体の有用性に着目していたのである。

　1957年社名をワコール株式会社に変更、60年代には国内市場を制覇したワコールはその後海外戦略と新製品開発・拡大化戦略を同時並行的に行い、現在中国・アジアを中心にアメリカ・ヨーロッパなど全世界での海外展開を行うグローバル企業となっており、2015年度の日本市場占有率は30％と、2位以下を大きく引き離している。

②創刊号と当時の社会状況[40][41]
● 『KAWASHIMA』
　『KAWASHIMA』は1980年11月に創刊された。A4判変型、33ページ、表紙はロンバルト・フェルフルストの「マリア・ファンレイヘルスベルフ」が飾っている。特集は「BAROQUE」で、東野芳明（美術評論家・多摩美大教授）「現代美術とバロック」、田中英道（東北大学文学部助教授）「バロックと東洋」、板倉文雄（法政大学工学部助手）「バロック建築における空間意識」、海野弘（評論家）「貝殻と僧侶―バロックの装飾世界―」、のエッセイが掲載されている。またそれらエッセイの間を縫ってヒエロニムス・ボッス「聖アントワーヌの誘惑」（カラー見開き）、編集部Ⅰ「王政の時代　バロックの時代背景」（17世紀初めのヨーロッパ解説）、「ジャック・カロの銅版画に見る17世紀の風俗」が展開されていく。

　また、その後『KAWASHIMA』全号を通じて継続するシリーズと

2-6 繊維産業（川島織物セルコン『KAWASHIMA』VSワコール『ワコールニュース』）

して、川島隆男（川島織物資料室長）「KAWASHIMA COLLECTION SERIES-1　赤地獅鳳ノ丸文蜀江錦」では二代目川島甚兵衛が収集した織物見本の中で特に貴重なものを紹介したものがある。川島コレクションの成り立ちと川島甚兵衛について記されている。「KAWASHIMA TECHNICAL SERIES-1　大機（オオバタ）」では川島織物の誇る3台の綴織大機によって、新宮殿豊明殿の「豊旗雲」が織られていく過程を克明に描写している。

　末尾は「INVADER ある対話」として、コピーライター（『KAWASHIMA』編集者）と建築家が出版文化について語っている。そこで述べられているのは、(i)商業出版が堕落してきていること、(ii)企業が企業の負担によって、特定の対象に対する率直で真実味のあるコミュニケーションを求める為に編集配布するPR誌は、ある種の純粋さが期待できること、(iii)これからのPR誌に大切なのは、明確な意図とそれにふさわしい内容を持つことであり、そこから読者との率直な対話が可能になること、である。そしてさらに「この小冊子を企業とユーザーの間に本当の対話の生まれるようなPR誌」に育てるという夢を掲げていることは興味深い。

　このことは2号以降の編集後記で「主として建築、インテリア関係者を対象に、毎号、特定のテーマを設定し、お互いの間の問題意識の高揚と積極的なコミュニケーションを期待して発行する季刊誌」であること、「もちろん一般の方の参加も歓迎する」こと、とする宣言文、さらに「INVADER」という「読者同士あるいは読者と編集部の積極的な意見交換」の場を設け、「お互いに相手領域にINVADEしあう、真剣な、しかしフェアな意見、論争を期待」することを述べていることにつながるものである。

　このような志を持った機関誌『KAWASHIMA』はその後1995年までの15年間、全41号を通じて、建築、インテリア業界に大きな影響力を与えていった。そのことは41号の特集テーマの中からも読み取ることができる。すなわち、花鳥風月、染め織り、蕪村、唐草、翁、日光曼荼羅、荒事、待庵などの純粋日本的なもの、フランク・ロイド・ライト、ジョサイア・コンドル、アメリカの建築、マナーハウスなど純粋欧米的

なもの、その二者がお互いにINVADEしあって生まれた日本のアール・ヌーヴォー、モダニズム、ポストモダニズム、日本の近代建築など、3つの分野から成り立っていること、さらに最終号まで川島織物所蔵の「KAWASHIMA COLLECTION SERIES」と川島織物の最新技術を駆使して制作した「KAWASHIMA TECHNICAL SERIES」を取り上げているのである。

● 『ワコールニュース』

　市販雑誌媒体を利用した広報活動とは別に、「ワコール友の会」会員向け『おしゃれの手帖』が1954年冬に創刊され、同年9月には得意先向け月刊情報誌として『ワコールニュース』が1955年9月に創刊されている。社史で見ると、40センチのタブロイド判で「ワコールニュース」（和江商事株式会社社報）とあり、トップは塚本幸一「ファンデーションの本質」である（なお本稿冒頭に述べた広義の広報誌としての定義によれば、『おしゃれの手帖』のほうが適切かと思われるが、国立国会図書館蔵書中には見当たらなかった）。

　国立国会図書館所収の最も古い『ワコールニュース』は、27号（1957年11月）である。B5判13ページ、巻頭には塚本幸一社長の「ワコール株式会社（社名変更）ワコール販売株式会社設立にあたって」という挨拶、続いて吉村公恵（近鉄百貨店デザイナー）「おしゃれ放談」、玉川長一郎（大阪支店長）「下着の変遷史　16」などの肩のこらないエッセイと共に、下着専門店のウィンドディスプレイ写真、新製品紹介が掲載されていることから、販売店向けの拡販という性格をもった刊行物であることがうかがえる。

　文化学園図書館で確認された最も古い『ワコールニュース』は1962年12月号（通巻86号）である。B5判17ページ、定価30円である。表紙には「新宿支店新設記念特別号」とあり、同年11月に新宿区内藤町に東京の第二支店（第一支店は日本橋小網町・東京支店、1957年開設）として開設した新宿支店（茶室と庭園＝新宿御苑＝のある別荘型社屋）の紹介、および千宗興（裏千家）、富田英三（漫画家）、木暮実千代（女優）

など披露宴招待客らのエッセイで綴られている。また4ページ〜5ページには「日本市場の完全制覇」として販売網の拡張とともに、製造部門の拡張、製品の拡張によって市場制覇を狙っていることがうかがえる。

巻末「あとしまつ」（編集後記に該当）には、1957年11月に「8周年記念号」（20号）を出してから5年ぶりの特別号であること、ワコールの大きな足跡としてこの特別号を企画・発行したことが述べられている。高度成長期のまっただ中、躍進する女性下着業界をリードするワコールの面目躍如たるものを感じさせる内容である。しかしその時点では、ターゲットはあくまで販売店向けのものであったことを指摘しておく。

文化学園図書館所収の『ワコールニュース』は148号（1968年5月）から大きく飛んで、431号（1992年1月）となる。その間紙型・内容ともに大きく変化している。A4判　ページ、隔月刊となり、内容はより消費者に寄り添ったものとなっていることから、ターゲットの変更が行われたことがうかがえる。

③現状もしくは最終号の内容分析
● 『KAWASHIMA』

『KAWASHIMA』は1995年9月発行の第41号で休刊している。その終わりが急であったことは、前号、前々号ともにそうした記述が見られないこと、および39号から始まったばかりの最終ページの連載・森凍礼（詩人）「イメージの冒険」が第1回「中川幸夫の「風骨」」、第2回「我妻清貴の「色」」で終わっていることからうかがえる。

その背景には以下の3つの要因があると思われる。第一は、91年のバブル崩壊後、実質国内総支出や民間消費動向（特に呉服部門の得意先である百貨店関連）が大きく落ち込んでいったことである。第二は、住宅建設の下落が著しかったことである。第三の、そして最大の引き金となったのは94年3月期の50年ぶりの赤字転落である。単体当期利益は前期の3.1億円から-4.5億円に転落、その後2003年3月期までの9年間、赤字決算を続けた。海外展示会への出展中止など様々な経費削減策がとられる中で、『KAWASHIMA』の休刊も余儀ないものであったのかもし

第2章　業種別企業広報誌の分析考察(1)―比較分析

れない。

　最終号の特集は「ガルニエ」―19世紀末、建築家シャルル・ガルニエの一大傑作として誕生した「パリ・オペラ座（通称ガルニエ）」がどのような経緯を経て誕生し、オペラ、バレエなどの「舞台芸術」を創造したのか、その劇場空間の「神秘性」についての考究となっている。表1・4および1～6ページは英国ロイヤルバレエ団、シュツットガルト・バレエ団の魅惑的な写真で彩られている。内容は、ピエール・ラコット（振付家）・佐々木忠次（プロデューサー）の対談「空間と、ダンスの神秘、宇田英男（建築家）「逆転した「絶対軸」、小田切ようこ（舞台美術家）「劇場建築の「革命家」」、太田泰人（美術史家）「「寓意化」された装飾」などの重厚なエッセイが的確な写真とともに全37ページにわたり並べられている。前40号まで継続的に連載されていた「KAWASHIMA COLLECTION SERIES」も「KAWASHIMA TECHNICAL SERIES」も、いくつかの連載エッセイも影を潜めている。まさに雑誌の最後を飾るにふさわしい、「現代の建築のあり方」を根本から見据える、豪華絢爛な内容は感嘆に値する。まさにヴィジュアル系雑誌の代表的広報誌として指摘しておく。

●『ワコールニュース』

　『ワコールニュース』最終号は2000年11月に刊行された531号である。A4判27ページ、表2は調香師・島崎直樹のシリーズ「香りのある風景」（文・写真）、表4はマーケティングプランナー・三浦展のシリーズ「Key Of Millennium」（文・写真）は古着・カスタマイズ消費・カフェ・雑貨などの若者文化を切り取っている。特集は「Communication with Customers（顧客に学び、ワコールは変わります）」とし、10月に公開したBODY NAVIGATION『ばでなび』の紹介、さらに「キレイのリアルシーン」として「通勤の達人」たちのトーク、必需品紹介など、女性向けマーケティングが展開されている。

　最終ページは見開きでCCセンター広報室長・ワコールニュース発行人のメッセージが展開される。そこには1955年第1号の刊行以来、販促

情報とともに女性の体をかくにした下着とファッション文化を考察してきたこと、しかしIT技術の発展により社会におけるコミュニケーションのあり方が双方向コミュニケーションの時代に突入していること、その結果インターネットを活用したコミュニケーションを新たに開発していくこと、を宣言している。

『ワコールニュース』はその後、消費者をターゲットとした双方向コミュニケーションをめざし、ネット上での情報発信を続けている。内容は(ⅰ)ニュースリリース、(ⅱ)最新トピックス、(ⅲ)メディア掲載情報、(ⅳ)動画・CMに4分類されており、2016年3月時点で検索したそれぞれの最新ニュースは(ⅰ)「今時の10歳女子に迫る『10歳キラキラ白書』発表！」、(ⅱ)「私たちはなぜ色にイメージを抱くのか？人と色との不思議を探る『教えて、ドクター！』公開！【ワコールボディブック】」、(ⅲ)「3月12日は「サイズの日」。」、(ⅳ)企業メッセージ動画「ぬいぐるみと少女の感動ドキュメント『Her True Story』」、というものであった。それぞれが綿密に構成された企画であることは言うを俟たないが、「双方向」性が確保されているかは、現時点では確認できなかった。

2-7　輸送用機器産業（トヨタ自動車『自動車とその世界』VS本田技研工業『SAFETY2&4』）

① 企業史[42)43)]

● トヨタ自動車

トヨタ自動車は、豊田自動織機製作所の創立者・豊田佐吉の長男、豊田喜一郎（1894～1952）によって、1933年、豊田自動織機製作所自動車部としてスタートした。1935年にはトラック第1号車を、翌36年には乗用車第1号を発表、戦後はトラック生産から始まり、1947年には小型乗用車トヨペットSA型を生産するなど、乗用車生産に向かって着々と歩を進めていった。50年代に入ると朝鮮特需を背景に、トラック生産を伸ばすことで資金力と技術力を蓄積、55年には後のトヨペット・クラウンを発表している。それまで外車提携をしないトヨタに対し、「世間では

疑問の声が高かった」が、クラウンのできばえが画期的であり、重光葵外相、石橋湛山通産相が相次いで購入したことが大々的に新聞で報道されるなどがきっかけとなり、トヨタ自動車は国産乗用車界をリードする地位に昇っていった。

● 本田技研工業

　本田技研工業は、本田宗一郎（1906～1991）が1946年静岡県浜松市に開設した本田技術研究所が端緒であり、1948年に本田技研工業株式会社として発足。49年には初の二輪車「ドリームD型」の生産を開始、58年には現在に続く「スーパーカブ」の生産を始めている。海外進出にも意欲的であり、52年には台湾等に二輪車の輸出を開始、59年には早くも海外初の現地法人としてロサンゼルスにアメリカン・ホンダ・モーターを設立、61年にはドイツにヨーロピアン・ホンダ・モーターを開設している。

　技術的な面でのHondaの名声を高めたのは、1954年から開始した海外オートレースでの成果であり、61年のマン島TTレースでの完全優勝をはじめ、数々の海外オートレースでの成果である。このことをきっかけに二輪車メーカーから四輪車メーカーへと転じるきっかけを作っている。

　1961年5月、通産省から自動車行政の基本方針（後の特振法案）が示された。これが成立すると、新規企業の四輪業界への参入が認められなくなる。Hondaは、法案成立前に四輪車の生産実績をつくるべく、1962年1月に急きょ、軽四輪スポーツカーと軽四輪トラックのプロトタイプ製作に着手。1962年6月5日、建設中の鈴鹿サーキットで行われた第11回全国ホンダ会総会で、本田宗一郎はHondaスポーツ・S360を自ら運転したという。この日、軽トラック・T360も展示され、Hondaが四輪業界に進出することを強烈にアピールしたのである。さらに同社は1964年7月、全国各地でSF（Service Factory）の建設を開始、二輪販売店を四輪販売店とするために、販売店が売ることだけに専念できる支援体制・仕組みをつくっていった。1966年12月には、全国主要都市で営業所の建設がスタートし、翌春までに70カ所が開設されたという。

1966年10月21日、Hondaは軽乗用車・N360を発表した。最高出力31馬力、最高速度115kmという小型乗用車並みの性能と、大人4人がゆったりと乗れる居住性、安全性への配慮など、従来の軽自動車のイメージを完全に打ち破ったものであった。同年12月には販売価格を313,000円とし、この低価格も大きな話題となった。

　1972年7月、Hondaは小型乗用車・シビックを発表・発売した。同車は台形・FF2ボックス車という、従来のクルマの常識を打ち破った全く新しいコンセプトで、当時の小型車市場に新風を送り込んだ。さらに1976年5月、HondaはアコードCVCC1600を発表した。さまざまな生活用途を満たすハッチバックスタイルの同車は、Hondaの発展期を迎えるための布石としての役割を担っていた。その後、シビックとアコードは、Hondaの国内外の生産と販売を支える基幹車種・ワールドカーとして成長していったのである。

　同社が海外進出に関して日本企業内ではとくに積極的であった点も指摘しておきたい。同社は1952年、他社に先がけてアメリカ・オハイオ州で四輪車生産を開始したのである。

②創刊号と当時の社会状況[44)45)]
●『自動車とその世界』

　国民所得上昇に伴う乗用車市場の急成長＝モータリゼーションが急速に拡大するのは1960年代に入ってからである。富士・三菱・東洋（60年）、鈴木（62年）、ダイハツ（63年）、本田（64年）などの後発メーカーが相次いで乗用車市場に新規参入した。この結果、59年時点で年間8万台弱であった乗用車生産台数は、10年後の69年には261万台にふくれあがった。車種間、企業間のシェア争いは熾烈であり、トヨタ、日産の上位2メーカーのシェアは急激に落ち込んでいった（トヨタはピーク時57年の42.2％から60年には26.8％へ）。2メーカーは軽乗用車からの買い換え需要を見込んだ新しい国民車の開発に着手、66年にはカローラ（1100CC）、サニー（1000CC）をそれぞれ発表している。この時期、乗用車がもつ有用性・新しい世界の情報を、より広い範囲の層に発信する

ことを目的として『自動車とその世界』は創刊されたのである。

　『自動車とその世界』創刊号（1966年11月）は、特集「多元社会への展望」とし、坂本二郎（経済評論家）「新しい日本について考える」を巻頭論文に、座談会「産業社会のあとにくるもの」、今津岩夫（トヨタ自動車）「大衆車市場の新しい展開」などが続いている。その編集後記は「『自動車とその世界』──いささか説明的で、しかも肩ひじ張ったようなイカつさをまぬがれないタイトルではあるが、こうとでも名づけねば表現しつくせない、何か熱気のようなものが我々の内部に立ちこめている」という文章で始まり、総監の意図を「この雑誌の役割は山積する諸問題についてとりあえずドキュメントを提出して問題の仕分けをすることにある」とし、その上で「これらの問題を読者とともに考え、解決への糸口を見いだしていきたい」としている。

　その後も特集テーマは「現代美の創造」「世界企業論」「パン・アーバニゼーションの中の人間像」と時代の最先端テーマを取り上げ続けた。創刊号～199号まではB5判と小型ではあるがカラーページも多く、多彩な執筆陣を要していることが読み取れる。『自動車とその世界』は、自動車を巡る様々な社会問題を分析、その解決方向を模索し、企業行動の中に取り入れるという目的を持った一種「社会派」的な雑誌としてスタートしたことが指摘できよう。

● 『SAFETY2&4』

　『SAFETY2&4』は1971年に『HONDA 4』、『HONDA 2』として別々に刊行された。『HONDA 4』は1971年4月に第1巻第1号が創刊されている。B5判34ページ、表紙はシンプルな白地に黒・グレーの4つの円（四輪を表す）、真ん中に4の字が浮かび上がり、下部には本号の特集テーマである「SAFETY CHECK」がイラスト化されて赤字で印刷されている。定価50円とある。編集はスタジオF、編集スタッフとして松下栄子他の名があげられている。

　7～14ページは「プロといわれる男たち　カッコイイ奴は見てないところでもカッコイイ」と題して「プロの条件」「11人のプロ」などの内

容が掲載されている。続いて17ページから21ページは第二特集「キミ」である。若い男女の履歴書と裸の写真、ホンダがテレックスで呼びかけたメッセージに世界の20歳が答え、送ってきたイラスト16枚、「人間拡張の原理」としてエレベーターにすし詰めになった若者たち（の中に1人中年の男性）の写真が続く。

22〜23ページは秋竜山のイラスト「忠実なるオーケストラ」、田原総一朗（東京12チャンネル〝青春〟ディレクター）のエッセイ「青春」。24〜25ページは「TODAY」として古在由秀（東京大学教授）、小中陽太郎（ルポライター）、鈴木啓（音楽評論家）、今井寿恵（写真家）らの短いエッセイが並ぶ。26〜29ページは「THE GATE 4」としてホンダ安全運転普及本部によるホンダ二輪・四輪に関する情報発信記事が並んだ新聞仕様（社説欄もある）のページとなっている。

30〜31ページはイラストルポ「HONDA SF」第1回として名古屋―中SFが写真とイラストで紹介されている。31〜32ページは「MECHA＋1」としてダイナミックシリーズの最高級車《GS》がオールカラーで紹介されている。最終34〜35ページは鳥居修晃（東京大学教授）の文＋矢吹伸彦のイラストによる「ドライバー生理学」の第1回目として「目」と自動車運転の関係に関する情報が「酒酔い運転と目」「ランランと輝く目」「訓練が必要な目」「たそがれ時と目」などの項目で語られている。20歳以上の四輪ドライバーにむけて、読み物としてうならせるエッセイを間に挟みながら、とんがった嗜好を満足させる流行の先端を追おうとする内容である。

一方の『HONDA 2』は1971年5月に第1巻1号が創刊されている。黒字に表2見開きまで続く金色に輝くオートバイ「CB500FOUR」が描かれている（このメカについては最終見開きページの「MECHA＋1」で「遂ニワレ捕獲セリ」として、その全身写真と詳細な仕様がレポートされている）。全27ページ、特集は「げんてんにかえろう」であり、10〜16ページは「世界の16歳はハリキッテます」として、これまたホンダのテレックスに答え、世界の16歳から送られてきた日記、16歳のライダーたちのインタビュー記事と写真、23〜25ページは高橋国光（レーサー）

の「MY HELMET」の写真と記事が載せられ、「ヘルメットでいこう運動」のキャンペーンがヌード写真（立木三郎か？）とともにくり広げられている。二輪車ライダーをターゲットとし、『HONDA 4』よりもさらに若さを感じさせる紙面作りがなされていることがうかがえる。

　1971年8月の第1巻5号から誌名を『HONDA 2&4』に変更、翌6号からはさらに『SAFETY 2&4』とし、二輪と四輪を交互に取り上げていくスタイルを打ち立てていく。ターゲットはそれぞれの免許取り立ての若者層にあった。

　1974年1月のNo.32から第2巻1号とし、ページ数は32〜35ページに増えていく。さらに注目されるのはこの号で河島喜好（本田技研工業(株)社長）が「自分で創って、自分で試す」として入社当時、オートバイに入れこんでいた思い出を語っていることである。同じページの左隅には「自分の宝物は自分で創ろう」という意思を大切に発展させるために、ホンダ賞を特設すること、毎月各1名受賞、賞品は「本田宗一郎最高顧問、河島喜好社長が昔愛用した工具箱・ヘルメット・手袋など」とある。ライダー・ドライバーには垂涎の的の賞品であろう。

　74年6月号から編集人が森井潤児に交代するが、紙面作りに大きな変更は見られない。誌面に「〈SAFETY 2&4〉は二輪ライダー・四輪ドライバーに安全運転の知識と技術を提供し、ライダー同士、ドライバー同士、ライダー・ドライバーの友情をつなぎます」の文字が現れるのもこの頃からである。

　『SAFETY 2&4』が紙型・内容ともに大きく変わるのは1979年4月の第95号からである。A4判、上質紙、19ページとなり、最終ページには「有料購読のご案内」として、「SAFETY 2&4」は二輪ライダー、四輪ドライバーに安全運転の知識と技術を届けることを目的としていること、隔月ごとに二輪（奇数月）・四輪（偶数月）情報を掲載していること、一部100円として有料購読をおすすめすること、を述べている。

　その状況が大きく変わるのは、1982年8月の137号からである。最終ページでは、昨今の「二輪ブーム」とそれを背景にしたさまざまな社会状況が発生していること、これを考慮して四輪編は暫時休刊し、二輪

編を毎月発行すること、を述べている。さらに1984年9月の159号からは、二輪車の最新・最先端の話題であること、読者の役に立っていること、ひたすらおもしろいこと、「読む」だけでなく「参加できる」マガジンであることを目指し、これまでの特集主義（アナログ）からカタログ見開き主義（デジタル）に変わることを宣言している。その後の変化は以下の3点に現れている。表紙がこれまでのイラストレーション（小森誠）から漫画になったこと、A4判変型（2センチほど縦長）になったこと、バイク写真募集・ツーリングのすすめ・ラジオ番組解説など、読者参加主義を全面に打ち出してきたこと、購読料を150円としたこと、である。創刊から10年余、新しい若者読者をターゲットとしたマンガ的・情報雑誌を目指すとともに、読者層を囲い込む倶楽部（＝コミュニティ）雑誌的方向性を持った転換であった。

③**最終号の内容分析**
●**『自動車とその世界』**
　『自動車とその世界』は1990年代に入ってから以下3点の変化を見せている。第一は、年平均ページ数の増加である。91年の48ページをボトムに増加に転じ、95年には過去最高の79ページとなっている。第二は、編集後記の廃止である。92年1月号（250号）を最期に編集後記が廃止された。創刊以来の双方向コミュニケーションへの姿勢が途絶えたのである。第三は、環境問題への姿勢の変容である。特集テーマを見ると、91年4月号～92年1月号までは連続特集として、全体の4分の1のページ数を割いて環境関連問題を取り上げていたのに対し、それ以降はその方向性がぱったりと途絶えたことである。91年8月号の編集後記では経済発展と環境保全とを調和させるべく「自動車はどうするのか」を考えていくこと、「自動車が地球環境問題と関わる場面から・・・具体的なテーマを取り出して、それなりの回答を提示」することを高らかに宣言、その後代替フロン問題、自動車リサイクル問題を取り上げ、251号ではエンジン技術問題を取り上げる予定であるとしているにもかかわらずである。この疑問の解は問題の先鋭性にあったと筆者は推定する。自

動車と地球環境問題との調和、なかでもエンジン開発問題＝プリウスの開発過程はまだ途についたばかりであったのである。

　1997年12月、プリウスの発売開始を見届ける形で『自動車とその世界』は廃刊する。その終刊の辞は以下の通りである。「今、終刊を期するのは、メディア環境の変化に積極的に対応したいという意図によるものです。山積する諸問題をとりあえずドキュメントとして提出して、ともに考え、ともに解決に努める。『自動車とその世界』はその為のメディアでした。しかし、より広く、より早く、より多様な形で情報を提供し、よりインタラクティブな関係をつくっていきたい。そのためにはどういうメディアをどう駆使すべきか。トヨタのコーポレート・コミュニケーション活動の新たな展開の方向を探り、自動車の未来をより豊かに議論するために」、『自動車とその世界』の刊行に終止符を打つ、と。

　それではトヨタ自動車が望んだ「より広く、より早く、より多様に、よりインタラクティブ」なメディアとはどのようなものであったのか。その後のトヨタの企業コミュニケーションは以下3つの方向に収斂していく。第一は、環境関連製品の開発・販売である。第二は、テレビ・新聞を駆使した環境広告の徹底により消費者に即時的効果をもたらしたことである。そして第三が、2005年の「愛・地球博」への全面的支援を頂点とする環境関連社会貢献活動と、その発信である。トヨタ自動車の企業広報概念は、時間をかけて受け手に働きかけ、ともに考えることで信頼性を創出する情報公開・共有型から、広告とHPという自社メディアを中心とする情報操作・マーケティング重視型に転換したのであり、社会派広報誌としての評価を得ていた『自動車とその世界』の廃刊は、単に紙メディアの終焉だけでなく、企業コミュニケーションの戦略的転換という大きな意味を持ったものである。

● 『SAFETY 2&4』

　『SAFETY 2&4』のマンガ的、情報雑誌方向への変化は、読者に支持されるものであったのだろうか。1985年11月刊行の176号では、表紙は以前のイラストレーションに戻っている。さらにその内容は86年3月

にスタートする「H・A・R・T」(Honda Active Riders' Terminal) という、新しいライダー会員組織の宣伝が3号続き、フルモデルチェンジを謳った179号は、紙質を落とした「H・A・R・T」の宣伝誌もしくはカタログ誌のようなものであった。織り込まれたホンダ安全運転普及本部の挨拶文にはこれまでの実績を元に、(i)モーターサイクルライフを豊かにする（奇数月号、HARTメンバー向け）、(ii)新しい世界を走るために（偶数月号、初心運転手向け）、を設定、そのために内容、ページ数を改訂することを述べている。

国立国会図書館所収の『SAFETY 2&4』最終号は、1988年2月発行の202号である。雪道走行の注意、スキーの楽しさの記事のほか、二輪ライダー・四輪ドライバー双方への情報が掲載された、カタログもしくはパンフレット様の7ページの冊子であった。

88年3月、『SAFETY 2&4』の後継誌『ALong』(A Long Riding,A Nice Dreaming, For H・A・R・T Members) が刊行される。23ページの紙面は、ツーリング情報満載の会員誌であること、さらにツーリングを斡旋する航空会社、旅行会社の広告が掲載されていることが、印象的であった。

2-8　食品産業(味の素『奥様手帳』VS日本コカ・コーラ『爽』)

①企業史[46][47]
●味の素

日本の食品産業は、(i)明治期以前に創業された伝統的食品企業、(ii)明治維新後西欧食品技術の導入によって開発された加工食品企業、(iii)第二次世界大戦後の新興食品企業、に三分類される。その中で、1909年に一般発売された「味の素」は、日本人（東京帝国大学教授・池田菊苗）によって発明され、日本人によって工業化され、2018年現在世界30の国・地域でグローバルな事業展開を行うユニークな企業である。

全く新しい調味料である「味の素」を工業化するためには、技術的な困難もさることながら、売り出し開始からのマーケティング手法も独創

的なものでなければならなかった。第一に、ネーミングである。発明者・池田は新調味料を「味精」としたが、工業化を引き受けた鈴木三郎助は「味の素」と命名、商標登録を行っている。第二は、安全性の問題であり、鈴木は内務省東京衛生試験所に試験を依頼、その無害結果を新聞広告やパンフレットに記載している。第三に、シンボルマークの設定である。1973年まで使われていた「美人印商標」、現在も使われる「お椀マーク」はこの時期相次いで商標登録されている。

　第二次世界大戦以前の同社の末端消費者への訴求は、新聞広告・看板、ちんどん屋・「味の素」と大書された自動車パレードによる宣伝、そして紙媒体の配布を通じて行われた。紙媒体はターゲットにより、(i)代理店・販売店向け営業パンフレット、(ii)家庭の主婦・女学校卒業生向けに新調味料「味の素」を使った調理方法を普及させ、理解を求めることを目的とした料理書配布による直接コミュニケーション、の２つに大別できる。

● **日本コカ・コーラ**

　1886年ジョージア州アトランタで生まれたコカ・コーラは、急速に拡大を続け、カナダ、パナマ、キューバ、プエルトリコ、フランスなどの国・地域へと進出、1900年にはわずか２社であった「コカ・コーラ」のボトリング企業数は、1920年には約1,000社にまで増加し、2018年現在200カ国以上に拠点をもち、400に及ぶ飲料製品のブランドを有する世界有数の飲料メーカーであり、一大多国籍企業である。グループ内の他の拠点に自主開発製品を移転している子会社は日本、ドイツなど5社であり、日本コカ・コーラ社は最も多くの自主開発製品（ジョージア、アクエリアス、Qooなど）を他拠点に移転している子会社である。

　日本コカ・コーラ社は1957年日本飲料工業株式会社として米国コカ・コーラ社の全額出資により設立され、日本で「コカ・コーラ」の製造を開始した企業である。当時同社の進出に驚異を感じた清涼飲料関係団体は大々的な反コカ・コーラ運動を展開、それに押された日本政府は、コカ・コーラ原液の輸入に対する外貨割り当ての条件として、販売先、価

格、宣伝方法など厳しい条件を課した。そのため、同社は外貨割り当ての条件のないフレーバー炭酸飲料「ファンタ」を1958年から導入した。

　その後も反コカ・コーラ運動はやまず、さらに合成着色料問題、破瓶事件などが重なり、日本コカ・コーラ社は円滑な事業遂行が困難な状況に陥った。そこで考えられたのが、第一に1971年の初の日本人社長就任と外資系としては初めての日経連、経団連への加盟。第二に日本のミカンを使ったHI-Cオレンジの導入（1962年）に始まる自主開発製品の日本市場への導入とテレビCM開始。そして広報・イベント協賛活動、例えば1963年「高円宮杯全日本中学校英語弁論大会」に協賛を開始。94年にはコカ・コーラ環境教育財団を設立している。またスポーツ支援活動も活発で、64年には第18回東京五輪、72年には札幌冬季五輪、98年には長野冬季五輪に協賛しており、広報誌創刊（所在が確認できた34号から逆算して、創刊は1967年11月）もその一環であったと推測される。

②創刊号と当時の社会状況[48)49)]
●『奥様手帖』

　末端消費者向けの直接コミュニケーション重視の姿勢は戦後も継続している。1951年民間ラジオ放送開始と同時に味の素(株)は民放5局に月曜から金曜の昼間の15分間「奥様手帖」と名づけた番組を開始、暮らしのヒント、音楽・読書、文化人インタビュー、料理などを発信してゆく。『奥様手帖』はこの番組を元にして1956年8月創刊された企業広報誌である。

　味の素(株)・食文化ライブラリー所収の『奥様手帖』2号（1956年10月）は、B6判、64ページ、内容は1ヶ月前に放送されたものからピックアップしたもので、アナウンサーによる聞き歩きのページ、話とレコードのページ、暮らしのページ、お料理のページ、音楽のページなど総花的な内容が前ページ白黒2色刷で盛り込まれている。

　『奥様手帖』が料理を中心とした雑誌に変身してゆくのは1957年からである。3月号には来月から料理を中心とする旨告知され、4月号には希望者には無料で配布すること、自慢料理・郷土料理など料理に関する

投稿を紹介すること（採用者には味の素100グラム入り3個を進呈）、などが述べられている。

　以降509号（1997年9月）で休刊するまで、『奥様手帖』は一貫して末端消費者向けに料理を中心とした食の情報誌として刊行され、最盛期は15万部に達したという。1960年代の特徴としては以下の3点が上げられる。第一は、料理だけではなく、「さろん・ど・ぽーて」（資生堂の協力による）、ファッション紹介、佐田稲子・壺井栄などの随筆を掲載するなど、生活誌の色合いが濃いことである。第二は、新製品の紹介がサラダ油、ハイミー、クノールスープ、マヨネーズ、冷凍食品、インスタント食品など、味の素（株）の多角化路線のいったんをうかがわせるものとなっていくことである。第三は、1958年10月から定価20円および送料と有料化されたこと、およびカラーグラビアページが増えたことである。『奥様手帖』は主婦をターゲットとし、味の素製品の認知度を高める上で一定の効果があったことが確認できよう。

●『爽』
　『爽』96号編集後記によれば、『爽』は1969年1月に創刊された季刊誌である、とされているが、33号から内容を一新しているともあるので、この33号を創刊としていると推測される。電通アドミュージアム東京資料室所収の最も古いものは1969年9月刊行の34号であり、A4判変型、31ページ、厚手の紙を使った、ヴィジュアル度の高い贅沢なものである。表2は目次に使われ、3～5ページは水上勉（作家）による「京の名園　等持院と円光寺」（写真1ページとエッセイ）、6～11ページは特集「イギリス」として深代淳郎（朝日新聞論悦委員）による「イギリス人五つの顔」のエッセイが、チャールズ皇太子の立太子礼の写真、ロンドンの街角のスナップ、ブルックボンド紅茶の味きき風景などと一緒に掲載されている。
　続いて12～14ページは俵萌子（作家）の「これからの空の旅」、15～18ページは「ホームパーティを開きましょう2」として茂出木心護（料理研究家）指導による「川辺のバーベキュー・パーティ」がインビテー

ションカード、見開きの川辺のバーベキュー写真（もちろんそこにはコカコーラがある）、道具・材料・ソース・焼き方などの調理方法が添えられている。続く19ページは淀川長治（映画評論家）のエッセイ「食べる演技」が続いている。20〜22ページは「EXECUTIVES」シリーズとして大賀典雄（CBSソニー専務）が社用飛行機「バロン」に乗って活動する日常が描かれている。

　23ページから27ページは打って変わって日本の各地を紹介するシリーズとして、「福岡　遊ぶとならまかしときゃい」として鮮やかな戸畑祇園祭、小倉の太鼓祇園、博多の飾山笠の写真が並べられ、さらに博多織、博多人形の職人たちのインタビューと写真が掲載されている。最後の4ページは「ボトラーズ・ニュース」として各地の工場の紹介、同社が協賛・支援を行った日本各地の祭り、イベント事業の様子を写真入りで報じている。日本社会にとけこもうとする企業広報の方向性がうかがえよう。

　さらに同誌は1970年2月刊行の36号から隔月刊とし、年間を通じてユースマーケットの研究を企画することを宣言している。すなわち、毎号16ページの特集で若者たちが何を好み、考え、欲し、行動するかをユースマーケットの開拓という視点から取り上げようという企画であり、この傾向はその後も継続していく。若者をターゲットとしていこうとする企業広報誌の方向性の転換を裏付けていると言ってよい。

　76年1月96号編集後記は、今号から（株）ダイヤモンド社が編集を担当すること、今年がアメリカ建国200年＝コカ・コーラ90年という記念すべき年であること、今年のメイン・テーマとしてアメリカ―SOULE OF AMERICAを特集企画とすることを宣言。アメリカを取り上げることによって『爽』を通じてオピニオン・リーダーとの間に、より深い正確な情報交流を期待することを述べている。その後年間特集として紹介されるのは、アメリカの大学キャンパス、ビジネス社会、自然保護、マスメディア、選挙、などであった。さらに翌77年には「地球家族＝from TODAY to TOMMRROW」など、毎年メイン・テーマを設定してさまざまな方面から日本社会にグローバリゼーションを持ち込もうと

している ことがうかがえた。

③最終号の内容分析
● 『奥様手帖』

1970年代の『奥様手帖』を概観すると、以下の3点が読み取れる。第一は、中心テーマが世界の料理、ファミリーパーティのすすめなど、家庭における食の洋風化に主眼を置いていることである。第二は、お弁当特集や「こどものひろば」など、こどもをターゲットにした内容が多くなってきていることである。第一の点と合わせ、核家族化が進展し、家庭の中心がこどもに移ってきたことを感じさせるものである。第三は、電通、東急エージェンシーなど広告代理店が編集制作を担当するようになってきたことである。見ばえのする誌面づくりが展開される一方で、手作り感が失われていく、という感慨を持たざるを得ない。

1980年代に入ると、以下3点の特徴が読み取れる。第一は、全ページがオールカラーとなり、定価も150円となることである。第二は、「編集部便り」が「読者の広場」「おしゃべり広場」と名前を変えながら、最終号まで続けられていることである。双方向コミュニケーションを大切にしようとしていることがうかがえる。第三は、80年代から最終号（1997年9月）まで、8回のリニューアルが行われていることである。後に行った広報担当者インタビュー[50]では、発行部数が落ちていったこと、内部編集者は1人で、外部広告代理店にほとんど頼っていたこと、が確認できた。

● 『爽』

1977年1月から『爽』は毎号特集体制、年間テーマ別変遷などを繰り返しながら刊行を続けていく。

電通アドミュージアム東京資料室所収の『爽』最終号は162号（1989年12月号）である。1989年に入り、『爽』は年間アメリカ特集を採用している。159号「アメリカン・スポーツ・スピリッツ」、160号「ザッツ・エンターテインメント！」、161号「アメリカン・ビジネスワール

ド」(副題を「ニュービジネスを育む土壌と環境」とし、ニュービジネス、ベンチャー企業、ライフスタイルの演出、の3視点から分析)、そして162号ではスポーツ、エンターテインメント、ビジネスを通じてみてきたアメリカの底力の根源は、自由競争社会を生き抜くためのノウハウ＝自己主張、創造性、合理性、オリジナリティに求め、それらを形成する教育のあり方を探る「アメリカン・ウェイ・オブ・エデュケーション　経済社会への入り口・大学をみる」とした。

　とくにアメリカの最高学府である大学、プロフェッショナルスクールと大学院を合わせたグラジュエート・スクール、およびコミュニティカレッジなどの広い受け皿を細かく分析・紹介し、最後に「大学という名の企業体」として経済原理とサービス精神が、実践タイプの卒業生を作り出し、その実力社会が新しい学歴社会を生み出していると結論づけている。日本の象牙の塔的大学からの脱皮＝企業と大学との「産学協同」の有用性を細かく分析・紹介している。まさに一大多国籍企業コカ・コーラのなかでも特筆されるべき地位にあった日本コカ・コーラ社の企業広報誌としての面目躍如と言えるのではないか。

2-9　石油産業(エッソ『エナジー』VSシェル石油『Forum』)

①企業史[51)52)]

● エッソ

　エッソは1933年アメリカのスタンダード・オイル(ニュージャージー)社がソコニー・バキュームと折半でスタンダード・バキューム・オイル・カンパニー(スタンヴァック)を設立、同社がアジア、オセアニア、アフリカの三大陸で石油事業に当たることになったことに端を発する。その結果、ソコニー・バキュームの日本支社(1893年販売事業を開始)がスタンヴァック日本支社となり、1942年閉鎖を命ぜられるまで事業活動を行った。第二次大戦後の1949年、スタンヴァック日本支社は営業を再開し、東亜燃料工業(石油精製会社)の株式51％を取得して東燃に対する原油供給・技術援助を開始すると共に、同社で精製された石油

製品の日本国内での販売を開始した。

なお、アメリカ本国ではスタンヴァックの活動が独禁法違反として提訴され、1960年、スタンダード・オイル（ニュージャージー）は独占禁止法の同意審決に従い、スタンヴァックを解散した。その結果、スタンヴァック日本支社の資産は両親会社であるスタンダード・オイル（ニュージャージー）とソコニー・モービル（1955年に名称変更）で等分に分割、別々に引き継ぐこととなり、スタンダード・オイルはエッソ・スタンダード・イースタンを新設、この全額出資により、1961年4月にエッソ・スタンダード石油(株)（以降エッソと略称）が設立された。

●**シェル石油**

シェル石油は1800年代末期、横浜で貿易業を開始したサミュエル商会が1900年石油部門を独立させて設立されたライジングサン石油株式会社が嚆矢である。初期は照明用の灯油、ロウソクの販売を行っていたが、ロイヤル・ダッチと合併してロイヤル・ダッチ／シェルとしてスタート、ライジングサン石油はシェルグループの日本の拠点として事業を展開していった。1914年に勃発した第1次世界大戦は、世界の石油産業にとって一大転機となる。日本でも海軍が重油市場の最大の消費者としてその存在を高めていく。そして軍の需要を受けて国産石油企業は再編を繰り返して企業規模の拡大をはかると共に、外国資本と提携してその進んだ技術を導入して生産性を高めていき、ライジングサンのガソリンも、「赤貝印」、「黒貝印」のブランドのもと市場に販売されていった。

1948年、ライジングサン石油(株)が、シェル石油(株)に改称され、1951年にはシェルグループと昭和石油(株)（1942年に早山石油(株)、旭石油(株)、新津石油(株) 3社の合併により設立）が資本提携で調印、昭和シェル石油となっている。

ガソリンは消費者が直接選択し、購入する商品である。ともに外資系企業であるエッソ、シェル石油が、日本市場でシェアを拡大するためには、第一に新商標の導入と代理店の確保、第二に通産省、マスコミを通じて国民に広まっていた「外資系アレルギー」克服、という2つの課題

2-9 石油産業(エッソ『エナジー』VSシェル石油『Forum』)

を乗り越えなければならなかった。第一の課題を達成するために、エッソは徹底した代理店対策を行い、シェル石油は戦後早い時期に昭和石油と資本提携を結んだのである。

第二の「外資系アレルギー」を取り除く、すなわち「世論をかえる」ことを目的として、両社ともに企業広報誌を発刊し、オピニオン・リーダーを通じて大衆に働きかけるという戦略を導入したのである。

②創刊号と当時の社会状況[53][54]
●『エナジー』

『エナジー』は1964年4月に創刊された。A4判右開き41ページ、特集は「海」である。創刊の辞はとくにつけられておらず、第1号の編集後記は「社外用定期刊行物であり…特定少数の方々のために企画し、今後とも限定版でお手元に発送させて」いただくこと、「発刊の目的は…当社にとって大切な外部の方々を対象にお届けし、利用していただくためであり」、「書棚の片隅にでも、お手近な叢書として保存していただければ幸い」であり、「皆様と当社の意見交換の場としても利用されるよう」願っている、と述べている。すなわち、(i)創刊当初からオピニオン・リーダーむけの限定されたものとして発行されていたこと、(ii)叢書として一つ一つが完結した読み物として作られたものであること、(iii)意見交換の場としての役割、すなわち双方向コミュニケーションを試みる目的もあったこと、の3点が明記されている。

この点をエッソ社史『元社員が書いた50年史』[55]でみると、創刊の目的は「オピニオン・リーダーとの間にコミュニケーションのチャンネルを作り、究極的にはエッソの経営姿勢や活動に対する理解を求めて、企業イメージが高まること」であるとし、オピニオン・リーダーとのあいだで双方向コミュニケーションを行うことで企業認知度を高める、という目的を明確にしている。

編集者・高田宏[56]はその著書『編集者放浪記』(以下『放浪記』)および筆者が行ったインタビュー[57]において、『エナジー』の広報上の位置づけとして、(i)エッソ広報部は宣伝・広告とは別の組織としておか

第2章 業種別企業広報誌の分析考察(1)―比較分析

れ、パブリック・リレーションズ課とガバメント・リレーションズ課（主として通産省向け）がおかれていた、(ii)当時の日本人トップである殿村秀雄（会長、東亜燃料取締役から出向）は常日頃「広報は米の飯」というのが口癖であり、企業にとって広報は空気のような存在で、声高に存在を主張するのではないが、なくてはならないものといっていた、(iii)エッソ本社では企業広報誌'The Lamp'を70万部発行していた。しかし、そのターゲットは株主であり、日本で新しく企業広報誌を創刊するに当たり、これを範としようとはしなかった、(iv)1964年の創刊から廃刊にいたるまで、編集者は高田宏1人で、当時としてはかなりの予算があった、(v)第1号発刊時には、1冊全ページ特集という形を取ること、会社の宣伝は改まってやらないこと、という二大方針が決定していた、の5点を指摘した。

エッソ経営陣が広報を重要な経営戦略上の一環と位置づけていたこと、外資系企業アレルギーを取り除くための企業広報誌を作ろうとしていたこと、と共に、これまでにない新しい企業広報誌をつくりたい、という編集者の意気込みが、創刊の基本にあった。

『エナジー』の全39号の内容分析から得られた共通点は以下の四点である。第一はオピニオン・リーダーを対象としていること、第二は、特集テーマを設定し、監修者を中心に、多くの執筆者による論文が収録されていること（表1参照）、第三は、毎号全ページ読み切りスタイルをとり、連載等は一切行わなかったこと、第四は大型本、ヴィジュアル（A4変型、すべてがアート紙で、大半がカラー印刷）で、巻末に資料・年表・調査が掲載されていること、である。従来の企業広報誌とは全く異なるものを発刊することで、エッソへの社会の認知度を上げようとしたのである。

● 『Forum』

電通アドミュージアム東京資料室所収の『Forum』創刊号は、1971年1月発行、B5判、52ページ、特集＝海からの収穫、というものである。創刊のご挨拶としてシェル石油(株)常務取締役・村越信行は、明治33

2-9 石油産業(エッソ『エナジー』VSシェル石油『Forum』)

年以来日本経済の発展に歩調を合わせてきたこと、かねてから地域社会の一員として共通の広場で対話の機会を持ちたいと思っていたこと、対話の場ができれば望外の喜びであること、を述べている。また誌名について、本誌表3では近代性と雑誌の内容にふさわしいという2点から『Forum』としたこと、ラテン語で〝公共の広場〟という意味であり、現代流に表現すれば、〝お互いの意思の疎通を図るための対話の広場〟となること、広く各方面の話題を集めて皆さんのご参考に供することを願っていること、を述べている。

内容を見ると、1～3ページは「クロニクル　人間と海」(無署名)、4～31ページは「対話シリーズ　海からの収穫」であり、以下の4部に分かれている。第一は「鉱物資源としての海」(那須紀幸・東京大学海洋研究所所長)、第二は「牧場としての海——マグロを飼う」(井上元男・東海大学海洋学部教授)、第三は「海のエネルギー」(寺田一彦・国立防災科学技術センター所長)であり、聞き手はいずれも工藤昌男(科学評論家)である。第四は工藤昌男のエッセイで「海洋開発・量より質へ」として結ばれている。

32～35ページはエッセイ特集で、「西日本石油開発の海底探査余話」(倉八正・西日本石油開発副社長)、「全く別の世界」(小原啓・写真家)、「海底の地図の話」(佐藤任弘・海上保安庁水路部測量課補佐官)の3本が並んでいる。36～43ページは「石油の世界Ⅰ　海底150メートルに原油を求めて——島根沖海洋油田いよいよ試掘へ」、44～45ページは小原秀雄(動物学者)の「コラム・エコロジカル・アイ　アシカ殺せばグアノが減る・・・」、46～47ページは「コラム・数の世界　海のお値段」(O・K)である。

さらに48～52ページは「ドキュメンタリー　タンカー爆発」として1970年11月に横浜港外でおこったタンカー事故をきっかけに、60年代に起こった3つのタンカー事故(うち2件はシェル所属)の原因究明と事故報告会の様子を明らかにしている。

全体として外資系産業、とくに石油企業としての文化広報に力を入れていこうとしていることがうかがえる。

第2章　業種別企業広報誌の分析考察(1)―比較分析

③最終号の内容分析
●『エナジー』

　『エナジー』の最終号である39号（1974年12月）はA4判45ページ、特集「太平洋」とある。前述『50年史』で高田は第一次石油で編集予算が大幅に削減されたことがきっかけであったとしている。翌75年からは小型・再生紙使用の『エナジー対話』が年3回発行されるが、21号（1982年12月）と短命であった。

　高田の著書『放浪記』、およびインタビューなどから、『エナジー』の廃刊理由は、(i)石油危機での予算半減、(ii)マンネリ化の打破、の2点にある事が確認された。

　『エナジー』の廃刊の突然性は特筆されるべきであろう。それは『エナジー』廃刊が、エッソの企業コミュニケーションの転換、すなわちそれまでのオピニオン・リーダーに向けて時間をかけて世論を作り上げていく、という広報路線から、(i)大口消費者・政策立案者などより直接的な影響力を持つターゲットへ、(ii)一般消費者に向けては即時的に効果が現れやすいコミュニケーション活動重視路線へ、と変わっていく過程のひとつであったこと、そしてその突然性の裏には社会経済背景の激変があったこと、を指摘しておく。すなわち、石油危機による石油企業批判の高まりで企業コミュニケーションの方向転換が促進されたことがある。

　換言すれば『エナジー』の廃刊は、創刊時に設定された企業活動上の重要機能である文化的な世論形成・変更機能の役割が終わったこと、エッソの企業広報概念が、時間をかけて受け手に働きかけてゆくことで信頼性を構築しようとする「情報公開・共有」型から、「情報操作・マーケティング重視」型に転換していったことを示しており、そのことは政治・経済的オピニオン・リーダーに接触すると同時に、一般消費者には広告・キャンペーンによって特殊性を演出していることに現れているのである。

2-9 石油産業(エッソ『エナジー』VSシェル石油『Forum』)

● 『Forum』

　1976年10月、創刊以来5年有余続いた『Forum』は23号で終刊となる。時は73年石油ショック以降の石油会社に対する風当たりが強くなったときであった。シェル石油渉外広報部の「終刊のごあいさつ」には、都合により本号を持って終刊すること、エネルギー革命と言われる厳しい時世、自社の任務の重いことに十分思いをいたし、近い将来、装いを新たにして再出発することが述べられている。

　最終号の特集は「資源」。「クロニクル　地球と資源と人間」に続き、「特集座談会　資源問題の表情・エネルギーを中心に」として牛場信彦（国際資源問題研究会会長）・村野賢哉（科学評論家）・竹下寿英（政策科学研究所主任研究員）の対談が16ページ（全53ページ中の3分の1）にわたってもたれている。それまでは文化・国際といった特集が組まれていたことから考えると、いかに資源問題が喫緊の課題となっていたかが読み取れる。

　77年1月、新しい季刊誌『MUREX』が創刊される。B5判、50ページ程度と体裁は変わらないが、特集テーマは「省エネルギー」とずばりエネルギー問題に切り込んでいる。（なおその後も「石炭復活」「エネルギー多元化時代とメジャー」「北海石油開発」とこの傾向は、19号（82年1月）まで変わっていない）。

　巻頭は「ミューレックス・アーティクル」として「牧歌的ならざる未来―人間の空想力とエネルギー問題」が3ページ、その後「対談Ⅰ　日本は省エネルギーができるか」向坂正夫（総合研究開発機構理事長）・向坊隆（東京大学工学部教授）、「対談Ⅱ　日本はエネルギーを有効に使っているか」増川重彦（政策科学研究所主任研究員）・相沢晃（通商産業技官・資源エネルギー庁勤務）の2つの対談が各10ページと全体の半分を占めている。その後エネルギー生産、鉄鋼生産、輸送、建築の4つの面から省エネルギーに関する論文が並んでいる。

　シェル石油・シェル興産副社長・宮井仁之助の創刊の挨拶によれば、"MUREX"とは太古、フェニキア人の扱った交易品の貝の一種であり、そこからとれた紫の染料は同量の黄金に匹敵するものであったこと、

1892年シェルの創設者・マーカス・サミュエルによって最初にスエズ運河を通過したタンカーも同名であること、内容を一新し現在および将来の緊急切実なエネルギーおよびその周辺問題をテーマとすること、とされている。

文化、および国際問題を取り扱った読み物としての『Forum』は、石油危機とそれに続く未曾有のエネルギー問題に直面し、大きく変貌したのである。

国立国会図書館所収の81年～82年の『MUREX』17号～19号では石油危機を乗り越え、グローバル時代に向けたリーディングインダストリー・自動車産業に着目していることがうかがえる。すなわち17号（1981年5月）では「特集：自動車と省エネルギー」とし、1939年から行われている「シェルモーター・マイレッジ・マラソン」をとりあげ、その歴史、特性、ユニークな技術を紹介、81年秋には日本でシェル石油（株）と『CAR GRAPHIC』誌（二玄社）の共済で行われることを大々的に報じている。同時に「自動車エンジンの排ガス処理と省エネルギー」と題し、80年5月に日本で行われたシェル・オートモティブ・テクニカル・シンポジウムの成果として、トヨタをはじめとする日本の代表的自動車メーカー技術陣のレポートを掲載している。

18号（1981年8月）ではロンドンで開かれる「江戸大美術展」の特集であり、日本シェルが文化の架け橋役としてこの企画を支援していることが記されている。

最終号となる19号（1982年1月）では、「特集　81年シェル・カーグラフィック・マイレッジ・マラソン」として11月に鈴鹿サーキットで行われたレースを24ページカラー写真で紹介、実況中継と成果を大々的に報じている。すなわち、石油危機を乗り越えたシェル石油は新たな市場として日本の自動車業界と手を結び、企業広報誌を通じてエコカーの宣伝に乗り出していった、という感がある。しかし1985年1月、シェル石油（株）は昭和石油（株）と合併、昭和シェル石油としてスタートする。82年にはもはや広報誌を発刊し続ける余裕がなくなっていたのではないかと推測される。

2-10　ホテル産業(帝国ホテル『インペリアル』VSホテルオークラ『葵』)

①企業史[58][59]

●帝国ホテル

　帝国ホテルは、1887年初頭、外務大臣井上馨が新ホテル建設を渋沢栄一、益田孝、大倉喜八郎らに諮ったのが端緒である。1890年11月3日、帝国ホテルは開業する。総建坪1300余坪、渡辺譲の設計によるドイツ・ネオ・ルネッサンス様式木造と漆喰造3層であり、室料は50銭～7円、朝食50銭、昼食75銭、夕食1円であった。

●ホテルオークラ

　ホテルオークラは1964年の東京オリンピックを目標に1958年オークラグループの一員として大成観光株式会社が創立され、1962年本館が開業されたという。

②創刊号と当時の社会状況[60][61]

●『インペリアル』

　国立国会図書館所収の『インペリアル』の中で最も古いものは71号(1987年9月)、A4判左開き、60ページ、オールカラーである。表紙は鈴木博(二紀会理事)の油彩画「風船」、巻頭は「さろん(対談)私のパリ・軽井沢物語」としてゲスト：朝吹登水子(フランス文学者)、ホスト：犬丸一郎(帝国ホテル取締役社長)である。続いて「特集　居住空間を考える③　風をはらむ家」として伊東豊雄(建築家)「風の建築」、唐十郎(状況劇場主宰)「わが劇場は紅テント」、八木幸二(建築家)「砂漠のテント、草原のパオ」のエッセイが3本並ぶ。連載シリーズは巌谷国士(仏文学者)「私のホテル語小辞典⑨　ROOM SERVICE」、本城靖久(立教大学講師)「旅と宿泊の文化史⑨　グランド・ツアー──英国貴族の大修学旅行」などの文化史的読み物、鶴見和子(上智大学教授)「エッセイ　帝国ホテルの初舞台」は、8歳の頃、日本舞踊のおさらいで旧帝国ホテルライト館の演芸場の舞台を踏んだことを魅力的な筆

致で述べている。特集と連載シリーズの間には白石かずこ（詩人）「ホテルは都市だ⑧　今様ガルガンチュアは」のほか「この一品、この一皿　フォンテンブロー　ウズラのフォアグラ詰めパイ包み焼き」、「ホテル最前線⑨　フロント」など、帝国ホテルのレストラン、食事、業務内容などを文章で味わうことができる仕掛けとなっている。

　表2の日本ダイナースクラブ、表3のカランダッシュ、表4の服部セイコーのほか、BMWジャパン、龍村美術織物、アメリカン・エキスプレスなどの企業広告、ホテルアーケードに出展する宝飾品店などの広告が多いことも目を引く。60ページ中24ページと全体の3分の1がホテルの自社広告、他社広告であった。

　75号（1988年5月）からは右開き、表紙は安野光雅の水彩画にかわるものの、犬丸一郎のサロン対談、特集、連載シリーズ、ホテルのレストラン・業務内容の紹介、というスタイルは、107号（1993年11月）まで続く。107号の「サロン　田舎暮らしの趣味人は、明治生まれ」のゲストは白洲正子（随筆家）、特集は「アジアの新しい風⑥　日本の中のアジア」として高良倉吉（琉球史学者）「よみがえった沖縄・首里城」、「音に感じるあじあ」（取材もの）、連載シリーズは安西水丸（イラストレーター）「僕たちが息子だった頃⑥　アイビー・ボーイのバイブル」というものであった。

　『IMPERIAL』は、インペリアルクラブ発足を記念して、1994年1月に創刊された。旧『ひびや』から誌名・体裁・内容を一新したものとある（しかし国立国会図書館では該当誌はなく、『インペリアル』の継続誌とされている）。A4判、本文44ページ、隔月刊、表紙は南桂子の銅版画であり、巻頭はシリーズ「インペリアル・サロン」、犬丸一郎のホスト役は変わらず（1997年6月の社長退任まで続く）、第1回として石川忠雄（慶應義塾前塾長）をゲストに招いている。毎号特集スタイルも変わらず、創刊号は「万福将来」とし、杉本正年（民族学者）の文章と華やかな写真で「福笑い」、「鏡餅」、「門松」、「獅子頭」、「神酒口」などを解説している。連載は村上信夫（帝国ホテル総料理長）「料理一夕話①『日本初の"機内食"』」、飯島清禎（オールド・インペリアルバー支配

人)「珠玉の、時間① 『昼下がりのカクテル』」、「日比谷ホテルマン物語① 『林　愛作』」の３本が並んでいる。その後帝国ホテルの来客者紹介、ニュースなどが掲載されている。

　21号（1997年11月）からは「鼎談　インペリアル・サロン」と改称、社長、東京総支配人、大阪総支配人が交代でホスト役を務めるが、そのほかに大きな変更点は見られない。自社広告以外の広告記事も相変わらず多く（表２：(株)龍村美術織物、表３：遠藤波津子ウェディングコレクション、表４：キリンシーグラム、のほか、JAL、三菱電機、月桂冠などの日本企業のものも多い）、総じて肩のこらない読み物誌、インペリアル倶楽部会員との情報交換の場を提供することを狙いとしたことがうかがえる。

●『葵』

　国立国会図書館所収の『葵』で最も古い４号（1966年２月）は、B5判変型、26ページ、表紙はエメラルドバーの装飾壁面から取ったもので「継色紙帖の壁面」、国宝・36人家集料紙を再現したものという。巻頭は「季節のロビー　早春」として山本健吉（詩人）深田久弥（作家）ら10人のエッセイ、ついで大倉文化財団所蔵の「鑑賞　光琳・乾山合作　寿老図六角皿」、さらに36人家集料紙にちなんで山岸徳平（東京教育大学名誉教授）が「あおい帖　華麗なる伝統—三六人家集の価と美」とする稿を寄せている。

　カラーページは「広重の東京④　雪の外桜田」が現在の写真とともに見開きページで掲載されている。「葵さろん」は「新劇40年」として東山千栄子（新劇俳優）と戸板康二（演劇評論家）を中心とする座談会である。「ホテル物語④　海のうえの宿」、石井光次郎（法務大臣）の「川奈ゴルフと私③　大倉さんとの因縁」など、肩のこらない読み物と、大倉財閥所蔵の名品など、目の保養もさせてくれる読み物となっている。

　15号（1968年10月）からはホテルの全容、もしくはプールなどの名物スポットが表紙を飾り、巻頭には「季節のロビー」として正面ロビーを飾る花の写真が掲載されるなどカラー化、ヴィジュアル度が上がっていく。

体裁、内容が大きく変化するのは45号（1976年3月）からである。A4判、29ページ、表紙はそれまでの四季折々の日本の風景から一変、リューデンスハイム（ドイツ）のレストランとなり、その後も世界各地の美しい風景、建物などの写真が飾ることとなる。「特集＝窓」で、吉田光邦（京都大学助教授）「窓　東と西と」、黒井千次（作家）「窓と小鳥の関係」、恩地日出夫（映画監督）「アレハ　ガラスダヨ！」などのエッセイが並ぶ。その後も「階段」「扉」「あかり」と毎号特集が組まれるのも新しい変化である。

末尾の挟み込みには、今号から（株）コスモ・ピーアールが編集を担当すること、毎年特集テーマを設けること、なかなか覗けないホテルの舞台裏も紹介していきたいこと、などの抱負が語られている。その通り、リネン部ランドリー「1日に100世帯分をさばく」を皮切りに、宴会サービス課・花嫁係「華燭の典の介添え役」、フロント「ベスト・サービスの中枢」、ケータリング部・飲料サービス係「礼儀正しく、しかも遊びのムードを大切に」など、ホテルの裏方の仕事が細やかに描き出されており、親しみを感じさせる演出となっている。

③現状もしくは最終号の内容分析
●『インペリアル』
『IMPERIAL』92号（2016年1月）は125周年記念である。A4判、48ページ、表紙は重要文化財「大坂夏の陣屏風」である。巻頭は125周年記念エッセイとして、櫻間右陣（能楽師）「迎える。『半蔀』の迎え」、檀ふみ（女優）「結ぶ。カメレオン効果」がならぶ。第1特集は中村彰彦（作家）「真田丸と幸村「日本一の兵」真田幸村、最後の戦い」として、2016年大河ドラマに取り上げられた真田幸村と大坂の陣ゆかりの地を巡る旅が10ページにわたり繰り広げられている（その片隅には帝国ホテル大阪の位置の☆も）。第2特集は編集部による「谷崎潤一郎『細雪』の世界をあるく」が3ページ、芦屋川近辺に今も残る船場文化の遺跡等が紹介されている。これもまた帝国ホテル大阪から近い、ということで取り上げられたのであろうか。

125周年記念連載として90号から始まった「帝国ホテルが伝える「和の心」」は92号ではホテル内の神前結婚式場が紹介されている。「ホテルウエディング」の日本発祥の地として、大正期にホテル内に神殿を設置した帝国ホテルならではのシーンが4ページ続く。さらに帝国ホテルを文章で紹介する記事として、「望月シェフパティシエに聞く・魅惑のスイーツ⑱」としてボンボンショコラとボンボンショコラ・ガトーの紹介、出久根達郎（作家）「本の中の帝国ホテル㉑」「震災直後の結婚披露宴＝久米正雄」の記事が並ぶ。

その後本稿執筆時点の直近号100号（2018年1月）は100号記念特集号として、「帝国ホテル物語―100話」として帝国ホテルにまつわる100のショートストーリーを16ページにわたって掲載している。また「100と日本人」として、祝い事、伝統文化、花の名前、日本百選、四文字熟語を6ページにわたって紹介している。

総じて創刊当時とスタイルは変わらずに、時流に合わせ、肩のこらない日本文化と帝国ホテルの紹介を行っている感がある。企業広告が影を潜めてきている点も評価されよう。

● 『葵』

『葵』は61号（1980年3月）から「特集：食文化シリーズ」を始めている。石毛直道（国立民族学博物館助教授）「世界の食事文明」に始まるこのシリーズは、国立国会図書館で確認できた最終号である119号（1995年3月）まで続き、4号以来継続してきた大倉文化財団所蔵の名品を紹介する「鑑賞」のページ、21号（1970年4月）以来の「人間国宝」の紹介ページと並び、『葵』の名物シリーズとなっていた。119号の「特集　食文化　59」は「果物文化　5　モモ」、「人間国宝」は「志野・鈴木蔵　伝統と現代性の調和」、「鑑賞」は「前田青邨筆　洞窟の頼朝」である。

時代におもねることなく、30年の間、日本文化の神髄を発信し続けた『葵』は、ホテルオークラの顔であった。それがなぜ閉じられてしまったのだろうか。それまで季刊誌として発行されていたものが、118号、

119号がそれぞれ秋・冬号、春・夏号となっていることから、やはり財政的理由によるものではないかと推測される。

2-11　エネルギー産業（東京電力『東電グラフ』VS大阪ガス『CEL』）

①企業史[62)63)]

● 東京電力

　日本の電力産業の嚆矢は、1883年創立の大日本有限責任東京電燈会社で、1887年鹿鳴館に営業用の最初の点灯を行っている。日清・日露両戦争を経て日本経済は右肩上がりの景気上昇を続け、電気事業も一段と活発化した。全国の電気事業者は日露戦争終了後の1907年に116社であったものが、1924年には738社となっている。政府は電気事業者の企業合同を通達、関東地方を代表する東京電燈他5大事業者が各地域の中心的事業者となった。さらに1938年には国家総動員法の公布と同時に発送電設備を持つ日本発送電が国策会社としてスタート、40年には全国を8地区に分けた8配電会社（後に北陸電力が加わり9地区に）が誕生する。

　1945年の敗戦により、電力事業は商工省電力局の所管となり、47年過度経済力集中排除法の公布に伴い、日本発送電と9配電会社はその指定を受け、電力事業の再編成が急ピッチで進められていく。紆余曲折を経た後、1951年電力再編制が実施され、9電力体制が発足した。電力地域独占体制の始まりである。

● 大阪ガス

　大阪ガスは1897年、大阪の名望資産家松田平八ほか9名が発起人となり、資本金35万円をもって設立、1905年岩崎町工場を竣工、同時に中之島本社社屋を竣工し、ガスの供給を開始した。最初のお客さま数は3,351戸であったという。（2011年には700万戸を突破している）

　1986年、大阪ガスの創業80周年記念事業として大阪ガスエネルギー・文化研究所（略称CEL：Research Institute for Culture, Energy and Life）が設立される。10年後から20年後の社会・暮らし・価値観などを

2-11 エネルギー産業(東京電力『東電グラフ』VS大阪ガス『CEL』)

予測し、その中で依然として活性を維持し、かつ社会で役に立ち続けられる企業のあり方を探るというのが創立の目的であった。同社社史によれば、これまでの主な研究テーマは、「都市文明論」「ゆとりと豊かさの体系化」「日本文化論」「21世紀の労働問題」「天然ガスを中心としたエネルギー需給問題」などであり、2005年創業100年の時点では、「大阪の歴史・文化遺産の発掘、魅力の再発見」「食文化論」「住まいと住環境」「環境共生のまちと住まいづくり」などに取り組んでいるという。

②創刊号と当時の社会状況[64)65)]
●『東電グラフ』

　1953年6月、『東電グラフ』が創刊される。A4版、表紙を合わせ8ページの薄いものであった。モノクロの表紙は夜間作業の写真であり、左下には「日暮れ時、事故が起こったという知らせに、サービス車が直ちに出動。暗い中でも投光器で照らして、作業をしている」との説明がある。2～3ページは「いつになったら電気は楽になるか」と題し、評論家・村岡花子と東京電力・浅野営業部次長の対談、4～5ページはフォトニュースとして奥利根水力発電所建設の模様、6ページは感電の恐ろしさの啓蒙記事と「主婦と電気」として「私はこんなふうにして電気を使っている」インタビュー、7ページは希望見学・千住火力発電所のお化け煙突の風景写真、8ページ(表4)は電気事故への注意と同年4月から始められたラジオの公共スポット放送のことが掲載されている。「グラフ」の名にふさわしく、表1、表4をのぞく6ページ中3ページが写真を中心とした記事というヴィジュアル度の高い雑誌である。また3ページ左下には発刊の言葉として「今度、広く皆様に、当社の実態を報告するとともに、時々の実情を披瀝し、皆様のご理解とご協力をいただくために、本誌を発行する」ことが述べられている。

　つづく第2号では表1は高円寺サービスステーションに集う近隣の主婦の写真、2～3ページ：対談「どうしたら光熱費(でんきだい)を節約できるか」、4～5ページ：フォトニュース「火力地帯」、6～7ページ：フォトストーリー「スピード時代」として東京電力で使われる自動

第 2 章　業種別企業広報誌の分析考察(1)―比較分析

車の紹介、表4：中学2年生の街路燈を昼間は消すという手記、電気相談ご用承りとして電気に関する読者の質問に答えている。また7ページには「読者の声」として、「女子どもでも電気に関してわかりやすい解説を」、「電気と日常生活の各方面の記事を」、「火力・水力発電の現況、電気取り扱いの注意を」、「(i)漫画を入れて子どもにも見られるように、(ii)手軽な電気知識、停電常識、応急処理法、(iii)読者よりの希望、調査、軽い短編を」などといった読者からの意見が6件掲載されている。ヴィジュアル度が高く、電気に関する知識がわかりやすく記され、かつ希望者には無料で郵送される新しいタイプの企業広報誌は、読者からは好意的に受け止められたようである。

　『東電グラフ』が広報誌としての威力を発揮するのは原子力広報であり、それは90年代前半まで活発に行われていた。すなわち『東電グラフ』は2つの方向で積極的に原子力広報に取り組んでゆく。一つは写真等によるヴィジュアルな建設現場紹介である。67年11月号では福島原子力発電所の建設現場全景が表紙を飾り、2ページにわたる写真記事、68年4月号では横山泰三による「第三の火」（建設現場探訪記）、69年7月号では「新しいエネルギー源ととりくんで」、70年9月号では早稲田大学教授・高木純一による「―原子力発電は歴史的必然―公害のないエネルギー源を求めて」、70年12月号では佐伯誠道・放射線医学総合研究所員による「平和で安全な原子力利用を目指して」等である。

　もう一つは小中学生向けにマンガを使った原子力発電知識の紹介である。69年12月号、70年4月号の「ピカちゃんの電気社会学」、71年11月号～72年7月号までの同じく「ピカちゃんの電気社会学」原子力発電シリーズのほか、71年4月号から始まった「あなたの質問ルーム」や72年1月号からの「いつも電気とお友達」でもたびたび原子力発電の知識が紹介されている。

● 『CEL』
　国立国会図書館所収の『CEL』創刊号は、1987年2月に発刊されている。A4判左開き、84ページ、表紙はセビリアの聖週間の写真、表2は

「四元素の象徴」（15世紀の版画より）と、四元素に対するヘラクレイトスの箴言、毎号特集が組まれ、創刊号～4号は四元素シリーズ「火」「空気」「水」「土」である。表3は炎の科学写真とガストン・バシュラールの火に関する詩があげられている。そして表4は大阪ガスを象徴するガス灯の写真となっている。

　創刊号の巻頭はプレイリーの草焼き、カトマンズの「バイサカ祭り」、興福寺・若草山の山焼き、中国桂林の鵜飼いなどの火を祭るカラー写真5ページ、「CEL対談——火・食の民族学」として石毛直道（国立民族学博物館教授）と倉光弘巳（大阪ガスエネルギー・文化研究所所長）の対談が6ページにわたっている。特集第一部は「火の生活文化史」で本間琢也（筑波大学教授）「燃料史と火」、駒敏郎（作家）「調理と火」、多木浩二（東京造形大学教授）「火と住まい」、特集第二部は「火の博物館」で赤祖父哲二（筑波大学教授）「火のイメージ」、松前健（立命館大学教授）「神話に見られる火の起源」、荒俣宏（評論家）「火神と海神の戦い——ハットンと火成説の変転」、渡辺守章（東大教授）「舞台の上の〈火〉の神話」などが並んでいる。

　後半の20ページは連載シリーズにあてられている。池内紀（東大助教授）「20世紀博物館　Ｉ　新世紀は自転車とともに」、川本三郎（評論家）「世紀末への内面旅行　①心やさしきロボットたち」、河合紀（陶芸家）「セラミック・ロード　第一回　遙かなる縄文」などのエッセイが続き、最後は「火と生きる　伝統工芸を訪ねて」として角谷一圭（重要無形文化財）の鋳物製作風景の写真が3ページ続いている。

　最終ページは所長・倉光弘巳の3つのメッセージ、(ⅰ)CELが企業内の研究所である以上、大学その他の専門機関とは違い、フィールドワークに裏付けられた研究を心がけたいこと、(ⅱ)さらに研究に基づいた「社会に対する提言」が大切であり、それに重ねて「大阪ガス自身がどのように社会への提言にコミットしていくべきかが重要」であること、(ⅲ)何とならば人間も企業も、理屈よりもロマンに対し大きなエネルギーを発揮するものだから、が掲げられている。また、編集人・服部信彦の言葉として以下の3点が挙げられている。(ⅰ)地域社会、生活文化の中に企業像

を模索すること、(ii)特集「火」は、火の民族学、火のエネルギー史、火の信仰、火のメタファからなっていること、(iii)工業文明の坂の上に立つ我々の火に対するノスタルジーは、科学技術・産業発展と人間本来の幸せの間に埋めがたい谷があり、それを橋渡しすることがこれからの企業活動のフロンティアであること、である。社史によれば、「社会の一歩先を見据えた特集テーマを設定し、有識者とCEL所員の論考を中心に構成・発行され始めた『季刊誌CEL』はその後どのように変化していくのか。

③現状もしくは最終号の内容分析
●『東電グラフ』

2005年4月号より『グラフTEPCO』は大きく変貌する。表1はよりカラフルになり、誌名も『グラフTEPCO』から『Graph TEPCO』と英文で標記、その下に「Free無料配布誌」と明記されるようになる。表2には取材、撮影、AD、企画、制作事務所名が入る。2ページから9ページまでの8ページが特集記事であり、季節を感じさせるもの、都市生活者にとって必要な生活情報、おしゃれに関するもの、環境問題に関するものなど、時代の半歩先を行く、おしゃれな情報誌という感触が伝わってくる。

10～11ページは東京電力のPR記事で、オール電化、スイッチキャンペーン、エコキュート、省エネなど、自社製品広告が目につく。12～13ページは有名レストランのシェフがIH器具を使った料理を紹介、14ページは05年度は原由美子のおしゃれに関する記事、06年度からはテプコのエコ、07年度からはエコスタイルをそれぞれメイン・タイトルとして毎号若年者層に人気のある有名人がそれぞれのエコを紹介している。

この大胆なリニューアルは何を目的としてなされたのであろうか。編集担当者の小暮義隆、小野里庸子は、筆者とのインタビュー[66]で以下の7点を答えてくれた。

(i)2008年3月時点で80万部を発行。うち定期購読者として郵送していたのは10万部、そのほかは東京電力の窓口、コンビニエンスストア、東

京電力のイベント時に配布。
(ⅱ)刊行にかかる費用は１号あたり2000万円、そのほかDM代として月830万円。
(ⅲ)創刊以来読者欄を継続している。掲載数は少ないが、毎号アンケートはがきを添付しており、１号あたり50件ほどの回答が寄せられる。HPに書き込まれる意見は東京電力に対し、お客様が思っていること、答えてほしいことが多いが、『グラフTEPCO』のはがきで寄せられるものは、より「軽い」ものであり、むしろ共有世界を求めていると思われる。
(ⅳ)05年４月号の変更は、ターゲットの変更によるものである。それまでの「ひろくあまねく」から家を建てる、リフォームをする世代（20代～40代）に限定した。その背景には「オール電化の三倍促進」、2000年からのエコキュート販売開始により、「販売」に傾斜し、生活者の家の中の環境問題を提案したということである。
(ⅴ)リニューアル時から外注を始めたように見えるが、制作事務所とは昭和40年代前半[50]から協同して制作を進めてきたもので、たまたまその時から名前を出すようになった。
(ⅵ)リニューアルの反響は字が小さくなった、中身が冷たくない、若い女性に共感がもてる（特に表紙）というものが多い。
(ⅶ)はがきにみる読者構成は男性43％・女性56％、60代４割、50代２割といったもので、10年ほど前、小暮が『グラフTEPCO』編集に携わっていた時代より50代以上が１割ほど減少している、である。

『グラフTEPCO』最終号（651号、2008年３月）の表４には「休刊のお知らせ」が掲載されている。休刊の理由は2007年７月に発生した「新潟県中越沖地震に伴う柏崎刈羽原子力発電所の全号機運転停止による極めて厳しい状況を理由にやむなく判断」したことにあり、休刊の間はHPで『グラフTEPCO』の継続した情報提供に努めて行くこと、を述べている。

前述インタビューでは、(ⅰ)休刊は全社員にショックを与えたこと、(ⅱ)最終的には社長の判断であったこと、(ⅲ)グラフはその後も制作、HPに

貼り付けているが、アクセス数は3000件と少ないこと、(iv)お客との接点として冊子としての発刊は必要であり、社長からもかならず再刊するよう言われていること、が語られた。

● 『CEL』
　『CEL』は100号（2012年3月）を機に年3回（3月、7月、11月）刊行とし、さらに104号からは編集体制を一新、ページ数を90ページ超から60ページ程度まで落としている。内容は各号ごとにテーマを設定する「特集」と、CEL所員の研究報告である「CEL OUTPUT」を中心に構成する方針は維持すること、しかし特集の取り上げ方や全体のデザインを見直し、より幅広い読者に読んで欲しいことを104号の「CELからのお知らせ」では述べている。また社史では、読みやすさの向上をめざし、構成や図版を工夫、配布先も従来の学識者・研究機関に加え、自治体のエネルギー政策立案部署や教育関係者、NPOなどにも対象を広げたという。104号の「特集　余暇から本暇へ」以降の「特集」の傾向を見ると、以下の3点が読み取れる。
　第一は、生活のゆとり─心の豊かさととらえていることである。第二は、関西圏の生活文化により密着していることでる。第三は、持続可能性、環境問題を中心においていることである。
　一方の「CEL OUTPUT」は、「エネルギー・環境」「都市・コミュニティ」「住まい・生活」の3本柱で展開されていき、同社の研究活動がさらに多岐にわたっていることがうかがえる。
　国会図書館所収の『CEL』直近号は117号（2017年11月）である。連続特集「ルネッセ（再起動）」第二弾として特集「「交」─交流（つながり）を問い直す」として、水路・陸路の結節点である大阪に視点を据え、松岡正剛（編集工学研究所所長）×池永寛明（大阪ガスエネルギー・文化研究所長）の巻頭対談、続いて「「天下の台所」に学ぶネットワークと豊かなまちづくり」（安田雪（関西大学教授）×稲葉祐之（国際基督教大学上級准教授））、「「講」的集団とかつてのインフラ事業に学ぶ「交」のあり方」（長谷部八朗（駒澤大学学長）×尾田栄章（尾田組会長））の

対談が3本並んでいる。それに続いて川﨑一洋（四国八十八カ所霊場第28番大日寺住職）「入唐僧・空海が日本にもたらしたもの」、井川啓（京都光華女子大学教授）「創造性豊かな「民」の都市に花開いた大阪のデザイン」、などの研究論文のほか、大西拓一郎（国立国語研究所教授）「シリーズ2　ことばと交　方言分布が見せる「坂」「崖」「峰」」という方言地理学から見たコミュニケーション言語論が展開されている。

　総じて本拠地大阪にスタンスを置き、生活者の視点から疑問に思われる日本文化、歴史のあり方を、研究者たちに答えさせるという手法で発信を続けていこうという心意気がうかがわれる雑誌づくりとなっている。

2-12　航空産業（日本航空『SKYWARD』VS全日空『翼の王国』）

①企業史[67)68)]
●日本航空

　第2次世界大戦の終結と同時に日本の航空活動は禁止され、以後1951年の日本航空（旧会社）への国内定期航空運送事業の営業免許付与まで、民間航空の空白時代が続いた。1953年には政府の強力な後ろ盾によって国際航空企業を育成するための「日本航空株式会社法」が成立、この新法に基づいて官民合同の新会社「日本航空株式会社」が発足する。この新会社は、国際線については日本企業唯一の担当者となり、国内線については「国内幹線」（東京―大阪、東京―大阪―福岡、東京―札幌）の運航企業と定められた一方、政府出資、社債発行限度額の特例などの助成措置と同時に、役員定数の法定、事業計画・資金計画・収支予算が運輸大臣認可事項となるなど、極めて強い監督規制も受けることとなった。その一方で、新会社設立の目的であった国際線開設は、1954年2月の羽田―サンフランシスコ線、東京―那覇線の定期運行開始が嚆矢であった。

第 2 章　業種別企業広報誌の分析考察(1)—比較分析

● **全日空**

　一方の全日空(株)は、1952年の「航空法」の公布施行によって成立した日本ヘリコプター輸送（主として東日本ブロックを担当）と極東航空（主として西日本ブロックを担当）が合併、全日本空輸として1958年に成立した企業である。日本ヘリコプター輸送の創業者であり朝日新聞社社長でもあった美土路昌一（1886～1973）の言「現在窮乏　将来有望」を合い言葉に窮乏時代を乗り越え、初めての鹿児島—那覇線開設が1961年、初の国際定期便、東京-グアム線の運航開始が1986年という企業であった。

②**創刊号と当時の社会状況**[69)70)]

● **『SKYWARD』**

　日本航空機内誌の『SKYWARD』は何度かの誌名変遷を経て現在に至っている。国立国会図書館所収のものを見ると、『JET TRAVEL』（日本航空営業管理部）57号（1966年8月）〜70号（1967年10月）→『ジェット トラベル』（日本航空営業本部管理部）9巻11号=107号（1970年11月）〜18巻5号=209号（1979年5月）→『WINDS』（レマン・パブリケーションズ）18巻6号=210号（1979年6月）〜27巻12号=312号（1987年12月）→『ウィンズ』（日本航空文化事業センター）28巻1号=313号（1988年1月）〜43巻3号=495号（2003年3月）となっており、その後日本エアシステムの『ARCAS』と合併、『SKYWARD』と名称を変え43巻4号=496号（2003年4月）〜刊行中となっている。

　最も古い『JET TRAVEL』57号は1966年8月刊行、A4判左開き、7ページ、特集は「安くなったハワイ・アメリカ旅行」とあり、トローリング、サーフィン、ヨット、ゴルフ、スポーツフィッシング、ロッキー越えのドライブ、ラスベガスなどの娯楽紹介記事が写真とともに並んでいる。表紙は風間完のハワイ風景画、表4はマツダのファミリア・クーペの広告記事、購読料は年600円とある。その後70号（1967年10月）まで、メキシコ、モスクワ、ロンドン、アムステルダムなど、「世界を結ぶ日本の翼」のコピーとともに、スタイルは変わりがない。

2-12　航空産業（日本航空『SKYWARD』VS全日空『翼の王国』）

107号（1970年11月）はページ数が23ページに増加、巻頭は藤島泰輔（作家）「芸術とビールの街・ミュンヘン」とミュンヘンの街中カラー写真、中野博詞（慶應義塾大学専任講師）「ジョッキをかたむける楽しさ」がそれに続く。連載対談「海外旅行の魅力を語ろう　16」は永六輔（放送作家）・黒柳徹子（女優）の「気軽にどんどん出かけよう　楽しい発見の旅」である。表紙はミュンヘンの街中の屋根の写真、表2はサントリー・スペシャルリザーブ、表4はマツダ・カペラ・ロータリーである。

その後右開きへの変更（1971年6月から）、企業広告ページの増加とそれによるページ数の増加、表4広告企業の交代（マツダから東京銀行へ）などが見られるものの、209号（1979年5月）までに基本的な変化は発見できなかった。

1979年6月、「国際交流を考えるコミュニケーション誌」といううたい文句の元、『WINDS』は創刊される。A4判右開き、54ページ、表紙は奈良原一高（写真家）の「アッピア・アンティカの廃墟」、巻頭は篠山紀信（写真家）のフォトエッセイ「カイバル峠の遊牧民」、続いて「巻頭特集　東西文化比較考①」として、堀田善衞（小説家）「世界・世の中・世間」、「対談　WINDS VIP LOUNGE①」は盛田昭夫（ソニー会長）・深田祐介（作家）の「SONY FAMILY」、池波正太郎（作家）「あるシネディクトの旅①」は「居酒屋〈B・O・F〉」など、大家の力の入ったエッセイが続き、機上客をあきさせない工夫が凝らされている。その一方で表2の三越、表3のセイコー、表4のデサントのほか、24ページにも及ぶ広告ページの量には驚かされる。

1988年1月、前年11月の日本航空・完全民営化に伴い『WINDS』は誌名を『ウィンズ』に変更、ページ数も136ページと増加するものの、通号313号の内容に新しいものは見えてこない。その後『ウィンズ』は495号（2003年3月）まで刊行され続ける。最終号には日本航空と日本エアシステムズの経営統合により、「4月よりJALグループ新機内誌『SKYWARD』が誕生します」との自社広告が掲載される。

日本航空と日本エアシステムズとの合併により、両社の機内誌『ウィ

ンズ』『ARCAS』は統合され、JALグループ機内誌『SKYWARD』が創刊される。その第一号（通巻496号、2003年4月）は、A4判右開き164ページ、「TOKYOからN.Y.へ——藤井フミヤ　アートの旅」（16ページ）、「トレッキング王国スイスで　山遊び山歩き」（14ページ）、「中国・昆明　食の十字路を探検する」（8ページ）など肩のこらないヴィジュアルな読み物が並べられており、目次部分には（株）日本航空システム・社長／CEO・兼子勲の簡単な挨拶文が掲載されている。

　2010年1月に起きた日本航空への会社更生法適用、2011年3月の更正終了について、『SKYWARD』にとくに記述は見られない。ただ2012年9月の再上場を果たした後の610号（2012年10月）の目次ページには、代表取締役社長・植木義晴の「日本航空株式会社は、9月19日に東証第一部に上場いたしました。皆様に心より御礼申し上げます」との言葉が掲げられていたのは印象的であった。

●『翼の王国』

　電通アドミュージアム東京資料室所収の『翼の王国』5号は1965年10月刊行（なお同社HPによれば、第一号は1960年9月刊行とある）、B5判、本文37ページ、表紙はおおば比呂司（漫画家）描く修道尼のイラストである。巻頭は「つばさの旅路〈函館〉」の白黒写真ページが6ページ、シリーズ「ふるさとを語る〈函館〉」は作詞家・高橋掬太郎である。随筆は糸川英夫（東大教授）「空港あれこれ」、江上トミ（料理研究家）「初便でマディラへ」、林寿郎（上野動物園園長）「動物の本能と感覚」などが並んでいる。カラー写真は「五稜郭」とおおば比呂司「日本のホンコンへいらっしゃいな」はこだて、「大阪国際空港に着陸するボーイング727」、戸塚文子の「世界のローカル線　フィジーのワンマン機」に付属するフィジー国際空港の写真、の5ページのみである。30〜37ページは国産旅客機オリンピアYS-11が全日空路線に登場したこと、八尾訓練所の一日などからなっている。

　表3は「全日空だより」として東京-大阪間が全便ボーイング・ジェット化したこと、羽田にボーイング格納庫が新設されたことが書かれてお

り、企業広報誌としての役割を果たしていることがうかがえる。なお表4は出光興産の「アポロジェット燃料」の広告である。

電通アドミュージアム東京資料室所収の最後である22号（1968年12月）まで、『翼の王国』は高知、天草、山口、沖縄、松山と、全日空の路線が開かれていく日本各地の紹介にページを費やしている。ページ数も増え（22号は47ページ）、ヴィジュアル度も増し、カラーページも増えていく。総じて、全日空を上げて、自社の企業広報に努めている、手作り感あふれる冊子であることがうかがえる。

国立国会図書館所収の『翼の王国』で最も古いのは1976年10月刊行の88号である。A4判と紙型は大きくなり、ページ数は27ページ、表紙には北海道の雪景色写真とともに「INFLIGHT MAGAZINE」と名されている。「特集　冬です。雪です。まっ白な北海道です。」とあるとおり、北海道の旅特集のほか、おおば比呂司「幻のエアポート物語　札幌飛行場」、「上空1万メートルのキャンバス」と題した雲のフォトエッセイ、「静かなエアラインへの変身　ボーイング・ジェット全機エンジン減音化完了」など、全日空を身近に感じてもらうための記事が多く手づくり感のある誌面づくりである。

特集テーマを見ると、この後も「古代のかおり漂う伝説の「邪馬台国」をめぐる。」「結婚だ！ばんざーい沖縄だ！」など国内中心のツアー紹介が組まれている。それでも1973年からの国際線チャーター便就航によって、少しずつではあるが、ホンコン・マカオ、グアム（1983年1月）などの記事が掲載されるようになる。

その『翼の王国』が初めて特集テーマに海外を取り上げたのは201号（1986年3月）である。同月の成田・グアム国際定期路線開設「グアムがさらに身近になります」とし、池澤夏樹（作家）のフォトエッセイ「ワールド・ウオッチング　グアム」が3ページ掲載されている。ちなみに同号は全46ページ、「特集　小さきものをいとおしむ　日本人の幼ごころのふるさと」と題し、全国の郷土人形と玩具42選のエッセイ特集が9ページにわたって組まれている。

その後、池澤の「グアムシリーズ」は204号まで続き、7月の成田・

第2章　業種別企業広報誌の分析考察(1)―比較分析

ロサンゼルス、成田・ワシントンDC直行便就航に合わせ、205号（1986年7月）からは青山南（作家）の「ワールド・ウオッチング　ロサンゼルス」が4回、209号（86年11月）からはおおば比呂司の「The Flight toWashington, D.C.」が3回、212号（1987年2月）からは小西章子（上智大学講師）の「ワールド・ウオッチング　ボストン」が3回と続く。さらに87年4月からの北京、大連への国際定期便開設により、『翼の王国』もその羽を中国大陸へと広げて、北京、香港シリーズが続く。

　217号（1987年7月）の特集はいよいよ「ワシントンD.C. 最高の旅気分」である。奥出直人（日本女子大学講師）の「アメリカの夢の象徴」、編集部の「ワシントンはお上りさん気分」「歴史の見えるワシントン周辺の町々」などのエッセイ記事の間に、「JAPAN CONNECTIONのワシントニアンたち」「本当のワシントニアンに会える店」など街の紹介記事が挟まれている。表紙はワシントンD.C. 国立航空宇宙博物館前の親子の写真、全50ページ中22ページがワシントンという、まさに特集号である。

　その次に世界の街の特集が組まれるのは232号（1987年10月）、「新生「大連」快楽快遊」である。表紙は大連植物園風景、全90ページ中42ページが大連の紹介記事である。

　一方のワールド・ウオッチングの舞台も、国際定期便就航に会わせて222号（87年12月）はシドニー、229号（88年7月）ソウル、などの街を5～6ページで短く紹介していく。

　238号（1989年4月）から『翼の王国』は大きなリニューアルを遂げる。表紙は前号までの風景写真から一変して吉田カツのイラストレーション、全100ページ超、特集は「絵になるバハマ」（18ページ）と「約束の地、ドミニカ共和国」（6ページ）である。連載も総てリニューアルされ、「トラベル・ファッション①　南の島への、旅支度」、「世界品質①　香港ペニンシュラホテル、ホーム・メード・チョコレート」、大沢在昌「FLIGHT SHORT STORY①　2杯目のジンフィズ」など海外旅行への夢をかき立てるエッセイ、記事が並ぶ一方で、「日本のお土産①　十二支の、ご祝儀袋」、「日本の彩事記①　阿波の、藍」など、日本

文化を発信するシリーズも目立つ。そして何よりもの特徴は、巻末の前号までは「ANA国内線航路図」だけであったものが、「ANA国際線航路図」も掲載されていることにある。その定期便空港は、ワシントン、ロサンゼルス、グアム、シドニー、北京、大連、香港、ソウル、バンコク、モスクワ、ロンドンと11都市に及ぶものとなっている。

　その後も「目をみはる、タイ」、「伝統を支える"英国の顔"」、「眺めのいい国、スウェーデン」、「ウィンナー・ワルツ　心弾ませ、パノラマ観光旅行」など定期便空港地の特集を組んでいく。広告もそれなりに増えていき、264号（1991年6月）では3分の1で150ページのうち50ページが広告である。しかし特集、シリーズものともに読み応えのあるものが多く、あきさせない工夫が凝らされていることを感じる。

③現状もしくは最終号の内容分析
●『SKYWARD』
　『SKYWARD』675号（2018年3月）は、A4判日本語200ページ、英語42ページ、計242ページで定価534円である。特集は「南カリフォルニア　We Love Camping」（13ページ）、「シンガポール　進化する都市の蘭」（13ページ）のほか、新Japan Projectとして「島根県　隠岐諸島周遊の旅」（10ページ）、「特別座談会　うるわしの漆の国に生まれて」（4ページ）、「にっぽん歳時記　第53回　門出を彩る袴」（6ページ）など国内、国外双方に目配りされた記事が組まれている。自社広告のほか、表2はノエビア、表3はサンエス、表4はDAKSなど他社広告が多いのが目につく。242ページ中記事広告を含めて広告量は半分近くを占めていた。

●『翼の王国』
　『翼の王国』585号（2018年3月）は、A4判日本語159ページ、英語69ページ、計228ページで国内線判535円で販売されている。特集は「インドネシア　ちょっとお茶しにインドネシアへ　熱帯茶文化日記」（19ページ）、国内版として「熊本　南蛮渡来のウンスンカルタ」（8ペー

ジ)、「青森　ソウルフル！津軽」（12ページ）のほか、「シリーズ『二度目の』132回　二度目の篠山」（4ページ）、「ソラの冒険　102回　キョウト、オトナノタビ」など食を中心とした記事が多いことが目を引く。この傾向は英語版にも続いており、やはり旅の楽しみは国内国外を問わず風景と食べ物ということになるのだろうと思われる。自社広告も多く、総じて暖かみの感じられる雑誌づくりを目指していることがうかがえる。

　両誌の最近号を比較して非常に興味深く感じたのは、英語ページの作り込み方である。『SKYWARD』2018年3月号では春日部の龍Q館（首都圏外郭放水路）、銀山温泉など日本的なものの新しい面、昔からの面の両端が紹介がされていたのに対し、『翼の王国』2018年3月号ではAccordion Townとしてのフランス・チュールの紹介、Outbound Japanと題し、ベトナムで漆工芸家として23年にわたり活躍する日本人女性アーティストの紹介記事を掲載している。この違いは両誌のスタンスの違い、ターゲット選定の違いにあるのか、それとも両社の企業文化のちがいにあるのだろうか、筆者の今後の研究課題である。

【注】
5）丸善および『學鐙』については三島前掲書第4章および丸善HP、丸善出版(株)『丸善百年史』（丸善、1980年）を参照。
6）明治屋については、明治屋編『明治屋七十三年史』（明治屋、1958年)、『明治屋百年史』（明治屋、1987年）および同社HPを参照。
7）『學鐙』については、国立国会図書館で創刊号（1897年3月）〜115巻1号（2018年春）を確認。
8）『嗜好』については国立国会図書館で22巻4号（1929年4月）、389号（1955年9月）〜585号（2008年6月）を確認。
9）明治・大正期の『嗜好』の内容については、菊池暁「洋食・日本・モダニズム—明治屋PR誌『嗜好』に見る—」『VESTA』（72号　2008年）p.10-13を参照。
10）山本千代喜（1901〜1981）：主著に『酒の書物』（竜星閣、1941年）

など。
11) 大林組および『季刊大林』については三島万里「甦った広報誌―『季刊大林』復刊を事例に―」『文化学園大学紀要　人文・社会科学研究』第23集（2014年）を参照。
12) 大成建設については、社史発刊準備委員会編『大成建設社史』（大成建設、1963年）、および同社HPを参照。
13) 『季刊大林』については国立国会図書館で創刊号（1978年6月）～58号（2017年11月）を確認。
14) 『大成クオータリー』『Taisei quarterly』は国立国会図書館で8号（1963年8月）～110号（2000年8月）を確認。
15) 2014年8月25日15：30～16：30、於大林組本社ビル応接室。質問事項を事前にメール送付。録音はとらない。なお、発行部数はこのインタビューで確認。
16) 谷川俊太郎ほか『目で見るものと心で見るもの』（草思社、1999年）
17) サントリーおよび『洋酒天国』については三島万里「洋酒メーカー広報誌の研究―『洋酒天国』と『サントリー・クオータリー』について（1）（2）」『文化女子大学紀要　人文・社会科学研究』第15、16集（2007、2008年）を参照。
18) アサヒビールについてはアサヒビール社史資料室編『Asahi100』（アサヒビール、1990年）および同社HPを参照。
19) 『洋酒天国』は国立国会図書館・日本近代文学館で1号～61号（1956～1964年、不定期）を確認。
20) 『ほろにが通信』は国立国会図書館で第10号（1951年6月）～第55号（1955年6月）を確認。また創刊号に関しては個人の所有物を拝見させていただいた。記して謝す。
21) この点に関し、山本為三郎は雑誌インタビューで以下のように述べている。「『ほろにが通信』というのがございましょ、あれを人に聞くと、面白いなというんだけれど、どこのビール会社がやっとるのかしらんのですよ。・・・宣伝広告のような物の場合、個性を他人に押しつけるのはよくないんでね。」（『中央公論』1955年7月号「僕の診断

第2章　業種別企業広報誌の分析考察(1)―比較分析

書16」での近藤日出造のインタビューから)
22) 日本IBMおよび『無限大』については、三島万里『企業広報における広報誌の役割の研究：その歴史的変遷と今後の展望』(博士論文、2006年)および日本IBM社HPを参照。
23) 富士ゼロックスについては、富士ゼロックス(株)社史編纂委員会編『富士ゼロックス50年の歩み：1962－2012』(富士ゼロックス、2013年)、富士ゼロックス『次のドアへ。　広告に見る富士ゼロックス35年の歩み　1962—1997』(富士ゼロックス、1998年)および同社HPを参照。なお『GRAPHICATION』の詳細な内容分析については、三島万里「広報誌を読む」『文化学園大学研究紀要　第47集』(2006年)を参照されたい。
24) 小林陽太郎(1933～2015)：富士ゼロックス(株)元会長、経済同友会終身幹事。発言は富士ゼロックス『つぎのドアへ。広告に見る富士ゼロックス35年の歩み　1962—1997』前書き。
25) 藤岡和賀夫(1927～2015)：広告プロデューサー。発言は前掲書P.34。
26) 『無限大』については国立国会図書館で1号(1969年8月)～133号(2013年夏)を確認。
27) 『グラフィケーション』(およびその前身の『パイオニア』)については、国立国会図書館で37号(1969年9月)～200号(2015年9月)を、および富士ゼロックス本社で創刊号から確認。
28) 前野インタビューは2004年12月23日13：00～15：30、於国分寺市喫茶店「アミ」。松野インタビューは2005年5月2日11：00～13：00、於港区日本IBM(株)。いずれも事前に質問事項を郵送。録音はとらない。
29) 1978年4月未発表機種の「虚偽商談」事件、および1982年6月の「IBM・産業スパイ事件」である。
30) 硲インタビューは2015年9月14日15：00～17：00、於港区富士ゼロックス(株)。事前に質問事項をメール送付。録音はとらない。
31) (株)資生堂については三島前掲書第7章を参照。
32) ポーラ化粧品(株)についてはポーラ50年史編纂委員会『永遠の美

を求めて　POLA物語』（(株)ポーラ化粧品本舗、1980年）を参照。
33）『花椿』は資生堂企業館・国立国会図書館および文化学園大学図書館で創刊号（1937年）〜813号（2015年12月）まで確認。
34）『IS』は国立国会図書館および文化学園図書館で創刊号（1978年6月）〜88号（2002年9月）を確認。
35）編集者および企業館学芸員へのインタビューで確認。
　　編集者：資生堂企業文化部・花椿編集者・吉田伸之氏（2005年11月11日14：00〜15：00、於資生堂本社ビル）
　　学芸員：資生堂企業資料館学芸員・佐藤朝美氏（2005年11月24日〜25日、於資生堂企業資料館）。いずれも事前に質問事項を送付。録音はとらない。
36）『花椿ト仲條　Hanatsubaki 1968-2008』（ピエ・ブックス、2009年）
37）「灯台もと暮らし」2015年6月5日号（http://motokurashi.com/littlepress-shiseido-hanatsubaki/20150605）
38）川島織物セルコンについては、『「練技抄」川島織物一四五年史』（(株)川島織物、1989年）、社史編集プロジェクトチーム『川島織物創業145年から163（会社合併）までの歴史—新しい伝統の創造を目指して』（(株)川島織物セルコン、2007年）を参照。
39）(株)ワコールについては、(株)ワコール『ワコール50年史　こと女性美追求』（(株)ワコール、1999）、硲宗男『ワコール商法の秘密』（日本実業出版社、1978）を参照。
40）『KAWASHIMA』は文化学園図書館で創刊号（1980年11月）〜最終号（1995年9月）を確認。
41）『ワコールニュース』は文化学園図書館で1962年12月号（通巻86号）〜2000年11／12月号（最終531号）を、国立国会図書館で1957年11月号〜77年8月号（第259号）および『WACOLE NEWS』260号〜最終531号を、それぞれ確認。
42）トヨタ自動車(株)については三島前掲書第6章および同社HP参照。
43）本田技研工業(株)については本田技研工業『社史　創立七周年記

第2章　業種別企業広報誌の分析考察(1)―比較分析

念特集号』（本田技研工業、1955年）、本田技研広報部『語り継ぎたいこと　チャレンジの50年』（本田技研工業、1999年）、下川浩一編著『ホンダ生産システム―第3の経営革新―』（文真堂、2013年）参照。

44）『自動車とその世界』は国立国会図書館で7号（1967年5月）〜271号（1997年9月）を確認。

45）『HONDA2』『HONDA4』および『SAFETY2&4』は国立国会図書館で2号（1971年6月）〜202号（1988年3月）を、『HONDA2』『HONDA4』の各1号は電通アドミュージアム東京資料室で、それぞれ確認。

46）味の素(株)については、三島万里「総合食品会社の広報誌―味の素(株)『奥様手帖』と『マイファミリー』を事例に」『文化女子大学人文・社会科学研究第18集』（2010年）および同社HPを参照。

47）日本コカ・コーラ(株)については、日本コカ・コーラ(株)社史編纂委員会編『愛されて30年』（日本コカ・コーラ、1987年）、多田和美「日本コカ・コーラ社の製品開発活動と成果」『経済学研究』（2010年）、および同社HPを参照。

48）『奥様手帖』は味の素(株)・食文化ライブラリーで2号（1956年10月）〜651号（1997年9月）を確認。

49）『爽』については、電通アドミュージアム東京資料室で34号（1969年9月）〜162号（1989年12月）を、国立国会図書館で34号（1969年9月）〜152号（1987年6月）を、それぞれ確認。月刊であるので、創刊は67年11月と推測される。

50）味の素(株)元広報部長・甲田安彦氏。2009年9月15日13：30〜15：30。於武蔵小杉駅前スターバックス。事前に質問要項を送付、録音はとらない。

51）エッソについては、三島前掲書第5章および東燃ゼネラルグループHPを参照。

52）シェル石油については、シェル石油『日本のシェル　100年の歩み』（シェル石油、2001年）および昭和シェル石油HPを参照。

53）『エナジー』は国立国会図書館で1号（1964年4月）〜39号（1974年12月）を、後継誌『エナジー対話』は1号（1975年5月）〜21号（1982

年12月）をそれぞれ確認。

54）『Forum』は電通アドミュージアム東京資料室で創刊号（1971年1月）〜23号（1976年10月）を確認。『MUREX』は1号（1977年1月）〜19号（82年1月）まで電通アドミュージアム東京資料室および国立国会図書館でそれぞれ確認。

55）『元社員が書いた50年史　彗星のように現れそして突然消えたエッソ石油』上下巻（エッソ50年史編纂委員会　2014）

56）高田宏（1932〜2015）『編集者放浪記』（リクルート出版、1988年）

57）インタビューは2005年1月12日13:30〜16:30、於目黒区自由が丘・喫茶店「モーツアルト」。事前に質問事項を送付。録音はとらない。

58）帝国ホテルについては、帝国ホテル編『帝国ホテルの120年』（帝国ホテル、2010年）および同社HPを参照。

59）ホテルオークラについては、同社HPを参照。

60）『IMPERIAL』は、電通アドミュージアム東京資料室で1号〜14号を、国立国会図書館で『インペリアル』71号（1987年秋）〜107号（1993年冬）を、『IMPERIAL』1号（1994年1月）〜100号（2018年1月、刊行中）を、それぞれ確認。

61）『葵』は、国立国会図書館で4号（1966年春）〜119号（1995年春・夏）を確認。

62）東京電力については、東京電力『東京電力三十年史』（1983年）、および同社HPを参照。なお数量・内容分析の詳細は三島万里「電力会社広報誌の研究―『東電グラフ』『グラフTEPCO』について―」『文化女子大学　人文・社会科学研究』（17集、2009年）を参照されたい。

63）大阪ガス（株）については『大阪ガス百年史』（大阪ガス（株）、2005年）、『大阪ガスグループこの10年―創業110年を迎えて』（大阪ガス（株）、2015年）および同社HPを参照。

64）『東電グラフ』は国立国会図書館で3号（1953年8月）〜405号（1987年9月）、『Graph TEPCO』は406号（1987年10月）〜651号（2008年3月）をそれぞれ確認。創刊号、2号は東京電力（株）の協力で拝見した。

65)『CEL』は、国立国会図書館で1号（1987年2月）〜117号（2017年11月、刊行中）を確認。

66) インタビューは2008年10月2日10：00〜11：00、於東京電力本店。事前に質問状を送付し、それに回答するかたちで行った。録音はとらない。

67)（株）日本航空については、日本航空(株)調査室『日本航空20年史：1951〜1971』（日本航空(株)、1974年）、日本航空(株)統計資料部『日本航空社史（1971〜1981）』（日本航空(株)、1985年）および同社HPを参照。また航空政策・行政については日本航空史編纂委員会『日本航空史　昭和戦後編』((財)日本航空協会、1992年）を参照。

68)（株）全日本空輸については、全日本空輸社史編さん委員会『大空へ10年』（全日本空輸(株)、1962年）および同社HPを参照。

69)『SKYWARD』については、国立国会図書館で『Winds』号（1986年10月）〜号（1987年12月）、『ウィンズ』号（1988年1月）〜495号（2003年3月）、『SKYWARD』496号（2003年4月）〜672号（2018年3月、刊行中）を確認。

70)『翼の王国』は、電通アドミュージアム東京資料室で5号（1965年10月）〜22号（1968年12月）を、国立国会図書館で全日空機内誌として88号（1976年10月）〜279号（1992年9月）、ANAグループ機内誌として280号（1992年10月）〜585号（2018年3月、刊行中）を確認。

第3章
業種別企業広報誌の分析考察(2)―個別分析

3-1　建設業：鹿島建設『KAJIMA』[71]

　鹿島建設(株)は鹿島岩吉（1816～1886）によって1840年、江戸・京橋地区に構えた「大岩」がその嚆矢である。その後横浜に進出、洋風建築に通じ、鉄道、発電所建設を請負、1880年には鹿島組創立、1930年には（株）鹿島組、1947年には鹿島建設（株）となっている。第二次大戦後は高度成長期を背景に、原子力・臨海工事に進出、さらに万国博・札幌オリンピックなどの国家的プロジェクトも手がけ、五大「スーパー・ゼネコン」の一角を占めるに至っている。

　『鹿島建設月報』1号は、1959年11月に創刊されている。国会図書館所蔵は242号（1980年1月）から373号（1990年12月）でその後は『KAJIMA』と改題（374号、1991年1月）、現在も刊行中である。

　国会図書館所収の最も古い242号は、A4判レターサイズ左開き、28ページで1980年1月に刊行される。巻頭は石川六郎社長の「昭和55年仕事始めメッセージ」、続いて渥美健夫会長の「新春に寄せて」、その他経営トップのメッセージ、石川社長と佐伯喜一（野村総合研究所会長）の「新春対談」が続く。16ページからは札幌支店からロスアンゼルス駐在員事務所までの各所長の「我が街の正月」というフォトエッセイが並べられ、さらに「80年代をこう生きる」「80年代の私を占う」というテーマで若手・中堅社員の抱負が写真入りで掲載されている。表4には「編集　広報室／社内報」と謳われているとおり、純然たる社内報であり、その傾向は10年後の1990年12月刊行の373号まで変わらなかった。

　『KAJIMA』374号は、1991年1月に刊行される。ページ数はこれま

第 3 章　業種別企業広報誌の分析考察(2)―個別分析

での28ページから40ページに増加、巻頭には特集がこれまでの建築・建設現場もしくは新技術の紹介から抜け出し、「文化と共存する、あるいは、自然と共存する知恵から生まれる空間や生活について、さまざまな角度から迫ってみたい」とし、その第一回は「神々とともに憩う島　バリ」の生活・文化のさまざまな側面が13ページにわたり、グラビア写真を多用することでヴィジュアル度をぐんとアップさせて丁寧に紹介されている。自社の手がけた建設工事を紹介する「ワークハイライト」は「KAJIMA TODAY」と名前を変えてそれに続く。編集後記には、第二の創刊の決意でリニューアルしたこと、鹿島建設の枠を超えた広報誌に発展しようとの希いを込めたネーミングであること、数ある広報誌の中で『鹿島月報』は、その古典性を持って孤塁を守ってきた感があること、『KAJIMA』は月報30年の伝統を継承しつつも古い衣を脱ぎ、21世紀に向けて飛翔する鹿島を投影する冊子とすること、を宣言している。

　その後巻頭特集は「白い休日。スキー・リゾート　雪と仲良しになる。3つのタクティス」「美しくなるため、健康になるため　ヨーロッパに命の水を求め　ひと味違う温泉めぐり」「スイートな物語の終わりに　素敵なティーブレイクを」など、世界各地の生活文化、自然環境を紹介する企画に変わっていく。さらに翌92年から93年は「地球の顔・地球をテーマに、自然と人間の理想的なあり方を追求する」として「ヒマラヤ」「砂漠」「アラスカ」などを特集する一方で、「シリーズ・文明の宝物」として、アメリカン・キルト、薩摩切り子、八重山上布、韓国仮面などが2ページで紹介される。

　そうした文明・文化紹介重視の広報誌が変わるのが、1993年に日本の建設業界をおそった「ゼネコン疑惑」である。1994年1月の410号から、ページ数は32ページ前後に減少、内容は建設工事を紹介する「KAJIMA TODAY」、技術者たちに対談形式で現状と課題を明らかにする「RECENT KAJIMA」などが展開されている。編集後記には「地球の顔」「文明の宝物」を休止すること、今年からは"貧しくとも自分の歌を歌う"『KAJIMA』をおとどけすること、『KAJIMA』は鹿島のイメージ回復に微力を注ぐ決意であること、が述べられている。ゼネコ

ン疑惑がいかに建設業界をうちのめしたかが理解できる。

　その後『KAJIMA』はどう変わったのか。巻頭特集が復活するのは436号（1996年1月）からである。「1996年の風景」に始まり、「高齢化社会と鹿島」「地震に強いまちづくり」「ダムの建設」など本業と社会との関わりを探っていく方向性を確立してゆく一方で、97年から98年は表紙および「SCENE」（2ページ）で世界遺産を取り上げるという余裕が生まれてきており、99年になると構成そのものは変わらないもののページ数が36ページに増加してきており、継続していくことの重要さを感じさせる重要な事例である。

　21世紀に入っての『KAJIMA』はどのような動きを示しているのだろうか。とくに2011年3月の未曾有の地震災害とその復興に向けて絶大な力を持つ建設大手企業が発行する月刊誌であり、かつ「社内誌」を標榜しつつも多くの社外読者を有していると思われる『KAJIMA』はどのような情報発信を行ったのか。

　まず4月号では中村満義社長の巻頭メッセージ「東日本大震災に寄せて」と自社の対応（経過報告）、5月号「特集　東日本大震災　東北支店の3週間」（12ページ）、6月号「特集　東日本大震災　復旧から復興に向かって」（14ページ）を組んでいる。翌2012年3月号は「特集　復興の一翼を担って―「あの日」から1年」、2013年3月号「特集　復興支援2013　その現場力を東北再建に捧ぐ」、同年9月号「特集　関東大震災90年」、2014年3月号「特集　安定化へ向けて―福島第一原子力発電所」、2015年3月号「特集　東北復興フォトグラフィ」、そして2016年3月号は「シリーズ　東日本大震災から5年　東北の春2016　第1回福島」（10ページ）および「特集　首都直下地震に備える」（8ページ）の2段構えである。編集後記ではこの特集は2013年9月号の対談に出た武村雅之（名古屋大学減災連携研究センター教授）が技術解説のみならず関東大震災では共助の力が大きな役割を果たしたことを広く紹介することが常であったと述べたことに触発されたものであるとしている。まさに鹿島建設社員が編集者であるからこそ生まれた発想ではないだろうか。

　また677号（2016年1月）の編集後記では「特集　鬼怒川堤防緊急復

旧工事」について、以下のように語っている。

　禁じられているわけではないが、建設業はPRが控えめで、活動がメディアで報じられる機会も少ない。自然災害時も同様で、重要な役目を担いながら縁の下の力持ちに徹する。特集：鬼怒川堤防緊急復旧工事でも、関係者は風呂敷一つで現場に参じ、人知れず復旧をやり遂げ、災害復旧は建設業の第一義だと話す。広報担当者としてPR活動の必要性について改めて考える機会となった。

　本稿執筆時点の直近号701号（2018年1月）は、「明治元年（1868年）から満150年にあたる」として、「明治の歩みと鹿島」という特集を6ページにわたって紹介している。廃藩置県と県庁舎建設、殖産興業と初の洋紙製造会社（後の王子製紙）の工場建設、1872年の東京―横浜間を皮切りに整備されていった官営鉄道網と鹿島との関わりを浮かび上がらせており、改めて明治政府とゼネコンとのつながりがうかがえる読み応えのある特集となっている。第2章で取り上げた大林組とともに、鹿島建設の広報―企業コミュニケーションにかける意気込みがうかがえる広報誌である。

3-2　食料品：サントリー『サントリー・クオータリー』[72]

　1979年1月、サントリーの新しい広報誌『サントリー・クオータリー』が創刊される。B5判、87ページ。表紙は日本で一番古いサントリー第1号のポットスチルである。とくに創刊の辞はなく、巻頭には田村隆一（詩人）の「人間的」という詩が掲載されている。

　　東京の
　　ホテルの食堂にも夕暮れがある
　　純白のテーブル掛けの上には金色の
　　ウィスキー
　　（後略）

　創刊号の執筆者とその内容は以下の通りである。常盤新平（小説家）「1920年代のアメリカ風俗」、鯖田豊之（西洋史学者）「ウィスキーと近代化　酒類別文明度国際比較」、水野肇（医事評論家）「水割りと日本

人」、亀井旭（音楽評論家）「酒豪特派員の実感的アメリカ論」、小池滋（英文学者）「イギリスのパブ」、石川弘義（心理学者）「季節の手帳」、巻末特集「ウィスキーのすべて」。ウィスキーを中心とした飲酒文化に関するエッセイが並んでいる。カラーは一切使わず、表紙は2色刷、ヴィジュアル度は低く、中は全部活版で組むという活字に対する思い入れが伝わってくる雑誌である。編集後記には『サントリー・クオータリー』は『洋酒天国』を懐かしんでスタートするものではないこと、円熟期を迎えたかに見える日本の飲酒文化の中で、何か新しいものをとらえていきたいこと、を述べている。

創刊当時の編集長・小玉武は、筆者のインタビュー[73]に対し、以下の3点を述べた。(i)70年代初め、新しい広報誌をつくろうとしたが時期尚早であったこと、(ii)文化的側面を中心としたサントリーの活動分野が広がり、その様々な側面を知ってもらう新しいPR誌が必要であったこと、(iii)「宣伝がうまいサントリー」から脱却する為に、宣伝臭を抜いた企業広報誌をつくろうとしたこと、である。そこには当時の佐治敬三社長の非上場企業であるからこそ透明度を高めなければならないこと、宣伝と広報を峻別し、会社の製品名はいいから文化的要素を含め面白く読まれるために企画と筆者に重点を置いてつくること、という強い思いがあったという。

その後『サントリー・クオータリー』は、77号（2005年6月）に全面的なリニューアルをはかる。77号の巻頭には「ご挨拶」として以下の文章が掲載されている。

> 特別なことではなく、普段の生活の中にある
> 『楽しい』を、きっちり、まじめに考えてみたら、
> もっと生活が豊かになるのでは？
> そんな風に考えて、
> サントリー・クオータリーは生まれ変わりました。
> 「飲みながら、読みたくなる」
> 「読んだあと、飲みたくなる」
> 「時間が経っても、読みたくなる」ような一冊へ。

具体的な変化は、体裁的にはヴィジュアル度・カラー化率を増して

第3章　業種別企業広報誌の分析考察(2)―個別分析

いったこと、特集テーマが「水」「お茶」「ビール」「缶コーヒー」とサントリー全製品に密着したものになっていったこと、平均ページ数の減少、の3点である。84号から編集人となった濱橋元は筆者のインタビュー[74]で以下の点を語った。第一に、サントリーの業務内容にノンアルコール部分が増えたことである。2005年の売上高構成比は酒類部門37％、食品部門54％と逆転、とくに特保、サプリメント類の伸びが大きかった。第二に、社内の理解を得やすくすることである。『サントリー・クオータリー』の発行部数3万部のうち有償販売部数は2000部、残り2万8000部は営業販促ツールとして使われるため、その方向に沿ったものが求められるという。第三に、企画もの、エンターテインメントを提供することである。広告は商品の性質をコピー・画像等で伝達するものであり、広報誌はeditorialな雑誌として、製品の本質を深掘りして伝える必要があり、その基本は取材にある、と語った。すなわち金と時間がかかるのである。

　2009年4月、『サントリー・クオータリー』は88号で終わりを迎える。特集「日本のワイン「登美の丘」の100年」とし、本文154ページの他、別冊として廣澤昌（コピーライター）「農夫のように学者のように　登美の丘100年の物語」（29ページ）が挟み込まれている。ちなみに「登美の丘」とは、山梨県に1909年開かれたサントリーの最初のワイナリーである。

　本文を見ると、巻頭は特集テーマをそのまま題にした塚田直寛の写真6ページが飾り、「SPECIAL INTERVIEW 久石譲」（映画音楽家）のワイン談義が4ページ続く。大岡玲（作家、東京経済大学教授）のエッセイ「ワイン幼年期の終わり」が本間日呂志の写真とともに登美の丘の風景を繰り広げる。登美の丘の歴史、現在そこで働く人々、ブドウ品種とワイン製品が紹介され、次はワインを供するレストランとワインに合う料理の数々の紹介記事が展開される。掉尾を飾るのは三浦しをんの読み切り小説「天上の飲み物」が18ページを占めている。まさに日本のワイン文化を文章とヴィジュアル両方からもり立てる読み物となっている。

　編集後記には編集長・濱岡の1979年新たな飲酒文化の創造を目的に創

刊したこと、30年を経てサントリーの事業ポートフォリオも変容したこと、純粋持株会社性に移行したこと、などから雑誌の果たす役割を見つめ直し、休刊とすること、というメッセージが述べられている。サントリーは広報誌という紙媒体によって飲酒文化を創造・伝達するという企業コミュニケーションから、テレビCM、さらにネットを活用した広告マーケティング戦略に大きく転換したと結論づけられよう。

3-3　食品産業：カルビー『HARVESTER』[75]

『HARVESTER』は1949年、広島で創業した松尾糧食工業が、71年東京に本社を移転、社名を「カルビー」（カルシウムとビタミンB1を結合）と改め、ポテトチップス作りに乗り出して10年目に創刊された広報誌である。創刊号は『CALBEE』であるが、2号（81年6月）より『HARVESTER』と改題している。B5判変型と紙型は最終号まで変わらず、ページ数も80ページ内外と変化はない。

創刊号はシリーズ「文化のパイオニア　No.1」として中村雄二郎（哲学者）、青木保（文化人類学者）、栗本慎一郎（経済人類学者）の3人が、「座談会　文化の中の企業　企業の中の文化」として50ページあまりを語り、その後それぞれが「共通感覚と現代社会」「トーテム集団としての企業」「敬愛における無意識と幻想」と題するエッセイを掲載している。座談会の柱を見ると、「利潤動機と身分動機」「トポスとしての企業―日本株式会社」「大衆文化の代表者としての企業」「標識集団としての企業」「文化の厚みと企業の厚み」「余暇の存在と企業の存在」「これからの企業と個人―突き抜ける思考を求めて」等である。

総じて企業が生活文化・大衆文化の担い手として立ち上がることを求めている傾向がうかがえる。

このように3名の学者・研究者の座談会と各自のエッセイ、というスタイルは最終号まで変わることはなかった。また22号までは2号（自然・農業・企業）をのぞいて統一テーマは「文化のパイオニア」であった。30号までの対談者と座談会テーマは多岐にわたるが、常に司会役で

あり、座談会の中心となっているのが栗本慎一郎であることは特筆されよう。すなわち『HARVESTER』は彼の個人的志向の強い雑誌であり、ヴィジュアル度の全くない、硬派の雑誌であった。

　87年1月の22号からは統一テーマ「文化のパイオニア」が廃止され、座談会から鼎談（『広辞苑』によれば、両者の違いは座談会：共に座ったままで、形式張らないで話し合うこと、鼎談：3人が向かい合って話し合うこと、とある）に変更され、その硬派ぶりはますます研ぎ澄まされていく。

　89年9月『HARVESTER』は突然の終刊を迎える。特集テーマは「都市と文明―90年代に向けて」、鼎談者は日野啓三（作家）、佐伯啓思（社会経済学者）、そして栗本慎一郎である。鼎談の柱を見ると、「言葉と実態が乖離していた80年代」「「ぴあ」的になってきた新聞の紙面」「都市の風景を変えた地上げ」「自己増殖する無意識の都市・東京」「悩み方を悩んでいる時代」「ヒューマニズムの基盤が喪失する社会」「天皇制か共和制か、選択が迫られるとき」「質を考えるのが知識人の役割」「90年代にサバイバルの一戦がある」。またそれぞれのエッセイテーマは、「変わるということ」「故郷喪失者の戦い」「都市の風景は誰がつくるのか―消費され、そして消費させる風景」であった。

　時あたかもカルビーはそれまでのかっぱえびせん、ポテトチップスの二本柱路線から、シリアル、じゃがりこなどの多角化方向に戦略転換をしていく時代であった。その広報戦略は、企業を知ってもらうための文化追求の硬派路線から、広告を中心としたマーケティング重視路線に変更されていったことにあると推測される。

3-4　食品産業：三和酒類『季刊iichiko』[76]

　三和酒類（株）は赤松本家酒造株式会社、熊埜御堂酒造場、和田酒造場が共同出資し、統一銘柄清酒の共同瓶詰場として1958年大分県宇佐市に創業された総合醸造企業である。翌年、四酒造場を加えた四家連合となり現在に至る。1979年、酒の醸造技術と焼酎の蒸留技術から、それま

での焼酎のイメージを覆した、澄んだ華やかな味わいの本格麦焼酎「いいちこ」を開発、焼酎の他清酒・ワイン・ブランデー・リキュール・スピリッツなどを幅広く手がけている。

　国立国会図書館所収の『季刊iichiko』第1号はA5判右開き136ページという分厚さである。「特集・無意識の文化学―ジクムント・フロイト」と題し、西川直子（東京都立大学助教授）「《母》の領域へ―クリステヴァとフロイト」、若森榮樹（独協大学助教授）「フロイトとラカン―精神分析における知の伝承」の2論文に続き、高市順一郎（桜美林大学教授）および早水洋太郎（愛知県立大学教授による「フロイトへのイントロダクション」と題したフロイトを学ぶためのガイドブック紹介、山本哲士（信州大学助教授）「フロイトによる〈心的なもの〉を読むためのエレマン」、フロイトの未邦訳論文2編、ロンドンに開館された「フロイト博物館」探訪記、「フロイトの生涯と仕事」と題した年譜のほか、連載としてG.C.ラパイユ「こどもが親を理解する　親の4つのタイプ1」、福井憲彦（東京経済大学助教授）「歴史とフォークロア　歴史人類学をめぐって」の2本が掲載されている。

　編集後記には「産業的なものと見えなくなりつつある土地固有の文化・価値との均衡を」本誌ではいろいろな局面で探求したいとし、まず方法論をフロイトに求めたが、今後は具体的生活文化と現在思想との関係を鋭く超領域的に探求したい、と決意を述べている。新しい知の領域を切り開こうとする意欲がうかがえる。

　創刊から10年、10周年記念号の『季刊iichiko』40号（1996年）には、同誌のアートディレクターを務める河北秀也が「『季刊いいちこ』誕生物語」という一文を寄せている。そこには発端は1985年の河北と山本哲士の出会いにあったこと、福岡県久留米市の出身である河北は高校時代宇佐高校に学び、「いいちこ」発売前から三和酒類創業親族との縁があったこと、地下鉄の駅貼り交通マナーポスターで実力を示していた河北は「いいちこ」の商品企画、コミュニケーション企画を全面的に任されていたこと、そして山本との会話で「書きたいことが常に書けて、売る必要がなくて、」質的に高度なものを存分に追求できる"夢のような"

第3章　業種別企業広報誌の分析考察(2)―個別分析

雑誌を作ろうという企画が生まれたのである。この雑誌づくりの条件としては(i)企業PR誌であるから誌名をずばり「iichiko」(大分の方言で「いいよ！これ」の意)とし、(ii)書きたいことを書いてよく文章について細かなチェックはしない、(iii)あえて酒関連の論文は載せない、(iv)確実に発表日に出版する、の4点が上げられているのみで、他にはない自由で理想的な環境が提示されている。

　河北秀也とはどのような人物なのか。彼の属する特定非営利活動法人東京タイプディレクターズクラブのHPでは以下のように紹介されている。

　　アートディレクター。1947年福岡県生まれ。1971 東京芸術大学卒、1972 地下鉄路線図デザイン、1974 日本ベリエールアートセンター設立。
　　1974〜82 地下鉄マナーポスターシリーズ、1981 作品集「河北秀也の東京グラフィティ」、1983〜現在焼酎「いいちこ」の商品企画、パッケージ、TVCM、ポスター、雑誌広告、出版などすべてを企画制作。現在は東京芸術大学美術学部デザイン科名誉教授。

　100号記念号(2008年AUTUMN)および101号(2009年WINTER)は「特集　ホスピタリティ世界の文化学(1)(2)」として2号にわたりホスピタリティと文化の関連性について、多方面から論じている。100号では巻頭は山本哲士「ホスピタリティの経済と哲学(1)」、続いて福原義春「文化資本とホスピタリティ」、小林陽太郎「企業の社会的責任(CSR)とホスピタリティ経済」、鈴木郷史((株)ポーラ取締役社長)「美の生産とホスピタリティ」など経済と文化の関連が取り上げられたのち、小嶋菜温子(立教大学教授)らによる「源氏物語のホスピタリティ」と題した論文が3本並んでいる。101号では100号で取り上げた経済人たちのエッセイが英訳され巻頭に並んでおり、後半は坂田守正(デザイン文化科学研究所所長)「漆の文化技術とホスピタリティ」が中心にすえられている。

　その後も『季刊iichiko』は105号「ラテンアメリカの文化学」、106号「愛と正義の文化学」、109・110号「武士制の文化学(1)(2)」、112号「剣術の文化学」、115号「奥州相馬の文化学」、116号「三島由紀夫の文化

学」、117号「着物の文化学(1)」、124号「日本橋の場所文化学」、131号「映画生産の文化学」、133号「和時計の文化技術」と立て続けに「文化学」シリーズを出してゆく。

　本稿執筆時点の直近号『季刊iichiko』137号（2018年WINTER）は、「特集　ピレネー犬の動物文化学Ⅰ」である。B5判変型、128ページからなるハンディなものであるが、広告は自社広告を含め一切ない。内容を見ると、東海林美紀（写真家）「ピレネー山脈の放牧文化とピレネー犬(1)」の写真と単文が115ページにわたり掲載されている。巻頭には編集・研究ディレクター山本哲士の巻頭言として、初めての写真集特集としたこと、ペット犬と違い、泥だらけになりながら、人間への約束をしっかりと守り続け、羊たちを家族とし、熊や泥棒から自分の力と意思で羊たちを守っている、その感動的な生の姿を味わって欲しい、動物文化を考え、人間のあり方を考えていきたい、としている。

　同時並行的に山本哲士は2017年文化資本学会をたちあげ、その研究年報として『文化資本研究１　特集：文化資本とホスピタリティ』（文化科学高等研究院出版局、2018年）を刊行している。その編集後記で、山本は「日本の文化には人類の普遍となる膨大な歴史的蓄積がある。それを固有に対象化し生かしていくことが近代化過程ではなされていない」とし、「伝統文化の優れた高度さが衰滅寸前にある。これは放置しておけない」とのべ、「環境、技術、情報を含め超領域的専門研究の文化生産が世界水準で」なされなければならない、としている。

　一方の河北は『iichiko design 2015』（三和酒類、2015年）の巻頭言「地下鉄10年を走り抜けてiichikoデザイン30年」の中で、1984年４月から続けてきたB倍駅貼りいいちこポスターが2014年４月で30年になったこと、ポスターには交通媒体として一般の人にメッセージを送る広告としての目的と、企業のインナーキャンペーンとして初心を忘れないためのCIとしての目的の２つがあること、そしてほんとうに行きたいところへ行き、写真を撮ったり選んだりを当たり前の姿としているが、やりたいようにやるのは大変力のいることだし、責任のあることなのである、と述べている。

このようなバックグラウンドを持つ『季刊iichiko』は、編集人・山本の文化学設立への決意、監修人・河北の美への力強い姿勢、という2つの息づかいが感じられる、まさに得がたい広報誌であるといえよう。

3-5　食品産業：雪印『SNOW』[77]

　雪印乳業は、1925年北海道野津幌で有限責任北海道製酪販売組合として創立（資本金5,450円）、バター製造・販売を開始したのが端緒である。戦後北海道酪農共同株式会社として再出発するが、1948年過度経済力集中排除法の指定を受け、1950年雪印乳業（株）、北海道バター（株）（後のクロバー乳業（株））に分割される。両社が合併に至るのは、1958年11月のことであった。

　その後、2000年6月の雪印乳業食中毒事件[78]、および2002年1月の雪印食品牛肉偽装事件[79]、の2つの企業不祥事件をきっかけに、2009年日本ミルクコミュニティ（株）と雪印乳業（株）が経営統合、共同持株会社「雪印メグミルク（株）」が設立され、今日に至っている。

　企業広報誌『SNOW』は雪印乳業時代に発刊されていたものである。電通アドミュージアム東京資料室では66号（1965年7月）〜156号（1974年7月）、333号（1990年4月）〜393号（1995年4月）を所収している。

　66号はA4判、26ページ、定価20円とある。表紙は新沼杏二（文筆家、写真家）の写真でローマの薬店のショーウィンドーの調製粉乳ポスターである。グラビアは「繁栄店のモットー」4ページ、東京で行われた国際ホームショー風景4ページ、その間を「母乳化粉乳の理想」、「商品計画と在庫管理シリーズ」、「チーズの市場占有率」「絵で見る商店経営ABC」「冷凍・冷蔵ショーケースの取り扱い方」などの記事が埋めていく。ターゲットは雪印乳業製品取扱店であることがよくわかる雑誌である。

　この傾向は9年後の154号（74年4月）でも変わらない。同号は「特集　地域コミュニティへの参加」と題し、「すべての企業に"社会的責任"の遂行がきびしく求められています。なかでも小売流通業界にとっ

て重要性を増してきたのが、地域コミュニティへの参加です」とし、全35ページの半分17ページをそれに割いている。その他「シリーズ　日本の酪農」、「ズームアップショッピング　浅草」、「SNOW情報　テレビCM」の撮影風景など、取扱店向けの情報が盛り込まれている。

　155号、156号は、同社の主力商品であるチーズとは切っても切れない仲にあるワインの輸入販売を始めたことから、2号続いてのワイン特集をしている。156号の「編集手帖」には、ワインに関する総合ハンドブックがないこと、全般的な知識を得るためには、本代だけでも数万円かかること、などから創刊以来初めて2号続きの特集としたこと、保存版として利用して欲しいこと、などが述べられている。

　国立国会図書館所収の『SNOW』はそれから10年以上後の258号（1984年1月）〜470号（2001年12月）である。その間に雪印乳業には何があったのだろうか。国立国会図書館所収の最も古い258号（1984年1月）はB5判右開き、34ページ、送料200円とある。表1には「食品販売に携わる人のための雑誌」とあることから、販売店向けの拡販物であることは変わらないと考えられる。特集は「店舗活性化の要件を探る」とそのものずばりの切り込みで、緒方友行（オフィス2020）・土屋久弥（日本コンサルタントグループ）の対談が11ページにわたっている。新沼杏二「食べもの随筆　放生チーズ」、宇壽山武夫（都市商業環境計画センター部長）「ヨーロッパの新食品販売事情①　新しい発見の旅"アヌーガ"と世界の食文化交流」、「台所の商品学①　牛肉」など、総じて食品販売の商品知識を育成するための記事が目についた。

　300号（1987年7月）でもまだ表1の「食品販売に携わる人のための雑誌」の文字は継続している。特集は「アフター5は有力マーケット」として日本人の生活時間の変化、女性の社会進出によって買い物時間が遅くなっており、お店としていかに対処すべきかが8ページにわたり掲載されている。新沼杏二「食べもの随筆」のほか、「台所の商品学㊷　玉葱」、「雪印商品　その魅力の秘密　ナチュラルチーズその5」など食品販売店むけの連載シリーズが多い。

　表1から「食品販売云々」の文字が消えるのは378号（1994年1月）

第3章　業種別企業広報誌の分析考察(2)―個別分析

からである。巻頭は森枝卓士「売る・買う・食べる　世界の食マーケット①　市場経済のお勉強会　ベトナム」である。その他の連載も一新され、小林カツ代「やさしい洋食1」、犬丸りん（漫画家）「スーパーで見つけたヒト・モノ・コト1」、辻中俊樹（マーケティングプロデューサー）「近未来の消費者たち①」、吉本由美（スタイリスト）「時代の気分考現学①」など新しい執筆者が消費者の目線で書き始めている。さらに特集は石毛直道（国立民族学博物館）・玉村豊男（エッセイスト）の「新春対談　食べることについて語り合おう」が15ページにわたって掲載されている。その後も「特集　エスニックはおいしそう」（379号）、「特集　話題の食の小史話―鍋もの・牛肉・おにぎり・香辛料・ナチュラルチーズ」（380号）、「特集　太めの中高年男性へ!!」（381号）など、ターゲットを消費者に向け、新しい食の文化誌を作り上げようとしていることがうかがえる。

　2つの企業不祥事事件は企業広報誌にどのような影響をあたえたのだろうか。冊子の上で触れられているのは457号（2000年11月）であり、前号から3ヶ月の休刊期間があった。表2は「総てはお客様のために。雪印」とする全面写真、それに続いて「私たちはお約束します。良質で安全な商品をお届けすることに全力を尽くしてまいります。」とするお詫びの文章が1ページ掲載されている。さらに「雪印乳業SNOW出版部」として今後も幅広い食情報を提供させていただきたいという言葉がよせられている。また459号（2001年1月）では誌型をA4判に変更、「特集　カフェでごはん、する？」、表3に「仕事帳」として雪印の工場・社員・社会活動を紹介するなど、内容も大幅にリニューアルし、より新しい食情報誌・企業広報誌としての再スタートをはかろうとしていることがうかがえる。

　しかし『SNOW』は470号（2001年12月）で休刊となる。A4判右開き、35ページ、特集は「日常のナゾ④　2001年の食卓」として、10家庭・1週間の食事日記が写真付きで20ページにわたり掲載されている。「編集後記」には今号をもって一時休刊とすること、さらにパワーアップして復刊したいこと、を述べている。しかし本稿執筆時点の雪印メ

110

グミルクのHPにはソーシャルメディアアカウント一覧はあるものの、『SNOW』の文字は見ることができなかった。

3-6　食品産業：ミツカン『水の文化』[80]

　ミツカンは、尾州半田の酒造業家・初代中野又左衛門が酒粕酢醸造に成功、1804年分家独立したことが端緒である。以来210余年にわたり企業活動を続け、1999年には東京に「ミツカン水の文化センター」を設立、「水」と「人々のくらし」との深い関わりを「水の文化」として捉え、「水の大切さ」を啓発する活動をスタートさせた。さらに2015年には創業の地愛知県半田市に「MIZKAN MUSEUM（ミツカンミュージアム）」（愛称MIM（ミム））をオープンさせ、酢づくりの歴史や食文化の魅力にふれ、楽しみ学べる体験型博物館を開館するなど、酢とその原料である水に関わる文化広報活動に傾注している企業である。

　国立国会図書館所収の『水の文化』第1号（1999年1月）は、A4判右開き45ページ、巻頭言として、人のいとなみの根源には常に"水"が存在してきたこと、「人と水の関わり」によって生み出された生活様式や習慣を『水の文化』と呼ぶこと、『水の文化』の発展を願い、『水の文化』の啓蒙活動や「水と人との付き合い方」の提案を通して豊かな暮らしの創造に貢献することを目的に、「ミツカン水の文化センター」を設立すること、を宣言している。富山和子（立正大学教授）の連載「「水の文化」とは何か　第1回」として「ため池文化《香川》　融通の智恵　平成6年大干ばつ　何が都市を救ったか」が12ページにわたり掲載されている。続いて陣内秀信（法政大学教授）・岡本哲志（岡本哲志都市建築研究所代表）による連載「舟運を通して都市の水の文化を探る」(1)として、江戸・佐原・仙台、大坂・伏見、一乗谷・福井・三国、酒田─大石田、瀬戸内海沿岸の港町・城下町、の5地域のフィールドワークが22ページに渡り繰り広げられている。

　その後の『水の文化』は、年3回刊行され続け、11号（2002年8月）からはそれまでの「水の文化」の説明基調をリニューアルし、「洗うを

111

洗う」、「水道の当然（あたりまえ）」、「満水のタイ」、「京都の謎」、「里川の構想」など、毎号特集形態をとるようになってきている。編集陣にも余裕がでてきたこと、嘉田由紀子（京都精華大学教授）・陣内秀信など企画協力者の陣容が整ってきたこと、などがその背景にあることがうかがえる。

　本稿執筆時点の直近号57号（2017年10月）は「特集　江戸が意気づくイースト・トーキョー」と題し、レトロな街として再評価されている東京の東側4地区を取り上げている。第一は台東区浅草であり、芸能（浅草寺、六区、仲見世）、行事（隅田川とうろう流し）、新潮流（隅田川リバーサイド）、研究（横山百合子・国立歴史民俗博物館教授による新吉原遊郭研究）の4点からとらえている。第二は台東区蔵前で、「ゆるやかにつながる「職人のまち」」として、皮革製品、文具、デザイン工房、ゲストハウスなどを紹介している。第三は墨田区本所で、「化政文化を生んだ武士と町人の交流―本所割下水と葛飾北斎」として、北斎ブルーで人気を呼んでいるすみだ北斎美術館に焦点が当てられている。第四は江東区深川で、材木とカフェ、川床（東京都建設局河川部の社会実験「かわてらす」）が取り上げられている。

　最後に編集部談として、(i)江戸以来よそ者を拒まない「意気」（18世紀後半の江戸町人文化に成立した美意識のこと）なまち、(ii)そこに若い人やよそ者が入り込んで新陳代謝が起きる、(iii)変わることを怖れないからこそ、人と人がつながり面白いことが起きている、と結んでいる。まさに『水の文化』にふさわしい、読み応えのある特集となっている。

3-7　繊維産業：帝人『TEIJIN Information』[81]

　帝人は、1918年、金子直吉、久村清太らにより、帝国人造絹糸株式会社として米沢の上杉藩製糸廃工場跡地に創業した企業である。当時鈴木商店の支配をしていた金子直吉は、外国人居留地ではじめて人造絹糸を目にする。絹は蚕を原料として製造されるため、非常に高価な繊維であったが、金子は日本人に共通の「絹ものを身に着けたい」という「御

蚕ぐるみ」の夢を、人工的に製造する人造絹糸によって実現しようと考えていた。また綿花のように原料を海外に依存する必要もなく、国産のパルプが原料であるため、人造絹糸の製造は国益に適うものであった。

　金子は、米沢高等工業学校（現・山形大学工学部）講師であった秦逸三と、秦の同窓でレザーの研究者であった久村清太の人絹の研究を支援し、1918年、米沢で帝国人造絹糸（現・帝人）を設立した。この人造絹糸の事業化は大学発ベンチャーのさきがけとして知られている。

　その後、帝国人造絹糸は、広島（1920年）、岩国（1927年）、三原工場を立ち上げ、同社の生産量は英国の全生産量と匹敵する規模となり、世界の一流企業として名を馳せることになったのである。

　国会図書館所収の『TEIJIN Information』第1号は1971年1月に刊行された。A4判、19ページのパンフレット状のものである。表紙には専務取締役・阿部實の刊行の挨拶として、昨年1年間、帝人の動きをお知らせするため帝人タイムス誌に"TEIJIN Information"のページを設けたところ、好評であったこと、より早くこうした記事内容を知りたいという要望が強かったこと、などから充実した刊行物として毎月発行することにしたこと、帝人および帝人グループの刻々の動きをありのままに伝えていく所存であること、が述べられている。

　内容は「テイジンテトロン・シルモンドの展開」「新製造技術によるテトロン衣料の企業化計画」「時代の先取り"スコーレ"キャンペーン」など、自社製品・自社企業活動を対外的に発信するもので、モノクロ（ただ71年は緑、72年は黄、73年はピンクなど毎年色の異なる用紙を用いている）、ヴィジュアル度は低い。

　同じく国会図書館所収の最終号『TEIJIN Information』60号には「現下の社内外の情勢に鑑み、今号をもって」休刊することをつげ、帝人および帝人グループの動向は『テイジン誌』（社内報）『帝人タイムス』（社外報）でご覧いただきたい、としている。

　母体となった『帝人タイムス』とはどのような雑誌だったのか。国立国会図書館所収の同誌を見ると、1926年10月の創刊号から1977年5月の47巻2号まで刊行され続けた雑誌であることがわかる。創刊号はB5判

第3章　業種別企業広報誌の分析考察(2)―個別分析

右開き、表1は糸を持った女性のイラスト、表2は「桜黒ビール」(門司市・帝国麦酒株式会社)の広告、表3は「廣島撚糸工場」の広告である(デジタル化のため、表4は見られなかった)。全28ページで1ページには「創刊辞」として世は人絹時代に入ったが、入ったばかりで未開拓の部分が多いこと、販売業者・製織業者と親しく気脈を通じたいこと、研究の歩みを通じて世間一般にも人絹の知識を普及させたいこと、が発刊を企てた所以であること、を示している。その後内海靜太郎「大局より見たる人絹の現状と将来」、久村清太「人絹工業の趨勢」、合資会社丸寸商店「人造絹糸の将来と我が国民の覚悟」などの論文が並んでいる。また20ページからは「ニュース」として海外の人絹工業の現況、研究所の最新研究とともに、帝人式女工制服の写真が掲載されている。総じて人絹の知識を広めると共に、自社の活動も知らせる意図があったということがわかる。28ページの「編集後記」として、従来折々パンフレットをだしていたが、それでは専門知識を知らせることはできないこと、しかし純雑誌としては『レーヨン』が9月から発刊されていること、そこでパンフレットと雑誌の中間をいくものとして発刊を企てた、とされ、同業旭絹織(現旭化成)では昨年から『旭絹織月報』をだし、前記『レーヨン』も発刊されており、両誌に兄事し高教を受けたいとしている。

最終号47巻2号はB5判左開きとなり、188ページの分厚いものである。特集「特殊ユニホーム」が巻頭を飾ると共に、「マーケティング77　CMで売るのか商品で売るのか」、「業界記者はこう思う」などのマーケティング関連記事、鷲田勇相談役「悔いなき我が半生20」、福島克之「社史随想38」などの社内発信記事も認められる。また「アングル　今どうなっているのか？ファッション雑誌とファッションの関係」「ファッション最前線」など、帝人がファッション関連に進出していることをうかがわせる記事も多く掲載されており、興味深い誌面作りとなっている。最終ページでは「テイジンニュース」として同社の活動が2ページにわたって報告されている。

また前号(47巻1号)ではこれまで年6回発刊していたが、本年度か

ら年4回とし、次回は4月春季号であるとされており、国会図書館所収の最終号が『帝人タイムス』最終号ではないと推測される。最終号はどんな内容だったのか、雑誌の終わり方を分析する上で是非調べたいメディアである。

3-8　石油・石炭：TOTO『TOTO通信』[82]

　TOTOは日本の陶磁器直輸出を目的として創設された森村組が、1912年、グループの一員である日本陶器合名会社内に製陶研究所を設立、衛生陶器の製造研究を開始したことを嚆矢とする。1917年、北九州市小倉に「東洋陶器株式会社」を設立、衛生陶器の製造を開始する。当初は磁食器・陶食器なども生産していたが、1970年東陶機器（株）に社名変更すると共に、食器の生産を中止、プラスチック浴槽、洗面化粧台分野に進出、建築設備機器総合メーカーとして歩み始める。2007年には「TOTO株式会社」に社名を変更している。

　広報誌の歴史を見ると、会社の現状や新商品を伝えるTOTO初の社外報として、春秋2回発行の『東陶ニュース』が1953年にスタートし、1956年7月には月刊『東陶通信』を創刊した。1994年に『TOTO通信』に改称、実例を中心にコンセプトの立案・設計時に役立つ建築や水まわり空間の考え方について、毎号ワンテーマで特集する現行のスタイルに刷新した。現在は季刊発行となり、創刊から60年を経過しているという。

　同社HPには設計者・建築家へ向けたPR誌の草分けとして、全国PR誌コンクールでハイクォリティ賞（1995年）、総合優秀賞（1997年）、日本BtoB広告賞・金賞（2010年〜11年、2013年〜17年）、銀賞（2001年）、銅賞（1999年・2002年・2009年）、特別賞（1998年）、佳作（2000年）を受賞するなど、高い評価を得ているとある。

　電通アドミュージアム東京資料室所収の『東陶通信』の最も古いものは380号（1991年4月）である。A4判21ページで、表紙は松村映三「空景―窓の女―」と題するシンガポールの町並みである。内容は「特集

第3章　業種別企業広報誌の分析考察(2)―個別分析

技術開発センターのご紹介」とあり、本社（北九州市）内に開設された技術開発センターの紹介記事が6ページ、その後「シリーズ　坂本菜子のデパートウオッチング」、「外装タイル実例特集」「新商品ニュース」が続く。取引先企業向けの自社製品広告を中心とした内容であることがうかがえる。

　『東陶通信』のその後の特集を見ると、「ウオシュレット　快適なオフィスを目指して」「「新・スクールトイレ」論」「タイル・グレー＆ブラウン」「ホールのトイレを考える」などが続く。385号（1991年9月）からはページ数が35ページに増加、「ゴルフクラブハウスのトレンド」「サービスエリアの水回り」「宇宙生活の水回り」「ヨーロッパの水回りトレンド」など、水回りを中心に据える方式に変化はないものの、全体の概論とも言えるエッセイ、座談会を頭に置き、その後ケーススタディを行う形式に変わっている。

　電通アドミュージアム東京資料室の『TOTO通信』の最も古い426号（1996年3/4月）はA4判57ページ、右開きとなっている。「特集　細部から無限へ　ディテールがオフィスビルを建てる」（監修・中谷正人（建築ジャーナリスト））として、「無柱空間のディテール」「外壁のディテール」「窓のディテール」「天井のディテール」「水回りのディテール」と、建築物全体を眺める作りとなっている。巻頭には「細部の積み上げが巨大な事実を作り上げていくのは、月行きのロケットだけではない。高層ビルも低層ビルも、さまざまなディテールの集積によって立ち上げられている。（中略）願わくはこのディテール集が、オフィスビル設計の悩みを解き放つヒントになってくれますように。」と記されている。

　さらに連載シリーズとして藤森照信「タイル多芸　祇園対抗の拠点　先斗町歌舞練場」、浦一也（建築家・インテリアデザイナー）「旅のバスルーム　レジデンス・マキシム・ドゥ・パリ」、「その人、その建築　フェリックス・キャンデラ」などのエッセイ、インタビュー記事が並んでいる。自社製品の広告一辺倒から解き放たれ、建築そのものの新しいあり方を問うという一つの方向性を持った企業広報誌になっていることがうかがえる。

その後の特集テーマを見ると、「かえってきたローコスト住宅―建築家の仕事の中に探る新しい意味」「名旅館が名旅館であり続ける日々のために　名旅館を生き返らせるリノベーションの背後にあるもの」「地下室増殖　空間多元化への模索」「長期滞在型高齢者住宅が直面する設計以前　ハードの前にソフトが欠かせない」「不況下に、プレゼンテーション再考」など、その時々の建築界の乗り越えるべきテーマを、識者へのインタビュー、ケーススタディ、消費者へのインタビューなどさまざまな方面からアプローチする方法をとるようになっている。この変化の背後にあるのは何か。限られた資料数からは推測することしかできないが、一つは連載を継続している藤森・浦の編集顧問的存在（さらにいえば複数回誌面に登場している隈研吾（建築家）のアドバイザー的位置）、もう一つは編集制作が中原編集室となったこと、そして最後はグローバル企業となったTOTOの企業的視野の広がりと建築界のリーダーたらんとする自負にあるのではないだろうか。

『TOTO通信』はその後も刊行され続けている。

本稿執筆時点の直近号最新の509号（2018年新春号）をTOTOカタログセンター内TOTO通信データ管理室に送付を依頼した（通常は建築家向けに送付とのこと）。届いたそれをみると、A4判64ページ、編集制作は伏見編集室、11万部発刊という。特集は「建築家の自邸も、リノベーション」で、全部で6つのケーススタディを掲載している。内容は、「工場のスケールを人間のスケールへ」、「寝室は徒歩3分」の30代建築家夫婦の2作品、「ラフなモノこそ、ラグジュアリー」、「マンションの最上階に、天空の平屋」、「哲のフローリングにすむ建築家」の40代建築家の3作品、そして「築40年が、まるで新築」の60代建築家の1作品である。連載も多く、浦一也「旅のバスルーム　103」、藤森照信「現代住宅併走　39」の両者も健筆を振るっている。「最新水回り物語　45」では話題のGINZASIXを取り上げており、さすがはTOTOとうならせるモノがある。

総じて設計者・建築家以外にも日本の建築文化とは何かを発信し続けたPR誌として、是非TOTO本社に赴き、これまでの60年間の軌跡をた

どってみたいと思わせられた。これは今後の筆者の課題である。

3-9　INAX（現LIXIL）『INAX REPORT
建築から生活文化を探求する季刊誌』[83]

　INAXは、1924年に愛知県常滑で代々陶業を営んできた伊奈長三郎がINAXの前身、伊奈製陶株式会社を設立、タイル、陶菅、テラコッタを製造したことが嚆矢である。第二次世界大戦後の1945年にはトイレ・洗面器（衛生陶器）を製造開始（INAX）、『伊奈製陶株式会社30年史：1924-1954』を刊行した1956年にはタイルと衛生陶器が全盛であった。

　国立国会図書館所収の『Ina Report』第1号は、1975年12月に刊行されている。A4判27ページ、表紙は日本郵船ビル（Modillion）／テラコッタである。巻頭言は永田武（国立極地研究所長）の「南極基地の話」、特集は「環境とマテリアル〈焼物〉」であり、森浩一（考古学）「焼物と文化」、素木洋一（粉体工学）「焼物の科学」、会田雄亮（クラフトデザイナー）「焼物と私」が続き、吉村順三（設計家）・神代雄一郎（明治大学教授）の対談「建築と焼き物」が掲載されている。その後は「Design＋Technic　No.1　銀座対鶴館ビル」「Study & Note　衛生設備と障害者」「世界の建築ガイドマップ　サンフランシスコ」「Ina news　伊奈土ものタイルとその施工例」など、モニュメント的建築物、実証実験、自社施工例が並んでいるスタイルは、その後も継続してゆく。

　創刊号最終ページには、創刊の目的として、『Ina Report』は読者と当社を結ぶツーウェイコミュニケーションを目指していること、そのためにお便り、写真等で構成するページを設けたことを述べている。また対談の司会者はNo.1～18が神代雄一郎、19～49が西沢文隆（建築家）、50～78を林昌二（建築家）がつとめており、アドバイザー的位置にあったと思われる。

　1985年4月の創業60周年を契機とする社名変更・（株）INAX発足に伴い、『INAX REPORT』57号が刊行される。内容はこれまでのものを踏襲していくものであったが、副題として「建築から生活文化を探求する

3-9 INAX（現LIXIL）『INAX REPORT　建築から生活文化を探求する季刊誌』

季刊誌」というテーマが設けられ、表紙をそれまでの写真からル・コルビュジエのリトグラフを使用する、カラーページを増やすなど、ヴィジュアル度を増す傾向が生まれてくる。また対談はInax Forumと改題、79号からは司会が香山壽夫（建築家、東京大学教授）に交代し、対談者もこれまでの建築関係者から、青木保（文化人類学者）、山田洋次（映画監督）、岩城宏之（指揮者）、野田秀樹（演出家）など、文化全般に関わるものとなってきている。また月刊から隔月刊となるのもこの頃である。

　1993年12月刊の105号から紙型等は変わらないものの、「特集　復元ロマン　伝統の継承」として彦根城表御殿に始まり、首里城正殿、法務省赤レンガ棟などを経て126号（1996年10月）の旧川崎銀行の保存と千葉市美術館・中央区役所までの18回、実際に現代に復元・修復された歴史的建築物の特集を重ねていく。と同時にInax Forumの司会者も内井昭蔵（建築家）に代わり、実際に復元を担当した建築家たちとの対談に変わっている。

　127号からは「特集　モダニズムの軌跡」として吉村順三に始まり154号（2003年3月）まで黒川紀章、丹下健三などの建築家の作品、および内井との対談を掲載している。その内容は、雑誌全体の副題にあるとおり「建築をトータルに考える情報誌」であった。また、155号（2003年6月）から166号（2006年4月）は「特集　建築・コラボレーション」として石井幹子（照明デザイナー）、永田穂（音響家）、伊東正示（劇場コンサルタント）など建築分野とコラボする芸術家たちを取り上げ、内藤廣（建築家）との対談を行っている。さらに179号（2009年7月）からは特集を「続・生き続ける建築」「続々モダニズムの軌跡」「ホスピタリティに見るデザイン」の3本立てとし、「建築から生活文化を探求する」という側面をより強く押し出している。表3、4を使って「建築家の往復書簡」として、磯崎新（建築家）と若手建築家とのコミュニケーションを掲載している点も目新しい企画だと言えよう。

　2011年4月、INAXはトステム、新日軽、サンウエーブ工業、東洋エクステリアと統合、株式会社LIXILが誕生、さらに同年（株）川島織

第3章　業種別企業広報誌の分析考察(2)―個別分析

物セルコンを子会社化する。それに伴い『INAX REPORT』は190号（2012年4月）で最終号となる。A4判、63ページ、3本立ての特集は、それぞれジョサイア・コンドル、安藤忠雄、俵屋旅館、であり、表紙はジョサイア・コンドルの設計による岩崎久彌邸ホール階段の柱装飾であった。

　国会図書館所収の後継誌『LIXIL eye』1号（2012年11月）～15号（2018年2月）を見ると、A4判、67ページと体裁は変わらないが、以下の3点の変化が読み取れる。第一は、副題が「建築・街作りから生活文化を探求する情報誌」と謳っていることである。街作りを視野に入れていること、情報誌という位置を確認していることが興味深い。第二は、3本立ての特集スタイルは変わらないが、「新・生き続ける建築」として著名建築家の作品紹介、「建築ソリューション」として東京タワー・五島美術館などの保存・再生・継承を取り上げていること、「まち作りの今を見る」として東京スカイツリー・古民家などの新しいものを取り上げていること、である。第三は、「新・建築家の往復書簡」として隈研吾（建築家）と若手建築家の対談（途中からは西沢立衛と長谷川逸子）を行っていることである。全体として、『INAX REPORT』よりも現代的、軽やかな作りになっていることがうかがえる。

　さらに13号からは内容を一新、「特集　建築のまちを旅する01　倉敷」として幻の建築家・薬師寺主計を取り上げ、その作品と倉敷のまちを建築という視点から紹介している。14号（2017年10月）では「特集　建築のまちを旅する02　米沢」として寺社建築の第一人者・伊東忠太を、本稿執筆時点の直近号、15号（2018年2月）では「特集　建築のまちを旅する　03　田辺・白浜」として博物学者・南方熊楠を取り上げている。その他、「住宅クロスレビュー」（同じテーマを持った異なる時代の2つの住宅を取り上げ、それぞれの設計者が語り合う）、「戦後建築コンペを振り返る」、「新世代・事務所訪問」など歴史的な視点を大切にしたシリーズが展開されている。総じて大手ゼネコンの広報誌には感じられない、生活文化からみた建築という姿勢が強く打ち出されており、非常に興味深い雑誌づくりを目指していることが感じられる。

3-10　コスモ石油『DAGIAN』[84]

　コスモ石油(株)は1986年丸善石油、大協石油、精製コスモの3社が合併して生まれた企業である。同社の社史『飛躍へのかけ橋　コスモ石油・革新の軌跡』(2006年)によれば、季刊誌『DAGIAN』は地球環境を考えるコメンタリー・マガジンとして創刊されたという。

　1991年3月『DAGIAN』(夜明け)0号が創刊される。A4判右開き36ページ、表紙は金文字で「DAGIAN」季刊ダジアン、とあり、小さく「故郷を、立場を、年齢を超えて、一つのテーマに答えるコメンタリーマガジン」とある。特集「あなたにとって、海とは？」として、老若男女、有名人、無名人併せて50人のメッセージがオールカラーのページのあちこちに展開される。巻頭は荒俣宏(作家)「漂流するヤシの実」、最終ページは「還るところ」としてライシャワー(元駐日大使)の「私の最後のお願いは、骨を太平洋にまいてもらうこと・・・」、ジャン・ギャバン(俳優)の「オレの骨は粉々にして、碧い海にまいてくれ・・・」という言葉が2人の顔写真とともに載せられている。定価800円、ともかく変わった雑誌であることは間違いない。

　1号(1991年7月)は特集「あなたにとって水とは？」である。ページをめくるとコスモ石油(株)代表取締役社長・住吉弘人の挨拶として、「人間・文化」「自然・地球」を基本コンセプトとする季刊広報誌『DAGIAN』を制作すること、DAGIANとは「夜明け」を意味する古代英語であること、今までに類を見ないコメンタリー・マガジンとして、毎回一つのテーマを設定し、各界の有識者、一般の方がたのご協力を賜り、さまざまなご意見をいただきたいこと、を述べている。

　3号(1992年1月)からは特集のスタイルが、「火」「花」「虫」「大気」と地球環境と自然に関わるさまざまなテーマに変化していき、この手法は最終号43号(2002年11月)の「亀」まで続けられていく。また33号「炭」(1999年6月)からは最終ページに「ダジアン─アンケート結果から　こころが通い合うコミュニケーションをめざして」として前号に対する読者の意見を紹介する場を設けており、双方向コミュニケー

第3章 業種別企業広報誌の分析考察(2)―個別分析

ションを願う編集者の心意気が読み取れる。さらに11号「竹」(1994年1月)からは表4に「石油博物小話」として手塚真知子(帝国石油(株)理事)の石油と地球に関する短いエッセイが掲載されており(28号「星」(1997年10月)からは椙岡雅俊(帝国石油(株)取締役)にバトンタッチ)、さりげなく石油企業の広報誌であることを匂わせている点も興味深い。

43号は前述したとおり特集は「亀」。野坂昭如(作家)などの著名人・研究者のほか、写真家、水族館関係者、水引工芸家、ライター、大学生、主婦など30人が文と写真をよせている。最終ページには、「ダジアンは次号よりリニューアルさせていただく」との案内と、内容・テーマについて希望があればよせていただきたいとの要望が書かれていた。

2003年秋、『DAGIAN』は環境文化誌『TERRE』(大地)として再創刊される。巻頭には「石油エネルギーは私たちが享受している経済的繁栄の原動力となってきたが、一方でこの経済的繁栄は地球環境に負担をあたえてきた」こと、コスモ石油は石油エネルギーの安定的かつ効率的供給を事業根幹としながら企業市民として環境問題への取り組みが最大の責務であること、企業コミュニケーション領域では環境問題について考え、行動する機会を創出していきたいこと、をあげ、「人の叡智を未来へとつなぐ環境文化誌『TERRE』」を発刊することをうたい上げている。そして「森と人間」を年間の編集テーマに設定、創刊号では《宮沢賢治》を特集している。A4判右開き33ページ、無料配本とある。

その後2004年「森」、2005年「水」と続いた年間テーマは、2006年からは毎号特集となる。そして2008年秋、『TERRE』は14号で突然休刊に至る。最終号の特集は「環境アート、環境デザインが伝える共生の行方」というもので、ニルス・ウド(現代美術家)、吉村元男(造園家)、手塚貴晴(建築家)らの活動を紹介している。休刊の辞はどこにもなく、突然の休刊であったことがうかがえる。同社HPをみても、『DAGIAN』『TERRE』の最終号写真が載せられてはいるものの、現在発行されているのは2004年から発行されている『社会貢献活動レポート』だけであり、それも2011年から紙媒体をやめ、PDFファイルのみ

となっている。コスモ石油の企業コミュニケーション領域で、紙媒体の時代は完全に終焉したと言えよう。

3-11　鉄鋼：新日本製鐵『スチールデザイン』[85]

　1950年、過度経済力集中排除法によって旧日本製鉄は解散、傘下の製鉄所は八幡製鐵（株）（八幡製鐵所を継承、資本金8億円）と富士製鐵（株）（輪西、釜石、広畑各製鐵所、および富士製鋼所を継承、資本金4億円）に分かれて再スタートした。そして20年後の1970年、両社は合併して新日本製鐵が誕生する。さらに2012年には住友金属工業と合併、新日鉄住金（株）としてスタートしている。日本最大の製鉄会社はどのような広報誌を出しているのであろうか。

　1950年の分割後、企業広報誌を発刊していたのは富士製鐵であった。国立国会図書館所収の前継誌『フジスチールデザイン』（33号（1966年2月）〜75号（1969年8月））は富士製鐵時代の広報誌である。国立国会図書館所収の最も古い33号を見ると、A4判左開き、40ページ、表紙はレオナルド・ダ・ビンチの飛行機の模型、内容は高山英華（東京大学教授）・土田旭（東京大学高山研究室）「都市の将来像」、伊藤学（東京大学助教授）「これからの橋」、岡村總吾（東京大学教授）「未来の電子工学」など、研究者の論文が11本並ぶという、まさに"お堅い"広報誌であった。

　1970年の合併後、同誌の後継誌として『スチールデザイン』はスタートする。国立国会図書館所収の『スチールデザイン』83号をみると、A4判左開きは変わらず、表紙が梅原龍三郎の絵とカラフルになっており、ページ数も52ページと増加している。しかし内容は金井洋（運輸省航空局技術部長）「戦後の航空機の設計の変遷」、など自社製品とその周辺の歴史、概要などに関する論文、エッセイが並ぶという前継誌と変わらない研究論文集的な広報誌であった。

　『スチールデザイン』最終号は298号（1988年2月）である。表1には大きく「最終号　長い間ご愛読ありがとうございました。本号を持って

第3章　業種別企業広報誌の分析考察(2)―個別分析

廃刊いたします」の文字が刻まれ、又その前号には新日本製鐵(株) 販売総括部長の挨拶文が挟み込まれ、「諸般の事情により」廃刊のやむなきに至ったとある。最終号は「21世紀特集」であり、21世紀の日本の国民所得、国際的地位、産業構造、農業、防衛力、都市、住宅、社会福祉、自然環境など17項目に関する予測論文が掲載されており、その研究論文集的な堅さに変わりはなかった。

　同社総務部広報センターによれば、1980年代当時の『スチールデザイン』では販売広報室が"最近の社会的問題等の論文を掲載"しており、同時期、広報企画室では『鉄の話題』（国立国会図書館で1号（1973年6月）～64号（1988年冬-秋）を確認）という"当社および鉄鋼業に関するレポートと生活の中の鉄などを親しみやすくまとめたもの"を発行していたという（ご教示を記して謝す）。

　2012年10月の住友金属工業との合併後、新日鉄住金の広報誌として華々しく登場するのが『季刊　新日鉄住金』である。合併以前新日鉄は『NIPPON STEEL MONTHLY』という広報誌（国立国会図書館で１号（1990年5月）～221号（2012年8・9月）を確認）を発行しており、最終号の巻末によれば、そのルーツは1926年に創刊された『販売旬報』であるという。一方の住友金属も『マンスリーレビュー』（パンフレット様のもの）を発行しており、同社HPによれば創刊は1989年5月、最終号は262号（2012年8月）となっている。

　この両誌が合併後、『季刊　新日鉄住金』として、新日鉄住金グループの経営情報・事業活動・環境への取り組み・技術開発などを紹介する広報誌として創刊されたのである。A4判右開き35ページ、第１号（2013年1月）は「特集　鉄道もの語り」として小野田滋（鉄道総合技術研究所）「鉄道の歩み」、田中真一（(財)研友社顧問）「新幹線に込めた技術のこころ」などのエッセイと共に、「新日鉄住金のものづくり　鉄道を支える鉄鋼技術図鑑」などがヴィジュアルな写真と共に掲載されている。自社製品の販売パンフレットから脱皮し、社会に向けて発信する広報誌づくりに挑戦していることがうかがえる。

　その後も「船と鉄　ものづくりの航跡」（第２号）、「製鉄所は発電

所」(第3号)、「鉄が拓く、鉄に挑む」(第4号)、「橋―鉄が架けるロマン」(第5号)と自社製品の可能性とそれを作る現場の情報発信に努めていることがわかる雑誌づくりとなっている。とくに第5号(2014年2月)の内容の豊富さには圧倒される。渡辺祥子(映画評論家)「橋のシネマ論　橋は愛、絆、成長と自立を育む」に始まり、藤野陽三(東京大学特任教授)「橋の歩み　より遠くへ、より安全に」で橋の歴史を語り、伊藤學(東京大学名誉教授)「未来にかけたものづくりの夢　本州四国連絡橋」で橋の技術論を学ぶ。さらに平野暉雄(橋の景観設計家・写真家)のフォトエッセイ「鉄の橋　橋を見にいこう」では東京の八幡橋(1878年に初めて国産の鉄で作られた橋、重要文化財)を始め、日本各地の現役の鉄橋が紹介されている。最後は「新日鉄住金のものづくり　橋の技術図鑑」として橋を架ける技術力を6ページにわたって紹介している。

　さらに本稿執筆時点の直近号20号(2017年12月)では、「ライフサイクル全体でエコを考えよう　何度でも何にでも生まれ変わる鉄」と題し、音羽悟(伊勢神宮広報室)「話のサステナビリティ　千三百年の時を超えて受け継がれる技と心」、市原英樹(大成建設生産技術推進部次長)「解体するだけでなく再生する超高層ビルの最新解体技術」など、鉄のエコマテリアルな側面をわかりやすく伝えており、興味深い誌面作りを行っている。歴史、文化、技術の多方面に目配りされた、新しいタイプの広報誌として、同誌の今後に期待・注目したい。

3-12　電気機器：日立製作所『日立』[86]

　日立製作所は1910年、久原鉱業所日立鉱山付属の修理工場として発足、同年創業者・小平浪平は電気機械の国産化を志し、5馬力誘導電動機を完成させている。1918年、技術研究・紹介を目的として日本の製造業初の定期刊行物『日立評論』を創刊しており、それに遅れること20年、専門誌である『日立評論』に対し、一般のお客様との間を結ぶ情報誌として1938年月刊誌『日立』(後に『ひたち』)を創刊する。明治以降

の急速な工業化を経て、日本が欧米に次ぐ技術力を身につけ、その恩恵が社会・家庭に浸透、その一方で都市化が進み、電化・機械化が進展し、大衆消費社会の基礎がつくられていった時代であった。

国立国会図書館所収の『日立』1巻1号（1938年1月）は、本稿執筆時点では製本中のため見ることができなかったが、閲覧可能冊子の中で最も古い4巻1号（1922年1月）を見ると、B5判変型左開きで25ページ、口絵2ページは「電力拡充と日立火力発電設備」、続いて「日立新型遠心清浄機」「荷卸し装置」「避雷器」「ベルトコンベヤ」など自社製品の説明文が並び、製品説明用パンフレットの大型版である。最後に日立評論社の「編集だより」が掲載されていることが唯一雑誌らしい点と言えよう。毎月1回発行、定価20銭なりの時代を感じさせる広報誌である。

『日立』は第二次世界大戦をどう受け止めていたのだろうか。残念ながら国立国会図書館所収は5巻12号（1942年12月）が戦前の最終で、21ページ、定価20銭、巻頭には「車両用可塑品」すなわち合成樹脂製品をあげ、「戦時下好適の金属代用品」であるとしている。6巻、7巻および8巻1号は欠号となっており、戦後の一番古いものは8巻2号（1946年7月）である。21ページ、定価5円、巻頭は「日立扇風機」であった。巻末の「編集後記」にはこれが復刊第2号であるとしている。8巻4号（1946年10月）は36ページで、「農漁村・食品加工用機器特集」である。「編集後記」では新日本再建は食糧問題解決からという昨今、時宜を得たものと自負していることが述べられていた。戦後復興期らしい高揚した息吹を感じさせる。

『日立』61巻2号（1999年3月）は表3に編集部から「読者の皆様へ」として愛読のお礼と共に、21世紀の幕開けを目前にし、新時代に向け、日立製作所のメッセージを伝えるメディアとして生まれ変わることを宣言、リニューアル版をご期待いただきたいとしている。

後継誌『ひたち』61巻3号（1999年5月）はそれまでのスタイルを大きく変えて登場した。A4判左開きが右開きとなり19ページ、本文はそれまでの横組みから縦組みに代わる。特集は「光る農業」である。米作

り、トマト生産など農業の各所で日立の製品が使われていることがうかがわれる。最終ページでは「新生日立をお伝えするために「日立」は全面リニューアルしました」と題し、社会との関わり、生活との結びつきを大切にしながら、日立グループの姿勢や活動を紹介していくこと、"人の息づかい"が感じられる内容、"開かれた情報"を心がけていくこと、をうたいあげている。新生とは何を指すのか。HPでは「事業グループを再編成し、それぞれを実質的独立会社として運営する経営体制に変更。ライフサイエンス推進事業部を新設」とあり、経営体制の変更を指すものと思われる。

65巻3号（2003年6月）からはページ数が36ページになると共に、隔月刊から年4回の季刊となっている。その後、71巻3号（2009年夏）で休刊するまで、科学・技術と社会、生活の結びつきをテーマに、71年の間消費者をターゲットにさまざまな情報を届け続けた。最終号の特集は「海を知り、海に学ぶ」とし、角皆静夫（北海道大学名誉教授）「海と地球環境」、川辺正樹（東京大学海洋研究所教授）・深澤理郎（海洋研究開発機構領域長）「深層大循環　その構造と気候変動」、永田俊（東京大学海洋研究所教授）・村井重夫（地球環境産業技術研究機構グループリーダー）「地球と海と生物をめぐる炭素循環」など、地球規模の気候変動の鍵を握る海のメカニズムの最先端研究を掲載している。環境保全・社会イノベーション事業に傾注する日立グループの広報誌らしい内容となっている。それだけに休刊が惜しまれる。

3-13　電気機器：富士通『Fujitsu　飛翔』[87]

　富士通株式会社は、1935年富士電機製造株式会社（古河電気工業が1923年に設立、現・富士電機株式会社）が電話部所管業務（交換、伝送）を分離し、富士通信機製造株式会社（現・富士通株式会社）として設立した企業で、通信機器専門メーカーとして発足、1938年には新工場（現・川崎工場）を竣工し、富士電機の川崎工場より移転している。1967年には事業内容の電子工業分野への拡大に伴い、「富士通株式

第3章　業種別企業広報誌の分析考察(2)―個別分析

会社」に社名を変更、1980年にはコンピュータ売上高で国内トップに躍進、1985年には創立50周年を迎え、さまざまな記念事業が実施されたことを同社『社史　Ⅲ（昭和50年～60年）』は伝えている。

　国立国会図書館所収の『Fujitsu　飛翔』特別創刊号（1989年12月）は、このような時代を背景に、創刊された。巻頭言では、第一に21世紀には時間と距離のないコミュニケーションが実現し、地球全体が巨大なネットワーク社会となること、第二に豊かな社会を築くためには、日本も地球社会の一員として何をなすべきか、一人一人が真剣に考えなければならないこと、第三に「飛翔」とは21世紀の未来へ翔びたいという富士通の願いであり、新しい絆を求めて本誌を発行すること、の3点が述べられ、創刊号では富士通のモットーである「夢をかたちに」を特集したが、次号からは世界の中の日本、技術と人間、創造性など、21世紀の豊かな地域社会を築くためのテーマを取り上げる、としている。A4判、64ページ、表1は法隆寺夢殿の入り口写真であり、内容は創刊特別対談・「夢を語る」として福井謙一（（財）基礎科学研究所所長）・山本卓眞（富士通（株）社長）、続いて「夢の巨人」として空海、レオナルド・ダ・ビンチ、関孝和、ライプニッツ、平賀源内、ガウディ、アインシュタイン、ディズニーなどが取り上げられている。最後は「コミュニケーションの夢」として、植物、動物、人間のコミュニケーションが取り上げられ、しめくくりは「ハイパーメディア・レボリューション　21世紀が見えてくる」として、マルチメディア環境を取り上げている。まさにコミュニケーション革命の先端を行く雑誌となっている。

　その後『飛翔』は年4回、毎回特集記事を組みながら発刊されていく。30号（1998年1月）では30号特集として「グローバルスタンダード」を取り上げると共に、表4の囲みの中に、「つなぐ　人を時代をそして世界を」とし、新しい文化の創造と豊かな社会の実現に貢献していく企業であること、『飛翔』もクロスカルチュラル・インターフェースを基軸として雑誌づくりを目指すことを宣言している。

　『飛翔』のページ数が減り出すのは12号（1993年4月）からである。65ページから49ページとなり、33号（1998年12月）からは37ページと

なっていく。33号の編集後記では日本経済の景気回復の出口が見えないことに触れ、日本の「円」を取り巻く環境が変わりつつあることを述べている。そして656号（2011年11月）で予告ないまま最終号を迎えている。表紙は梅とメジロの写真であり、特集は「身近なアジア」。「高度成長のアジアと歩調を合わせずに、低成長期に入った日本の未来もありえない」として後藤康浩（日本経済新聞社編集委員）「成長する新興アジアのモノづくり力」、川端基夫（関西学院大学教授）「アジア消費市場の読み解き方」、鈴木勝（桜美林大学教授）「日本を旅する東アジアの人々」、福田晋（九州大学教授）「「食」をめぐるアジアの地域交易」、の4本のエッセイが掲載されている。最終号まで、新しいビジネス環境の下で、個を生かし、全体最適のためにはどうすべきかという未来に向けて「翔ぶ」ために必要なものを考え、その手がかりを読者にあたえ続けた広報誌であった。

3-14　その他製造業：コクヨ『ECIFFO　the magazine about the office』[88]

　コクヨ株式会社は、1905年黒田善太郎が、大阪市西区堀江で黒田表紙店を起こし、和式帳簿の表紙の製造を開始したことが嚆矢である。その後1913年洋式帳簿の既製品化開始、翌1914年店名を「黒田国光堂」と改称し、伝票、仕切書、複写簿、便箋の製造を開始する。1917年には商標を「国誉」と定めた和帳、洋式帳簿、伝票類の製造をもって紙製品製造メーカーとしての立場を確立したコクヨは、帳簿紙の国産化とコクヨ便せんのヒット（伊東深水ら一流日本画家の色紙つき書簡箋）をもって、紙製品業界のトップ企業となる。さらに第二次世界大戦後、いち早くファイル、ノートなどの事務用品、アルバム、スチール製品分野に進出を果たし、オフィス・事務用機器のトップ企業となっている。

　国立国会図書館所収の『ECIFFO』1号は、1988年2月創刊である。B4判43ページ、巻頭には見開きで「ECIFFO創刊によせて」として、オフィスは生活のステージであること、1988年の今、国際化、24時間都市、インテリジェント化、企業価値の見直し、ビジネス新人類の登場な

第3章　業種別企業広報誌の分析考察(2)—個別分析

どの企業環境の変化がオフィスのあり方まで変えようとしていること、『ECIFFO』はその変化の方向性と新しいオフィス像を追求するべく、「オフィス空間の魅力化」をテーマに、「オフィスの進化」を目指す情報誌であることを宣言、オフィス多様化の時代の柔らかいメディアでありたい、としている。

特集1は「主張するオフィス」として当時欧米でもっとも注目されていたアメリカのアパレルメーカー、エスプリ（ESPRIT）を取り上げ、その社長、ダグラス・トンプキンスが表紙に、また、イタリア・ミラノ市に完成したばかりの同社の先進的スタジオ兼オフィス（デザインは、アントニオ・チッテリオ）を紹介している。特集2は「日本的空間の歴史的考察」として、吉田光邦（科学史家、京都大学名誉教授）により、「日本人にとっての快適な居住」が5ページにわたり豊富な写真とともに追求されている。

その後リニューアルされる24号までは、特集1はその時々でもっとも注目される企業トップ、建築家などが表紙に登場、彼らの「進化するオフィス」を紹介、特集2ではそのオフィスを彩る家具、もしくは「日本的空間の歴史的考察」がシリーズとして繰り広げられている。

『ECIFFO』は2009年春の53号で「雑誌媒体の全面見直しに伴い・・・今号を持って休刊」するとした。最終号編集後記には、編集長・岸本章弘の以下の言葉が刻まれている。

　「オフィスデザインに於いて一般解はなく、それぞれが百社百様の特殊解である。目指すべきは、「最新」でも「最高」でもなく、「最適」である。・・・それぞれが固有の条件と課題に対するユニークな解答だった」
　「今日のビジネス環境は、変化することがむしろ常態」であり、弊誌も同様である。しかし20年以上にわたって、そのスタンスを変えずにいられる環境があたえられてきたことに感謝したい。そして、次の変化に向かっていこう」

同社HPによれば2年後の2011年10月、『ECIFFO』の後継誌『WORKSIGHT』が創刊されるとあり、国立国会図書館で1号（2011年10月）〜12号（2017年12月）を確認した。創刊のプレスリリースには、社会・経済・企業の変化がめまぐるしく、働き方や仕事の価値観も変わりつつ

あること、この変化の中で成長する組織や個人の働き方に着目し、それらを支える環境やプロセスを紹介する新しいワークスタイル研究媒体『WORKSIGHT』を創刊したこと、合わせて専用WEBサイト「WORKSIGHT」を開設したこと、「WORKSIGHT」の由来は、「WORK（働く）」と「SIGHT（見方、視界、風景、照準）」の造語で、同音で「SITE（現場、場所）」という意味も含めていること、の3点が述べられている。新しいかたちのクロスメディアの誕生である。

創刊号は56ページ、A4判左開き、表1題字の横には「働くしくみと空間をつくるマガジン」とある。特集テーマは、「外とのつながりで発想するオフィス」と題し、ザッポス（ネット通販）、ゴア（ゴアテックス）、日建設計など国内外6社の先進事例、および2011年二子玉川に設立された協働ワークプレイス「カタリストBA」を紹介している。

その後紙媒体は年2回、WEB版は毎月発行されている。本稿執筆時点の紙媒体直近号12号（2017年12月）は「特集　レガシーと革新のロンドン」として、巨大金融機関・バークレイズ、衛星放送局・スカイなどのオフィス紹介だけでなく、世界最大のコリビング・ザ・コレクティブ、オリンピックパーク跡地に建設されたピア・イーストなど、都市の新しい職住環境6ケースが紹介されている。2017年4月刊行の11号では「スタートアップ都市ベルリン」であり、次号13号はニューヨーク特集という。世界各国の最先端を行く「働くしくみと空間」を意欲的に紹介していく雑誌として、目が離せないものになってゆくことが期待される。

3-15　卸売・小売業：日商岩井『月刊トレードピア』[89]

日商岩井は、1968年にともに金属部門を強みとする岩井商店・岩井産業と鈴木商店・日商が合併してできた総合商社であり、2003年には日本綿花・ニチメンと合併、双日株式会社を設立している。

岩井商店は、岩井勝次郎の義父である岩井文助が1862年に大阪に雑貨舶来商を開始したことに遡る。岩井勝次郎は丁稚として入店し、神戸の居留地に通いながら西洋の文化に接することになる。1896年に岩井勝次

第3章 業種別企業広報誌の分析考察(2)—個別分析

郎は独立し、岩井商店を設立。居留地における外国商館との不平等な取引慣習に常々不満をもち、大阪で初めて海外の商社と直接取引を開始している。また、それまで外国商館との取引は洋銀前払い決済が主流であったが、勝次郎は当時横浜正金銀行副頭取であった高橋是清に頼みこみ、個人商店として初めてトラスト・レシート（信用状）による輸入貨物の引取りを行った。さらに勝次郎は、鉄鋼製品の輸入を開始し、八幡製鉄所が稼働すると同社の引き受け問屋となった。

　一方の鈴木商店は、1874年、鈴木岩次郎が神戸で洋糖引取商を創業したのが嚆矢である。1894年岩次郎は急死するが、その後を受けた大番頭・金子直吉は、「三井三菱を圧倒するか、しからざるも彼らと並んで天下を三分するか、これ鈴木商店全員の理想とするところなり」と発したという。台湾樟脳油の販売権を獲得した鈴木商店は、1917年、当時のGNPの1割に匹敵する売り上げを上げ、日本一の総合商社となる。しかし第一次世界大戦が終了すると、反動不況が襲い、今までのインフレからデフレの時代に突入し、鈴木商店の急拡大策も裏目に出てしまう。さらに1923年の関東大震災が苦境に拍車をかけた。そして1927年、鈴木商店は破綻してしまう。旧鈴木商店の若手幹部であった高畑誠一らは鈴木商店の残党組を伴って僅か39名で「日商」を設立する。第二次世界大戦後、日商は、戦後民間企業として初めて米国・ニューヨークに事務所を開設、1951年に民間貿易再開後初となる船舶輸出を行い、以後日商は船舶と舶用機器の輸出では常にトップシェアを誇るようになる。

　そして1968年に、同じく金属部門に強みのある岩井産業と合併して誕生したのが日商岩井であり、鉄鋼・金属部門と船舶部門を中心に世界に伸びる総合商社となる。

　1990年代末からは、バブル崩壊の後遺症、アジア経済危機などにより経営環境は悪化、総合商社はこれまでの規模追求から効率性を重視する時代となる。資産リストラを断行する一方で、他商社とのアライアンスを進めた。特に日商岩井、ニチメン間では、情報通信、建材、合成樹脂、化学品、石油・炭素、石炭・鉱石事業における事業統合を実施、そして2003年、両社は経営統合し、ニチメン・日商岩井ホールディングス

を設立し、翌年には双日株式会社が発足した。

　国立国会図書館所収の『月刊トレードピア』1号（1970年10月）は、A4版左開き40ページのものである。取締役社長・辻良雄の「ごあいさつ」は、PR活動の一環として発行すること、業界情報および海外事情を紹介し、同社への理解を深めて欲しいことを願っている。表紙は合衆国の形に切り取られたアメリカ各地の写真をレイアウトしたものである。巻頭は鼎談「海外資源開発をどう進めるか」（資源開発大学理事長・加賀山一、日商岩井副社長・貞広寿一ほか）に続き、特集として仮想座談会「もし、石油の輸入がストップしたら・・・？」が6ページを占めている（これはまさに5ヶ月後に現実のものとなった）。そのほかシリーズ「世界企業訪問①ボーイング社」「大使館訪問①アメリカ」「いま世界でなにがおこっているか　ワールド・レポート」（海外駐在員レポート、最終号まで継続）など、金属・資源関係に強い総合商社の広報誌らしさを醸し出している。

　目次の横には、「Tradepiaとは—Trade（商業、貿易、交換、顧客etc）とUtopia（理想郷、ユートピア）を語源とする合成語。Dreams come true througu trade—貿易と商業を通じて世界の平和と繁栄に大きく貢献したいという願いをこめた言葉で、その願いが達成された状態を〈トレードピア〉と呼ぶ」（トレードピア宣言）とある。その編集方針として、「雑誌発行の直接の動機は、総合商社である日商岩井の本当の姿を広く理解してもらう」こと、「総合商社とは何か、商社マンとは何か・・・そうした点を考えてゆくうちに、《トレードピア》という概念にたどりついた」としている。具体的な3本柱として、第一にインターナショナルな問題の把握、第二は総合商社の機能追求、第三にビジネスマンの人間的側面の掘り下げ、をあげている。

　それを具現化するために、第6号（1971年3月）からは「アフリカ」（6号）、「オーストラリア」（8号）と毎号特集を組むスタイルをとっているが、自社の活躍する地域特集のみではなく、「日本人・国際人」（7号）、「海外駐在員の意識と行動」（11号）、「貿易未来考」（13号）など、グローバル化する日本人とそれをとりまく国際環境の変化を鋭く切り

第3章　業種別企業広報誌の分析考察(2)―個別分析

取ったテーマであったことは刮目に価しよう。

　1979年1月、『月刊トレードピア』は100号記念号を迎える。A4判左開きは変わらず、水野修二（ジャーナリスト）「ナイルの白い城」、松浦敬紀「激動の8年を時代とともに」の日本の特集記事のほか、「マスコミスト・オピニオンリーダーからの発言　商社情報の新たな質と意義を問う・・・」として18名からの発言を全44ページ中6ページにわたり紹介している。マスコミに刺激をあたえ、"考えさせる"広報誌となっていることが読み取れる。

　200号（1987年7月）は「特集　世界の日本食事情」である。巻頭「ワールド・レポート」は「世界の日本食事情」としてハバナ、カイロなど世界24都市の日本食事情を現地駐在員がレポートしている記事が全64ページ中26ページにわたり掲載されている。さらに「ガイド　駐在員が選んだ世界の日本食レストラン25選」、「座談会　海外駐在員夫人の日本食奮戦談・・・それでもやっぱり日本食が♡好き」など、肩のこらない記事で海外での日本食ブームの最前線を伝えている。「編集部から」には200号を迎え、何のお祝いも用意してなかったが、先日PR研究会の全国PR誌コンクールで総合最優秀賞を受賞したことを、こっそり報告しているのはほほえましい。

　300号記念号（1995年12月）は「特集　2020年・未来への提言」である。前半はインタビューが3本、リチャード・フェアバンクス（戦略国際問題研究所・常務理事）、ウィリアム・クラーク（同・ジャパン・チェア）「2020年の世界地図　二極から多極へ移行する世界動向の全方位的予測」、島田晴雄（慶應義塾大学教授）「2020年の世界地図　日本の産業構造改革の成否が鍵を握る世界の繁栄」、岡﨑久彦（博報堂・特別顧問）「2020年の世界地図　日本の長期的安全保障は日米同盟の堅持が命綱に」である。後半は「座談会　マルチメディア新世紀―成熟への模索と可能性」、「座談会　商社マン・スピリッツの変容―普遍的資質と21世紀型資質を問う」の座談会2本の後、「Tradepia25年のあゆみ」として沿革が4ページにわたり掲載されている。「編集部から」には記念号として過去を振り返るのではなく、25年先を見通す企画としたこと、そ

の2020年はまさに今もう始まっていることを実感した、とあった。まさに世界の最先端をいく商社の企業広報誌としての面目躍如たるものがある。

しかしその2020年をまつことなく、第339号（1999年3月）をもって『月刊トレードピア』は突然の休刊を告げている。その背景にあるのは、双日HPにあった経営環境の悪化にあると推測される。

休刊号表2の「休刊にあたって」挨拶には、(ⅰ)再開の計画は具体的にはまだ固まっていないが、電子媒体への展開をも睨みながら、3年後にはお目にかかりたいこと、(ⅱ)1990年には"トレードピアの創造"が当社の企業理念として制定されたこと、(ⅲ)創刊号以来の連載である、海外駐在員の執筆による「ワールド・レポート」の総数は5000本を超え、それを支えてきたのは日商岩井の「自由にものが言える」「若手のやる気に答えてくれる」社風であること、が述べられている。

表紙は1月号から始まった「世界の港」シリーズの第3作「英国・デヴォン」、A4判左開き、44ページと形態は創刊号と変わらない。巻頭と巻末は「ワールド・レポート」が合計20ページを占めており、ページも淡いイエローでいかにも『トレードピア』の顔であることをうかがわせる。それに挟まれる形で特集「武士道と騎士道」が組まれ、赤羽根龍夫（神奈川歯科大学教授）「武士道と騎士道―その源流と変遷を探る」、編集部「騎士道的リーダーシップのすすめ」、清水光夫（作家）「現代社会と武士道的精神」のエッセイ、さらにシリーズで連載されている「7カ国語で遊覧することばの旅―世界のことば」「この人と一時間」「調査部レポート」など国際色豊かな、ちょっと硬派の記事内容が並ぶ。

巻末の「編集部から」には休刊の間にも時代の変化に錆びることなく〈トレードピアの創造〉という企業理念を次世代に継承していきたいこと、グローバリゼーションの進展の元、「この国」はどこに錨を下ろすのか、「日本人」はどこへいくのかがこれから掘り下げるべきテーマであろうこと、が綴られていた。

3年後、その再開計画はどうなったのか。日商岩井、ニチメン間では、情報通信、建材、合成樹脂、化学品、石油・炭素、石炭・鉱石事業

第 3 章　業種別企業広報誌の分析考察(2)—個別分析

における事業統合を実施、2003年、両社は経営統合し、ニチメン・日商岩井ホールディングスを設立、さらにその翌年には双日株式会社が発足し、広報誌再開の夢は終わっている。新しい企業のもとで、〈トレードピアの創造〉という企業理念は失われてしまったのだろうか。

3-16　倉庫・運輸業：日本国有鉄道『R』[90]

　日本国有鉄道とは、日本の国有鉄道事業を主たる目的として1949年6月に設立された公共企業体であり、国鉄と略称した。1872年10月14日新橋〜横浜間29kmの鉄道開業式が行われ、この日から日本国有鉄道の歴史が始まった。当時は工部省鉄道掛が運営にあたった。1906年の鉄道国有法によって幹線の私鉄が買い上げられ、07年度末にその営業キロは7153kmとなった。経営の主体は逓信省鉄道作業局を経て、07年4月帝国鉄道庁となり、翌08年鉄道院となった。第二次世界大戦後、日本国有鉄道法に基づき、従来運輸省鉄道総局に属していた鉄道事業などの国営諸事業を合理的に運営することを目的として、政府の全額出資により設立された公共企業体の一つである。

　国立国会図書館所収の『R』第2号は、1960年2月に刊行された。A4版右開き、44ページ、表紙はR（Railways）をイラスト化したもの、表2は周遊券の自社広告、表3は「数字で見た国鉄」（線路、停車場車両、設定列車キロ、運輸数量など）、年4回発行の季刊誌である。

　内容を見ると、経済評論家・稲葉秀三「国鉄経営と公共負担」の辛口エッセイを巻頭に、「何が本当のサービスか」（朝日新聞論説委員・荒垣秀雄）、「対談・新幹線をつくる」（東工大助教授・桶谷繁雄、国鉄技師長・島秀雄）、「アタマの痛い通勤ラッシュ」「高い貨物・安い貨物」「割引にっぽん」など日本国有鉄道ならではの意見広告記事が並ぶ。読者層はどのあたりを想定していたのか、疑問が残る内容である。

　61年からは月刊となり、ページ数は22ページと半減する。表紙は瀬戸内海因島付近の写真、内容は「対談・新春よもやま話」（徳川夢声・十河信二）を筆頭に、経済人やエッセイストの随筆集「車窓」、漫画家・

六浦光雄「キップのささやき」、「勤め人に辛い話」などの柔らかい内容のほか、「ローカル線の新春」（御殿場線）、「黒潮洗う南紀から志摩へ」などのフォトエッセイもそれぞれ4ページずつはいり、ヴィジュアル度を高めようと努力していることがうかがえる。ターゲットはオピニオンリーダー、鉄道ファンに定めたことが推測される。

1964年10月号は東海道新幹線開通に伴う特集号である。表紙写真は表1が東京有楽町、表4が京都東寺あたりの新幹線写真、表2は日本国有鉄道総裁・石田禮助の「ごあいさつ」である。内容を見ると、「対談・ぜひ乗ってください」（経団連会長石坂泰三・石田禮助）を中心に、フォトエッセイ「輝かしい出発」（東京駅新幹線フォーム）、「期待をのせて」（一等車・二等車の車内と沿線牧ノ原トンネルあたりの風景）、東工大教授・桶谷繁雄の「国鉄バンザイ！―新幹線試乗記―」、漫画家・六浦光雄「沿線マンガ案内」などが並んでいる。ページ数は23ページと変わらないが、全社を上げて新幹線開通を喜び、多くの乗客を呼び寄せようとする広報意欲が伝わってくる。

その後分割・民営化の嵐にさらされる1980年頃から『R』のページ数は16ページとほぼパンフレット状のものになってゆく。さらに国鉄再建管理委員会の答申が行われた1986年には毎号のように二杉巌総裁をはじめ各常務理事らがさまざまな分野の人たちと対談を行い、分割・民営化への国鉄の姿勢を広報していった。と同時に分割民営化と並んで三大課題といわれた「余剰人員問題」「長期債務問題」への国民の理解を求めるために、前者についてはさまざまな派遣業務に携わっていること、新業態に向けて企業研修を行っていることをヴィジュアルレポートの形で、後者については財政危機から国鉄改革は一日も早く実現しなければならないこと、ローカル線の切り捨てはおこらないこと、をＱ＆Ａの形で啓蒙し続けていった。

87年1月号から3月号はまさに同年4月1日に迫った新会社等の発足にむけての集大成であり、3月号の表4には「終刊の辞」として、(i)29年間のべ314号発行し続けてきたこと、(ii)近年国鉄改革の必要性やその内容を知ってもらい、ご理解、ご支援をお願いすることを基本方針とし

第3章　業種別企業広報誌の分析考察(2)―個別分析

てきたこと、(ⅲ)今後は各会社は地域住民に親しんでもらえるよう新しい広報誌を発行する予定であること、を述べて、変わらぬご厚情とご愛読を願っていることで終わりの言葉としている。

　その後全国を6分割した新生JR各社はどのような広報誌を出しているだろうか。国立国会図書館所収のものを検索したところ、以下の結果が浮かび上がってきた。

　　JR北海道：『The JR Hokkaido：北海道旅の情報誌』、月刊、継続刊行中
　　JR東日本：『JR east』、月刊、1987年4月〜1994年3月（交通新聞社）、1994年4月〜継続刊行中（JR東日本企画）
　　JR東海：　『ひととき』、季刊、1989年春〜1992年夏まで所収、その後不明
　　JR西日本：『Blue signal』、隔月刊、1987年5月〜継続刊行中
　　JR四国：　検索結果なし
　　JR九州：　『窓』、No.83（1995年秋）-no.112（2003年冬）を国立国会図書館で所収、以後休刊

　本節では後継誌として『JR east』（JR東日本広報室、1巻1号（1987年4月）〜36巻3号（1994年3月）、1巻4号（1994年4月）〜現在刊行中）を選択した。その理由は、月刊であること、JR東日本広報部が編集していること、歴史が一番古くかつ現在も継続刊行中であること、の3点である。

　『JR east』は1987年4月、分割民営化された新会社発足と同時に創刊された。A4版右開き、24ページ、表紙は1、4ともに内部で4ページにわたって掲載されている「東京現代PHOTO散歩23区　千代田区」のスポット写真、内容は東日本旅客鉄道の山下勇会長、住田正二社長の「ごあいさつ」にはじまり、JR東日本の組織図、スタート式典の写真、楠本憲吉（俳人）・草柳文恵（テレビキャスター）の「期待します　JR東日本」など、お祝いムードのものとなっている。最終ページには「創刊の辞」として、(ⅰ)4月1日「JR東日本」がスタートしたこと、(ⅱ)営業エリアは広範であるが、地域の皆様にきめ細かなサービスと提供する柔軟な鉄道会社を目指すこと、(ⅲ)新会社のいろいろな側面を知っていただくために、『JR east』を発刊すること、(ⅳ)会社の経営や営業の現状、

楽しい旅へのお誘い、ジョイフルトレインの紹介などを通して、読みやすく親しまれる雑誌を目指していること、が掲げられている。民営化の第一歩としてサービスを第一に、利用者に親しまれる誌面作りを目標としていることがうかがえる。

　1993年、民営化から6年を経た『JR east』は大きく変容している。判型はB4判右開きとひとまわり大きなグラフ雑誌となり、ページ数は23ページと変わらないものの、内容は特集に多くを割き、そのテーマは、一般の企業経営雑誌と遜色のないものとなっている。その背景にあるのは1993年10月に行われたJR東日本の株式上場である。この2年間の『JR east』の特集テーマを見ると、最も多いのは上場関連であり、そこに見られるのは、余剰人員問題、土地利用問題、借金の3点に関して理解を求めるものである。ついでサービス向上に関するテーマも多いことがうかがえる。

　1994年4月号から発行所はこれまでの（株）交通新聞社から（株）ジェイアール東日本企画へと移っており、この号から1巻4号となる。さらに上場1年後の1994年11月号は特集「上場から一年を迎えて」であり、吉田耕三・JR東日本常務取締役が「五つの課題」として財務体質の強化、自己責任の原則、コストダウンの進展、安全とサービス、関連事業の強化によって、株主への責任を果たしていくことを強調している。また、北川大三郎・野村證券公共法人部次長が「上場企業としての宿命」として経営的な新しい展開が重要であり、その具体策として(i)サービス産業としての新しいソフト開発（価格破壊による国内旅行の活性化など）、(ii)本業の鉄道業とグループを含めた関連事業の比率を高めること、の2点を求めていることは興味深い。全23ページ中この特集記事が占めるのは10ページであり、そのほかは「松本、安曇野」の旅行勧誘記事、「FROM EAST」として12月3日のダイヤ改正解説、シュプール号誕生10周年記念、スキーシーズンに向けて増発列車運転など、利用者を旅に誘うためのさまざまな記事が掲載されており、株主にむけてのサービスに力を入れていることがうかがえる。

　その後の『JR east』はどのように変容していったのであろうか。

2017年1月〜直近号である2018年2月号をみると、特集テーマは一見鉄道事業と関連性が薄いものが並んでいる。しかしよく読み込むとその一つ一つが、現在のJR東日本の事業内容と切っても切れないものであることがわかる。

　毎年3、6、9、12月号は季刊号で、日本経済社会およびJR東日本が直面しているテーマが設定されており（例えば2017年12月号は「鉄道の旅の可能性」）、それぞれのテーマに合わせた研究者・ビジネスパーソン（含むJR東日本役職者）のインタビュー記事が5本、エッセイ3本、「本を読む」（読書案内）1本、さらにその時々のテーマに合わせたエッセイ3本（17年12月号は「温泉旅行」）が並んでおり、ページ数は35ページと盛りだくさんである。

　その他の月、合計8回は通常号で、JR東日本の今後の課題についてのテーマが設定され（例えば2018年2月号は「一体感あるグループ経営」）、テーマに合わせたインタビュー記事2本のほか、私の地域再発見、大人の旅路、ステーション物語、東京ステーションギャラリー、路線点描などの鉄道事業関連の連載記事がならび、最後は「Ever Onward　限りなき前進」として、鉄道・関連事業双方におけるJR東日本社員の横顔を紹介する連載記事でしめられ、JR東日本が手がけている事業が一層多角化していることをうかがわせる雑誌となっている。

　ページ数は23ページと季刊号と比較して薄手ではあるが、JR東日本の運輸・関連生活事業が直面している問題と、疲れない旅行記事が適度に混在しており、手頃な読み物となっていることは評価できる。

3-17　倉庫・運輸業：日本道路公団『みち』[91]

　日本道路公団とは、日本道路公団法に基づいて、高速道路・一般有料道路および関連施設の建設・管理を統括した特殊法人であり、1956年に設立された。2005年に民営化され、施設の管理運営・建設については、東日本高速道路株式会社、中日本高速道路株式会社、西日本高速道路株式会社の3社が分割して引き継いでいる。

『みち』は公団創立15周年になるのをきっかけに、1970年1月に創刊された。

電通アドミュージアム東京資料室所収の創刊号（1970年1月）はB5判変型、42ページである。巻頭は東名高速道路酒匂川橋の見開きカラー写真と御殿場市の小学校4年生の詩「ハイウェー時代がやってきた」が掲載されている。目次の上には日本道路公団総裁・富樫凱一の挨拶として、みちという言葉には、古来いわれてきた人の道があり、新しくは車のみちとしてのハイウェイがあること、"人の手によってつくられた道"に"人の道"を加えたいという願いを込めてこの小冊子を発刊すること、この冊子を通じて読者と一緒に考え、意見を交換し、本当の血の通った"みちづくり"のためのアドバイザーとしたいこと、としている。

高速道路特集として、1「座談会：高速道路の事故を考える」岡並木（朝日新聞編集委員）、宇留野藤雄（日大生産研究所教授）、俵萌子（作家）、続いて道路公団職員らによる「高速道路の安全管理」、「高速道路の安全設計」、「徹底的な罰金制度がそこにある」の小論文が並んでいる。ハイウェイの写真4ページを挟んでメディア関係者によるエッセイ「ルポ　ハイウェイの裏方さんたち」（週刊朝日）、「ウルトラCに挑む関門架橋と恵那山トンネル」（読売新聞）、「中央高速道路に見る　二車線高速道路の課題」（NHK）が掲載されている。

巻末「編集室」には、日本道路公団広報課としては、初めての社外報であること、単に公団の事業紹介を目的としたものではないこと、公団の本来の事業目的と関連した、大きな社会問題、小さなつぶやきを取り上げ、読者と一緒に考え、解決をはかり、さらに多くの読者に知っていただくための雑誌であること、を宣言している。表4に印刷された「人間社会と車社会の進歩と調和を考えよう」の言葉に込められているように、オピニオン・リーダーに向けて車社会のあり方を情報発信する季刊誌であることがうかがえる。

5号（1971年4月）の「編集メモ」には1月28日付朝日新聞"標的"欄にこの雑誌を面白いPR誌であると紹介されたこと、「きれいな写真を

第3章　業種別企業広報誌の分析考察(2)―個別分析

並べたPR誌でありながら、タイトルに示すごとく、実態はきれいごとばかりじゃないところにおもしろさがある」とされた、と述べている。また6号からは特集（「有料道路制度」「総合交通体系を考える」などのテーマを扱った論評）の他に「ドキュメント」（架橋工事、トンネル工事、メンテナンスなど現場工事者の写真付きインタビュー）、「ハイウェイ・ジャーナル」（全国紙に取り上げられた高速道路関連記事）、「若い広場」（大学生を中心とした若年投稿者の意見欄）など、肩のこらない読み物が掲載されるようになっており、ターゲットを若年層に広げようとしていることがうかがえる。

　1995年8月、『みち』は創刊25年、発行100号を迎える。創刊当時、東名名神を中心とした日本の高速道路の総延長621キロにすぎなかったが、このときには5815キロ、全国47都道府県を網羅するに至っている。『みち』の役割や内容も、創刊当時の高速道路そのものや、高速道路での運転方法を周知させる特集テーマが組まれていたが、このころには社会経済、環境、経営などの広範なテーマを題材とし、日本社会における高速道路・道路公団の役割を広く社会に広報する雑誌となっていた。そして101号からは判型を大きく変更（A5判変型42ページからB4判47ページへ）、内容も日本経済社会と高速道路の関係から、新しいネットワーク紹介、世界各国の高速道路事情、道路公団の経営・財務分析紹介が多くなってきていることは興味深い。

　2004年4月、『みち』は最終号を迎える。高速道路の開通延長は7300キロとなっていた。特集テーマは「東北自動車道　その周辺―東北ネットワーク形成の枢軸」、その他「FROM WORLD―タイの道路事情」、「HOW TO MAKE GOOD USE―ロケーション撮影の高速道路」、「現代へのメッセージインタビュー――吉原義人、鋼の美を鍛造する」などが掲載されている。全41ページ中24ページがこうした特集・連載記事であり、そのほかは日本道路公団が行う有料道路事業関連の情報ページである。最終ページには「発行終了について」として(i)34年4ヶ月のご愛読に感謝すること、(ii)特集テーマに於いて高速道路の発達が経済・文化・産業のあらゆる分野に及ぼす整備効果を伝えてきたこと、(iii)民営化の暁

には新コンセプトに基づく新しい広報誌を発行したいこと、が述べられている。

3-18　情報・通信：岩波書店『図書』[92]

　岩波茂雄（1881～1946）は長野県諏訪市の出身で元々教職にあったが、1913年書店開業のため神田女学校・東京女子体操音楽学校の職を退き、東京神田南神保町に「岩波書店」を開業する。主として古本を販売し、同時に新刊図書・雑誌も扱ったという。翌1914年には漱石の『こころ』を出版、著者の自費出版のかたちで発行されたが、岩波書店の出版活動としてはこれが処女出版と見なされる。1921年雑誌『思想』を創刊、1927年には岩波文庫を、1928年には「岩波講座　世界思潮」を出し始め、岩波書店は名実ともに日本を代表する出版社となる（『図書』1960年4月特別号「一万冊の本―読者に訴う」より）。ちなみに岩波新書創刊は1938年である。

　国立国会図書館所収の戦前の『図書』をみると、その前誌『岩波月報』は、3年24号（1938年1月）～3年30号（38年7月）まで刊行され、その後『図書』と名前を変え、7年83号（1942年12月）まで刊行されている。『岩波月報』の前身は「岩波書店新刊」で1936年2月に刊行された簡単なパンフレット状のもので、その月の新刊を知らせる「新刊案内」として予約出版物にすり込んで読者に届けられ、不定期ではありながら23号まで続いたという。

　『岩波月報』3年24号の表1は、岩波書店のシンボルマーク・ミレーの「種をまく人」である。巻頭には岩波茂雄「年頭の言葉」として武力日本の世界的地位は揺るがないものの、学問、芸術、技術、産業は著しく立ち後れていること、自分は出版を業務とする帝国一臣民として、出版道を通じ、文化日本の地位を向上せしむべく君国に報ずる覚悟であること、を述べている。次いで石原純「書物随想」、豊島與志雄「一つの言葉，」谷川徹三「樹相」、本田顕彰「文化人の徽章・岩波文庫」、出隆「戦・酒・女」とエッセイが並べられ、ついで宮沢俊義「『法律学小辞

第3章　業種別企業広報誌の分析考察(2)―個別分析

典』の編集者の一人として」、粟田賢三「『哲学小辞典』増訂版刊行に際して」、五島茂「『世界経済年表』」、矢崎美盛「阿部次郎氏著『秋窓記』」、Z・S「『哲学と科学との間』」(田辺元博士著書)、など岩波が出版した書籍の評が続いている。その後「図書館協会推薦図書　第75・6回」として5冊の短い書評が並んでいる。全40ページ中後半の13ページは岩波の新刊案内である。その後3年30号まで表1は変わらずミレー「種をまく人」であった。

　3年31号(1938年8月)より『図書』と改題、表1はバビロニアの騎士像レリーフとなる。安倍能成「紙の節約と広告」、本多顕彰「沙翁時代の風俗2」、中谷宇吉郎「ツン湖のほとり」の3本のエッセイが並び、続いて「海外文化ニュース」のあとに佐藤春夫「小宮氏の『夏目漱石』を読む」、日夏耿之介「永井荷風氏『おもかげ』を読む」などの書評が4本並ぶ。編集後記「岩波通信」には改題したこと、「名は体を現さねばならぬ。これからは一段と内容を充実し、広く図書人の手放し難い伴侶に育て上げてゆきたい」との決意表明が述べられている。全40ページの後半10ページは岩波の新刊案内である。

　『図書』7年81号(1942年10月)の「岩波通信」では、あと2号で廃刊しなければならなくなったこと、その理由は日本出版文化協会で読書・出版関連月報を発行することにより、各書店が発行している月報類はこれに吸収されることにある、としている。さらに『岩波月報』時代は純然たる広告雑誌であったが、『図書』と改題すると共に読書・出版に関する一般雑誌の方向に進んできたので、誠に遺憾に思っていること、終刊号は例月よりもはるかに内容を充実、執筆者も豪華にしてお届けしたい、と述べている。

　その終刊号にあたる7年83号(1942年12月)の内容はどのようなものか。巻頭には11月3日に行われた回顧30年感謝晩餐会場の写真が4ページにわたり掲載されている。里見弴「読書について」、西田幾多郎「明治24、5年頃の東京文科大学専科」、高村光太郎「三十年―朗読のための言葉―」、坪井忠二「「数学通論」を読んで」の4編がならび、「岩波通信」では「人を愧づべくんば明眼の人を愧づべし」という道元禅師の

言葉を引用し、自分たちも具眼の士に擬人せられることをひたすらに願い、短見者流の喝采をむしろ愧じつつ今後の仕事を進めてゆきたいこと、自分たちが愧づるに足る明眼の人が、読者諸賢の間に少なからざることを、信じてゆきたい、と結んでいる。その後「良書紹介」として芦田均以下11名が「良書」を紹介、ついで「回顧三十年感謝晩餐会記録」44ページにわたり掲載され、最後は新刊紹介で終わっていた。その最終号の表1もまた、別の図柄の「種をまく人」であり、タイトルの下には終刊号と記されていた。

1949年11月、『図書』は復刊される。表紙はボナールの毛筆素描で、表2には児島喜久雄（画家、東京大学教授）の解説文が載せられている。巻頭言は安倍能成「読む人・書く人・作る人」、中谷宇吉郎「滞米雑記─書籍の周辺─」、松方三郎「本を読む場所」、羽仁五郎「剣よりも強いペン」、林達夫「読書人のための書物の歴史」と読書関連のエッセイが5本並んでいる。続いて「著者の言葉」として清野謙次「「日本人種論」の出版」、服部広太郎「図譜が完成するまで」、澤柳大五郎「『法隆寺金堂釈迦三尊像』編集者の一人として」、の3本が上げられている。それぞれ清野謙次『古代人骨の研究に基づく日本人種論』（岩波書店、1949年）、生物学御研究所編『相模湾産後鰓類図譜』（岩波書店、1949年）、澤柳大五郎ほか『法隆寺金堂釈迦三尊像』（岩波書店、1949年）の著者が自著に関して語っている。最後は書評2本で、宇野弘蔵「マルクスの草稿『資本制生産に先行する諸形態』を読む」、辻己之助「皮の匂い『天文学概論』について」である。全19ページ、巻末の「片隅から」（編集者だよりに該当）には、(ⅰ)7年ぶりに復活したこと、今後毎月発行し、ページを増やしていきたいこと、(ⅱ)書物に関心を持つ人が喜んで毎月見てくれる雑誌にしたいこと、(ⅲ)1年分金百円で、前金で申し込んで欲しいこと、が述べられていた。

1949年12月号では「芥川龍之介特集号」が組まれている。前月から刊行された『芥川龍之介作品集』全6巻のためのもので、芥川文「二十三年ののちに」、宮本顕治「「敗北の文学」を書いたころ」、恒藤恭「中学生芥川龍之介の作品」などの追悼記がよせられている。その後特集が組

まれた号を見ると、1950年10月号「特集　少年美術館」は同じく前月に刊行された『少年美術館』全12巻の、50年12月臨時増刊号「特集　少年文学」は同月発刊されたシリーズ『岩波少年文庫』の、1952年4月号は「特集　斎藤茂吉」として、5月から刊行する『斎藤茂吉全集』全24巻の、それぞれPRとなっている。それだけではなく、全号で岩波書店が新しく企画したシリーズ、毎月刊行される文庫・新書・全書などの広告宣伝が組まれている。この点について、1950年10月号の「片隅から」は、「この雑誌はいかにも岩波書店だけの雑誌のような色彩」があるが、「それはまた同時に広く総ての読書子に関心のある事柄」を扱っているため、再刊以来読者が増えていることを述べている。

　本稿執筆時点の『図書』直近号は830号（2018年3月）である。以下では100号ごとにその当時の「岩波文化人」とは誰かを知る手がかりとして、どのような内容で誰が書いているのかを概観しておきたい。

　100号（1958年1月）はとくに特集は組まれていない。表1は北川桃雄「叭々鳥図」本文32ページで、笠信太郎「読む人・書く人・作る人　国内消費向け」、野上彌生子「ヒロシマについて」、ねづ・まさし（日本著作家組合常任委員）「チャイルド博士の死」、桑原武夫「河野学派の落第生」等のエッセイの他、連載として河野與一「本の背中　1」、吉川幸次郎「人間詩話　63」などが掲載されている。後半は『中国詩人選集』（全17巻）・『日本古典文学大系』（全16巻）などの全集の広告、および新刊本広告が10ページである。本文最終ページの「こぼればなし」（編集後記）には、戦後復刊してから百号となったこと、1938年1月『岩波月報』として発足、同年8月『図書』と改題、42年12月洋紙不足のため中絶するまで83号を数えたこと、をあげ、次号では新しく1号として発足する心構えで特集を組みたいと思っていることを述べている。しかし101号の「こぼればなし」ではとくに気張った編集もしなかったこと、それがこの雑誌の性格であるとし、『図書』の題名は店員から募集し、岩波茂雄が選択・決定したことが記されている。さらに復刊1号から100号までで最も多く執筆しているのは吉川幸次郎（68回）で、その他河野與一、東畑精一、清水幾太郎、松方三郎、桑原武夫、中谷宇吉郎、小宮

豊隆、脇村義太郎などが名を連ねていることを記している。初期の「岩波文化人」リストというべきであろう。

　200号（1966年4月）も特集はない。表1はルオーの「ヴェルレーヌの肖像」で表2に村田潔が解説している。小原啓士（一橋大学教授）「読む人・書く人・作る人　大学のバビロニア捕囚」、神田喜一郎（文学博士・前京都国立博物館長）「米庵墨談と擘窠の書」、河野與一「八杉貞利先生の思い出」、坂口謹一郎（東京大学名誉教授）「『寒竹集』の酒の歌」のほか、中野好夫「ヤフーのしゃれこうべ　3」の連載、小松左京（作家）「貧しい本棚」、川島武宜（東京大学教授）「ハワイで見たベトナム戦争反対デモ」に続き、矢代幸雄・脇村義太郎による対談「東洋の美・西洋の美―芸林閑談―続」が18ページ掲載されている。本文48ページ、岩波の新刊広告16ページである。「こぼればなし」には雑誌『思想』が500号を迎えたこと、『図書』という「ささやかな雑誌」も200号を迎え、読者数が増えていること、を告げている。

　300号（1974年8月）にも特集はない。表1はアウグスブルグの画家、ハンス・ブルックマイヤーの木版画で表2は前川誠郎の解説である。上田篤（建築学者）「読む人・書く人・作る人　エッセイ」、生島遼一（京都大学名誉教授）「フランス文学と私　外国文学研究の基本的態度」、寺田透「言霊と坂上郎女」、荒松雄（東京大学東洋文化研究所教授）「聖者とまじわる」、大江健三郎（作家）「アラブのエクリチュール―エジプト映画『王家の谷』」、岩田久仁雄（神戸大学名誉教授）「社寺に逃げ込んだ蜂」などのエッセイのほか、連載は前川文夫（東京大学名誉教授）「ミからビ　3」など執筆者群が若干変わっていることが目につく。本文64ページ、岩波の新刊広告17ページである。「こぼればなし」には復刊300号を迎えたことに対し読者への御礼、『図書』の歴史は101号に詳しいこと、読者数は増大し、復刊時は1万部であったものが、現在30万部に及んでいること、これ以上ページ数を増やすつもりはないが、内容にはまだまだ工夫の余地が多いこと、を述べている。

　400号（1982年12月）も同様特集を組んでいない。表1はフランス・フォンテーヌブローの岩刻画（旧石器時代？）で表2は柳宗玄の解説、

第3章　業種別企業広報誌の分析考察(2)―個別分析

西江雅之（早稲田大学・文化人類学）「読む人・書く人・作る人　この種の言語」、山口昌男（東京外国語大学・文化人類学）「規範と逸脱」、村川堅太郎と松本清張の「私の読書」と題するエッセイが2本並ぶ。連載は古井由吉（作家）「私の東京物語その6　何という不思議な」である。さらに400号を迎えた記念として安田武「青春のなかの『図書』」では戦時中の中学生時代に読んだ『図書』の心に残る文章として、本田顕彰「文化人の徽章・岩波文庫」と片岡良一「山本有三氏に於ける根本の問題」を上げている点が時代を特徴付けるものとして印象に残る。「こぼればなし」には、復刊1号から今日まで独りで編集に携わってきた浅見いく子が次号をもって退くことが付記されていた。本文64ページ、岩波の新刊案内24ページであるというスタイルに変化はない。

　500号（1991年2月）はその前後の同誌と比べ、以下の4点でいささか趣を異にしている。第一に、表1がカラーであり（エドワード・カルヴァート《古代の町》）、タイトル下に赤字で500号と入れられていることである（表2は千足伸行の解説）。第二に、本文72ページと厚手になっていることである（岩波新刊案内は24ページで変わらず）。第三は、座談会「連載閑談」として連載執筆中の阿川弘之、北杜夫、奥本大三郎の座談会が14ページにわたり掲載されていることである。その連載は阿川弘之「志賀直哉　44」、北杜夫「茂吉あれこれ　34」、奥本大三郎「干支セトラ」のほか小池滋（東京女子大学・英文学）「身を立て、名をあげ16―実学か教養か　その3」が連なっていた。第四に、「野上彌生子賞読書感想文全国コンクール」の受賞作が発表されていることである。中学・高校・一般の3部門に2968編の応募があったという。ちなみに受賞作の賞金は10万円であった。

　また500号を機会として、読者との交流を深めるため、「本のある生活」として読者からの原稿を募集し、入選作約20編を本誌6月号に掲載すると告知している。そして504号（1991年6月）には原稿募集に予想を遙かに上回る1434編がよせられたこと、年齢層も小学生から90代まであらゆる世代にわたっていること、国内だけでなく、海外居住者や外国人からも応募があったこと、として嬉しい悲鳴の声がのせられている。

その結果として、入選作が504号13編、505号9編、506号6編、507号11編の合計39編が掲載されている。

　600号（1999年4月）も500号同様その前後誌と比較して、表1がカラー（パリ国立博物館蔵《火炎龍を退治する騎士》）であり、タイトル下に600号と入れられている（表2は坂本満（美術史）の解説）。高橋英夫（文芸評論家）「読む人・書く人・作る人　小さくて大きい志」のほか、丸谷才一（作家）・奥本大三郎（フランス文学）・長谷川眞理子（人類学）の「座談会　本と出会う　本を探す」、上田閑照（哲学）「なぐられた話」、岩橋邦枝（作家）「大森兵蔵と安仁子」、さらにインタビューシリーズとして大野晋（国語学）「学成り難し「日本とは何か」を問い続けて」、河合隼雄（国際日本文化研究センター・臨床心理学）「未来への記憶9　自伝の試み」、連載として瀬戸内寂聴（作家）「源氏物語の脇役たち16　近江の君」が並べられていた。総じてそれぞれの著者に肩書きがつけられるようになっている点が興味深かった。

　700号（2007年7月）も表1がカラー（ケラリウス著《コペルニクス体系の舞台》扉絵）であり、タイトル下に700号と入れられていることは同じである（表2は坂本満（造形研究）の解説）。竹西寛子（作家）「読む人・書く人・作る人　言葉を恃む」に続いて連載執筆者川島英昭（イタリア文学）・辻井喬（作家）・A・ビナード（詩人）の3人による座談会「連載閑話　古くならないニュース」があげられていることも500号・600号と代わりがない。全13編中、向井透史（古書現世店主）「ある古本屋の一日」と村上恭一（法政大学・哲学）「トルストイに「老子」を教えた日本人―小西増太郎のこと」の2編のほかは青柳いづみこ（ピアニスト・文筆家）「六本指のゴルトベルク13」、林望（作家・書誌学者）「旬を食する11　雲丹、海胆、靈蠃子」、辻井喬「地霊・遠い花火13」、道浦母都子（歌人）「わたしのこだわり11　自酌とロングヘアー」、四方田犬彦（明治学院大学・映画史・比較文化）「日本の書物への感謝19　芭蕉」などの連載が多いことが目についた。「こぼればなし」ではこのことを取り上げ、「小誌の連載から本にまとめられたものも数多く（別掲で岩波新書7本、単行本6本のほか、河野與一、吉川幸次郎、脇

第3章　業種別企業広報誌の分析考察(2)—個別分析

村義太郎のほか13名の名をあげている）・・・読書界の話題となった書籍は枚挙にいとまが」ない、と述べている。読書家の雑誌『図書』の面目躍如といったところであろう。

　800号（2015年10月）近辺になると、通常号でも表1はカラー化している。800号では伊知地国夫（科学写真家）の「赤インクの結晶」、題字の下の800号は青文字である。通常の連載シリーズのほか、800号特集として以下の6編が掲載されている。池澤夏樹（作家）・斎藤美奈子（文芸評論）の2連載執筆者による「対談　年間千円の楽しみ」、関川夏央（作家）「『図書』800号と阿川弘之先生」、梨木香歩（作家）「この年月、日本人が置き去りにしてきたもの」、佐藤正午（作家）「いんぎんといんげん」、原研哉（グラフィックデザイナー）「デザインの樹の上で」、大澤聡（批評家・メディア史）「出版PR誌がない！」であり、このうち池澤・斎藤の対談、および大澤の掌編はPR誌について書かれたものとして興味深い。すなわち、出版社にとってPR誌とは、PRの意味と、もう一つ原稿の受け皿として、「本を作るため無理やり毎月書かせる」（斎藤）の役割があること、「自信を核としてコミュニティを仮構する。雑誌の一番の機能だ。ウェブはその機能を代替できているだろうか。たしかに、SNSなどの情報拡散力を活用しない手はない。が、それは単発的にのみ機能する。持続性を持たない」（大澤）こと、など、PRの本質に迫る発言であろう。

　国立国会図書館所収の直近『図書』は828号（2018年1月）である。表紙は司修「カラスウリ」で画家の司修が表2に石井桃子『幻の朱い実』の装丁を手がけた時の思い出を書いている。創刊号から続く「読む人・書く人・作る人」はこの号は村山斉（物理学者）が「知識の限界を知る」という小文を載せている。

　またこの号は2017年末に刊行された『広辞苑』第七版の特集であり、表1には赤字で「特集『広辞苑』第七版」と刷られている。増田ユリヤ（ジャーナリスト）の司会で木田章義（国語学）・齊藤靖二（地球科学）が「辞書づくりと研究と文化と—『広辞苑』第七版改訂によせて」と題した座談会を11ページにわたり掲載、続いて「特集　広辞苑第七版」

として野矢茂樹（哲学）、池上彰（ジャーナリスト）、高野秀行（ノンフィクション作家）、唐亜明(タンヤミン)（編集者）、小杉泰（イスラーム研究）、植木不等式（サイエンスライター）、石川禎浩（中国近現代史）、菊谷詩子（イラストレーター）、佐々木健一（NHKエデュケーショナル主任プロデューサー）、雲田はるこ（漫画家）らが各2ページのエッセイをよせている。

　編集後記には以下の3点が述べられている。第一に創業が1913年であり、その翌年漱石の『こころ』を刊行、27年に岩波文庫、38年に岩波新書を創刊したこと、第二に戦後戦争への反省から『世界』を創刊、50年に岩波少年文庫を創刊、55年には「国民的辞書」として定着している『広辞苑』第一版を刊行したこと、第三に『広辞苑』が「国民的」とまで呼ばれるほどの絶大な信頼を得るに至ったのは確固とした学術的背景のもとで展開してきた企業活動に対する評価とは無縁ではないこと、である。そして「学術的蓄積の最高峰たる『広辞苑』から、エンターテインメントの最高峰たる直木賞受賞作まで―時代の要請に応える、総合出版社としての活動が新たなステージを迎えた」と結んでいる。まさに岩波書店の看板広報誌『図書』の存在を示す心意気がうかがえよう。

3-19　情報・通信：朝日放送『放送朝日』[93]

　日本の民間放送は1951年、最初の16社が免許を受けたことに端を発する。これにより日本の放送界にはNHK―民間放送の共存体制が誕生した。『放送朝日』の前身『月刊朝日放送』が創刊されたのは1954年4月であり、商業放送のPRを目的としてスタートした「ABC友の会」の連絡機関誌としてスタート、タブロイド判16ページ、ザラ紙の粗末な小冊子であったという。1955年1月からは一般読者をも対象としたB5判の雑誌となり、名前も『放送朝日』と改めた。さらに1958年4月号から「もっと高級な読者を対象」[94]にA5判の美麗な放送研究誌に生まれ変わり、民放界の趨勢を知る絶好の指針として、業界はじめ一般文化人の間で好評を博した広報誌である。1958年は朝日放送と大阪テレビ放送

第3章　業種別企業広報誌の分析考察(2)—個別分析

（OTV）が合併をした年であり、そのことが『放送朝日』の新装スタートの背中を押したと思われる。国立国会図書館所収の『放送朝日』中最も古いものは49号（1958年6月）であり、それ以前との違いを分析することはできなかった。

　49号はA5判74ページで、特集は「「萬歳」・「万才」から「漫才」まで―大阪漫才の歩んできた道」（秋田実編）である。大宅壮一「漫才のおもしろさ」に始まり、横山エンタツの対談「万才の起こり」につながる。その他長沖一、秋田実ら漫才作家群、永井龍男、玉川一郎らの作家群、多田道太郎（京大人文科学研究所員）、伊吹武彦（京大教授）ら研究者群のエッセイが取り混ぜて掲載されている。連載は平井常次郎・専務取締役による「アドリブ対談　森繁久彌氏」と今東光「東光金蘭帖」が並べられている。その一方で「放送月評」・「制作者の意図」・「資料室」（ラジオ・テレビの調査資料）など、業界の内部を映し出した記事、データ集も多く掲載されていた。

　最終ページは「lobby」として読者のコメントが掲載されており、新装なった『放送朝日』5月号への感想がよせられていた。いわく「全ページににじみ出ている朝日らしい格調の高さは流石」であるが、「正直な読後感として少々肩がこり・・・論説と解説だけで社会面のない新聞」、いわく「たいへん専門的な、程度の高い雑誌」で「「朝日放送評論」という言葉」がでてきたこと、内容も「今までと違って一本筋の通った編集方針」「執筆の方たちも一流の方」ばかりで"デ・ラックス"な雑誌であるが、一般家庭の主婦には近寄りがたい冷たさと固さがあること、などが述べられていた。まさに「高級な読者」を対象とした雑誌に生まれ変わったことがうかがえる。「テレビの出現」というメディアの大転換に伴い、ようやく放送産業に興味を抱き始めた学生、教師、知識層向けにターゲットを変更し、現場からメッセージを送る雑誌となったのである。

　その後21年余、『放送朝日』は259号（1975年12月）で最終号となる。307ページのうち、通常記事は105ページである。連載「人類を考える12「第二芸術」のすすめ」（ドナルド・キーン・コロンビア大学教授、梅棹

忠夫・国立民族学博物館長)、「特集＝映像文化論113 「天皇の世紀」ドラマとドキュメンタリー」(太田寛・朝日放送テレビ制作局次長)、「放送の精度と業態35 カラー本放送と電館支局監局長の抵抗」(松田浩・ジャーナリスト)、「離れて考えたこと78 旅と食事」(藤本ますみ・主婦)のほか、「放送人インサイドメモ」、「テレビデザイン考」、「視聴覚情報」など現場からの発言、記事が並んでいるのは前号と変わらない。

106ページからの200ページは最終号特集である。『放送朝日』が生んだ単行本、「特集 情報産業論の展開のために」一覧、「特集 映像文化論」一覧、「各界で話題を呼んだ座談会」一覧、などの21年間の記録、「放送朝日の休刊によせて」(永井道雄・文部大臣)、「『放送朝日』は死んだ」(梅棹忠夫・国立民族学博物館長)のエッセイのほか、「lobby」として小松左京ほか762名の「弔辞」が121ページから299ページまで並んでいる。

休刊の理由は「最近の経済が不況の余波を受け・・・」であった。その背景には、75年3月のANNネットワーク変更がある。編集者・五十嵐道子(朝日放送社員)の編集後記によれば、当時の『放送朝日』は、発行部数：5400、ページ数：110ページ前後、判型：A5判、発行形式：月刊、配布対象：オピニオン・リーダー、希望購読者、広告主、代理店、公立図書館、マスコミ関係者、であった。「折にふれ発行部数×××万部の総合雑誌や週刊誌の編集と混線して、"もっとやさしい内容を、誰にでも読めるものを・・・"と、新聞社出身の先輩から忠告を受け」、「ことにその相手が、視聴率のグラフを手にするごとく、弊誌発行の効果測定を急ぐ上司の場合」声を失わざるを得なかったという。現場から硬派の情報を発信するというスタイルがもはや立ちいかなくなった残念な事例として特筆しておきたい。

3-20 情報・通信：日本電信電話(株)『Communication』[95]

日本電信電話(株)は、1985年旧日本電電公社から民営化し、民間企業(略称)NTTとなった企業である。

第3章　業種別企業広報誌の分析考察(2)―個別分析

　国立国会図書館所収の『Communication』1号は、民営化から1年を経た1986年6月に創刊された。特集テーマは大テーマが「日本の中の世界」、今号の小テーマが「国際化と日本の歩む道」という2本立てスタイルをとっている。巻頭は座談会「日本と世界が併存する中で、日本の国際化への道は決して楽観できるものではない。」(石井威望・東京大学教授、木村尚三郎・東京大学教授、日下公人・ソフト化経済センター専務理事)が全36ページ中8ページを占めている。ついで対論「ファミコン・コミュニケーションは成立するか」(増田米二・ニューヨーク工科大学名誉教授、安田武・思想家)が続く。連載は「Communication Sketch」として藤森照信(東京大学助教授)の「銭湯・人・地域」、惣郷正明(朝日新聞社社友)の「日本人の語学力史①―蘭語から英語へ、他国を知るための凄いエネルギーがあった幕末時代」が並ぶ。さらにテレコム・インタビューとして「民営化1年。新しい試みの成果と展望」(山口開生・NTT常務取締役)が続いている。表2は「歳時記」として岡部伊都子の「棕櫚の花」というエッセイ、表3・表4は自社広告である。

　巻末の「編集後記」では、(i) NTT誕生を機に昨年度『コミュニケーション』では「企業とは何か」を取り上げてきたこと(この点に関し国立国会図書館所収の『コミュニケーション』は50号(84年10月)までであり、確認できなかった)、(ii)今年度から従来の『コミュニケーション』と『てれとぴあ』(民営化以前は『テレトピア』)を統合して『Communication』とし、判型はB5判からA4判へ、ページ数は24ページから36ページへ、発行は年4回から隔月刊としたこと、(iii)新装第1号の特集テーマは「世界の中の日本」が叫ばれる中で、もっと身近なところから世界を眺め、日本を考えようという狙いがあること、を述べている。民営化1年、きびしくなる一方の企業間競争の中で、生き残りをかけた戦いに挑む新企業のファイティング・スピリットがうかがえよう。

　その後の号別小テーマをみると、「日本語の国際化を考える」「若者たちの国際化」「伝統工芸の国際化」と続いている。さらに大テーマは87年「アメリカの中の日本」となるが、その後は「『世界の中の日本』の

地位を獲得してしまった私たち日本人に求められているのは、"凛"とした姿勢で臨むこと」(88年1月号編集後記)であるとし、江戸時代・安土桃山時代・鎌倉時代の文化の見直し、留学制度、海外文明・文化の取り入れ、など異文化とのコミュニケーション、移動が共同体にもたらしたさまざまな側面を紹介している。

　国立国会図書館所収の『Communication』最終号は83号(2000年2月)である。座談会「幸福の共有経験を教育の中心におこう。そうすれば大人もこどもも、もっと元気になれる」(加賀野井秀一・中央大学教授、川勝平太・国際日本文化センター教授、鷲田清一・大阪大学教授)を巻頭に、「紳士と淑女のアイデンティティ」(河村幹夫・多摩大学教授)、が続き、連載「諸国近代建築行LXVII　北海道旭川市」(藤森照信・東京大学教授)、「個人と組織のかかわり合い」(金井寿宏・神戸大学教授)、「テリー伊藤の20世紀考4　ゲスト・増井光子(よこはま動物園「ズーラシア」園長」など肩のこらない読み物が豊富な写真と共に繰り広げられており、創刊以来コミュニケーションのさまざまな側面を追求してきたことがうかがえる。このような希有な雑誌はその後どうなってしまったのか。83号には何も書かれていなかった。

3-21　サービス業：近畿日本ツーリスト『あるく　みる　きく』[96]

　近畿日本ツーリスト(株)は(i)近畿日本鉄道の傍系会社である(株)近畿交通社、(ii)近畿日本鉄道の事業局国際運輸部、の2社が1954年10月に統合、近畿日本航空観光(株)を設立、さらに1948年国鉄の団体旅客取り扱いを主として設立された(iii)日本ツーリスト(株)、が1955年に加わり、この3社を源流として発足したものである。1965年、創立10周年を迎えた近畿日本ツーリストはいくつかの記念事業を企画、日本観光文化研究所設立と民俗学者・宮本常一(1907～1981)の招聘もその一つであった。設立目的は、地方とそこを旅する人とのより豊かな交流を育み、新しく日本を見直そうというもので、具体的な定期刊行物という形で、これからの旅のしかた、日本の見方について旅行者に直接働きかけ

第3章　業種別企業広報誌の分析考察(2)—個別分析

ていこうとするという点にあり、このことは宮本にとっても是非やりたい活動であったという。

　雑誌編集の基本路線は以下の4点にあった。(i)旅を本当に楽しもうとする、あるいはより味わいのある旅を求める旅客を対象とする、(ii)旅行者がもっと豊かな発見をし、見方を確立する手助けをあたえると同時に、旅を楽しむ人たちの組織化への販売ツールとする、(iii)取材姿勢はそれぞれの執筆者・カメラマンが自由な目を持った旅人として、風土をより深く見つめる、(iv)総花的なガイドブックではなく、一号ごとにテーマを変える総特集形式をとり、旅人の発見を語りつつ、読者の発見を促す。ポピュラーな見せ場からその周辺に存在するモノを普遍的に平明に、しかし格調高く語る新しい紀行文をつくる、であった。

　こうして第1号『あるくみるきく―特集　国東』が創刊される。姫島から別府に至る道程で石の文化と人々の暮らしを紹介、表紙は日出・深江港の漁師の営み、発行部数3000部、170×180ミリ、24ページ中カラーを含めて写真6ページ、というものであった。予算の関係からプロ編集者やデザイナーは使わず、初期の頃は姫田忠義、伊藤碩男、福永文雄の3名が交代で文章・写真・編集を行い、所々で地方在住の同人たちに執筆を頼んだという。

　68年には1号～11号の合本『あるくみるきく』（同友館、1968年）を上梓、さらに初めての海外版『ネパールの冬の旅』を発行、いずれも好評であったことなどから、24号（69年5月）「長崎」からB5変型と大型化、32ページに増量し記事数の増加・写真数の増加を行っている。またこの号から小さな「観光メモ」としてその地の観光案内、やど、年中行事、おみやげ、たべもの、参考文献などを印刷した小さなしおりが挟み込まれるようになっている。近畿日本ツーリストの自社広告代わりであろうか。

　1975年6月に刊行された『あるくみるきく』100号は、これまでの再録集であり、巻頭は総目次、および振り返りとして最初は3000部を無料配布、現在は1万3000部にまで成長した、としている。内容は初期のものの中から合本に収録できなかった12冊から選んだ夏の北海道、平泉、

天竜川―祭りのふる里、奈良盆地、豊後路をゆく、沖永良部・与論島など、全国を展望できるエッセイ12本を取り上げている。巻末の宮本常一の100号記念エッセイは、(i)観光宣伝のために書かれた文章はないこと、(ii)観光地として有名なところ、それほど有名ではないところをほぼ同じように見てきたこと、(iii)景色がよいというだけでなく、環境に調和がとれ、自分たちの生活を大切にしていく人が生きていること、そして旅にもっと知性が要請されていいし、もっと自由に歩き、物にふれ物を見、そして静かに考える機会が必要なのではないか、と訴えている。まさに生涯旅する人として、日本各地の民間伝承を調査し、『忘れられた日本人』を上梓した宮本らしい言葉である

　1983年11月の201号「神楽拝観記―中国地方の神楽」から『あるくみるきく』はB5判、背文字入り52ページが標準となり、定価も200円から250円に上げられる。しかし研究所の運営は危機に瀕していた。1988年12月、『あるくみるきく』は263号で最終号を迎える。特集は「関東の平地林―農の風景」であり、平地にある身近な林、畑作が作った風景、林と人と農のサイクル、林の利用と山仕事、岐路に立つ平地林、などの項目別に犬井正の文章と写真が並ぶ。平地林に関する基礎的研究に裏付けられ、かつ環境になじんだ暮らしが描かれている。そして日本観光文化研究所は1989年3月を以て活動を停止することになった。23年の間に日本は豊かな安定期を迎え、旅行も国内を中心としたものから海外に向けてのものに移行し、旅の持つ意味も期待される役割も変わってきたのである。自分の足で歩き、自分の目で見、自分の耳で聞き、その体験を元に極めて基礎的な研究（しかしきちんと考え抜かれたものであることが条件）という基本姿勢を維持してゆくことは本当に難しくなってきたことがうかがえる。

　その後近畿日本ツーリストは2005年10月から『おとなの旅空間』という広報誌を創刊する。A4版、「国内特集：紅葉三昧」、「海外特集：韓流スタイル、台流スタイル」の2本立てで広告ページも多く、それを入れると79ページの豪華版である。編集後記には「通常のツアー案内よりも一般の情報が多い情報誌作成」を目的としていることが述べられてい

る。しかし1年後の2006年11月、同誌は突然廃刊する。やはり紙媒体のツアーパンフレットの域を出なかったのではないだろうかと推測する。

【注】

71）鹿島建設については、鹿島建設社史編纂委員会編『鹿島建設百三十年史』（鹿島建設(株)、1971年)、および同社HPを参照。『KAJIMA』は、国立国会図書館で『鹿島建設月報』242号（1980年1月）〜373号（1990年12月）を、『KAJIMA』は374号（1991年1月）〜703号（2018年3月、刊行中）を、それぞれ確認。

72）『サントリー・クオータリー』は国立国会図書館で創刊号（1979年1月）〜88号（2009年4月）を確認。
詳細な数量・内容分析については、三島万里「洋酒メーカー広報誌の研究―『洋酒天国』と『サントリー・クオータリー』について(2)」『文化女子大学　人文・社会科学研究紀要』No.16（2008年）を参照。

73）小玉に対するインタビューは2007年8月9日13：00〜15：00、於早稲田大学大熊会館・楠亭。事前に質問要項を送付、録音はとらない。

74）濱橋に対するインタビューは2007年9月28日13：00〜14：00、於サントリー本社プレスルーム。事前に質問要項を送付、録音はとらない。

75）『HARVESTER』は、国立国会図書館で1号（1981年3月）〜30号（1989年9月）を確認。カルビー(株)については同社HPを参照。

76）『季刊iichiko』は、国立国会図書館で1号（1986年10月）〜137号（2018年冬、刊行中）を確認。三和酒類については同社HPを参照。川北秀也（1947〜）については河北秀也『デザインの場所』（東京藝術大学出版会、2014年）、同『iichiko design 2015』（三和酒類、2015年）および東京タイプディレクターズクラブのHPを参照。

77）『SNOW』は、電通アドミュージアム東京資料室で66号（1965年7月）〜156号（1974年7月）、333号（1990年4月）〜393号（1995年4月）を、国立国会図書館で258号（1984年1月）〜470号（2001年12月）を、それぞれ確認。雪印乳業(株)については『雪印乳業史　1〜6

巻』（雪印乳業、1961〜1995年）、『雪印乳業沿革史』（雪印乳業、1985年）、雪印メグミルク（株）については同社HPを参照。新沼杏二については『チーズの話』（新潮社、1983年）を確認。

78) 雪印乳業（株）大阪工場製造の低脂肪乳などにより食中毒事件が発生。調査の結果、雪印乳業（株）大樹工場（北海道大樹町）で製造された脱脂粉乳が停電事故で汚染され、それを再溶解して製造した脱脂粉乳を大阪工場で原料として使用していたこと、その脱脂粉乳に黄色ブドウ球菌が産生する毒素（エンテロトキシン）が含まれていたことが原因。雪印乳業が事件直後の対応に手間取り、商品の回収やお客様・消費者への告知に時間を要したため、被害は13,420人に及んだ事件。

79) 2001年9月、国内でBSE感染牛が発見されたため、国はBSE全頭検査開始前にと畜された国産牛肉を事業者から買い上げる対策を実施。雪印乳業（株）の子会社であった雪印食品（株）がこの制度を悪用し、安価な輸入牛肉と国産牛肉とをすり替えて申請、交付金を不正に受給するという、明らかな詐欺事件で、2002年1月23日の朝日・毎日両新聞の報道で表面化した。最大の原因は、当事者の考えや上司の指示がコンプライアンスや企業倫理に反するものであったことである。事件が顕在化してから3ヶ月後の2002年4月末、雪印食品（株）は解散。

80) 『水の文化』は国立国会図書館で1号（1999年1月）〜57号（2017年10月、刊行中）を確認。
ミツカングループについては、ミツカングループ創業200周年記念誌編纂委員会編『MATAZAEMON—七人の又左右衛門　新訂版—』、同『尾州半田発：限りない品質向上をめざして』（2004年）、および同社HPを参照。

81) 『TEIJIN　Information』は国立国会図書館で1号（1971年1月）〜60号（1975年12月）を確認。『帝人タイムス』は国立国会図書館で1号（1926年10月）〜47巻2号（1977年5月）を確認。帝人（株）については、『帝人の歩み』（帝人、1968年）および同社HPを参照。

82) 『TOTO通信』は、電通アドミュージアム東京資料室で『東陶通

信』380号（1991年4月）～391号（1992年3月）、『TOTO通信』426号（1996年3／4月）～442号（1998年11／12月）を、それぞれ確認。TOTOについては、東陶機器(株)『東陶機器七十年史』（東陶機器(株)、1988年）および同社HPを参照。

83）『INAX REPORT』は、国立国会図書館で『Ina Report』1号（1975年12月）～56号（1985年4月）、『INAX REPORT』57号（1985年4月）～190号（2012年4月）、『Lixile eye』1号（2012年11月）～15号（2018年2月、刊行中）を、それぞれ確認。LIXILについては、伊奈製陶(株)30年誌編集委員会『伊奈製陶株式会社30年史』（伊奈製陶、1956年）、石田高子『巧と業の協奏　INAXと常滑焼のあゆみ』（(株)INAX、1986年）、LIXILグループHPを参照。

84）『DAGIAN』は、国立国会図書館で0号（1991年3月）～43号（2002年11月）を、後継誌『TERRE』は0号（2003年秋）から14号（2008年秋）をそれぞれ確認。コスモ石油(株)については、コスモ石油(株)『飛躍への架け橋　コスモ石油・革新の軌跡』（コスモ石油(株)、2006年）、および同社HPを参照。

85）『スチールデザイン』は83号（1970年4月）～298号（1988年3月）を、前継誌『フジスチールデザイン』は33号（1966年2月）～75号（1969年8月）を、『新日鉄住金』は1号（2013年1月）～20号（2017年12月）を、それぞれ国立国会図書館で確認。新日鉄住金については社史編纂委員会『炎とともに――八幡製鐵株式会社史・富士製鐵株式会社史・新日本製鐵株式会社史』（新日本製鐵、1981年）および同社HPを参照。

86）『日立』は1巻1号（1938年1月）～61巻2号（1999年3月）を、後継誌『ひたち』は61巻3号（1999年5月）～71巻3号（2009年夏）を、それぞれ国立国会図書館で確認。日立製作所については、日立製作所創業100周年プロジェクト推進本部『開拓者たちの挑戦：日立100年のあゆみ：1910―2010』（日立製作所、2010年）および同社HPを参照。

87）『Fujitu　飛翔』は、国立国会図書館で創刊特別号（1989年12月）～65号（2011年1月）を確認。富士通(株)については、富士通(株)

『富士通50年の歩み 夢をかたちに』（富士通、1986年）および同社HPを参照。

88)『ECIFFO』は、国立国会図書館で1号（1988年春）～53号（2009年春）を確認。コクヨ(株)についてはコクヨ(株)『コクヨ 100年のあゆみ』（コクヨ(株)、2006年）および同社HPを参照。

89)『月刊トレードピア』は、国立国会図書館で1巻1号（1970年10月）～339号（1999年3月）を確認。日商岩井については双日(株)HPを参照。

90)『R』は2号（1960年2月）～29巻3号（1987年3月）を、後継誌『JR east』は1巻1号（87年4月）～36巻3号（1994年3月）、1巻1号（1994年4月）～25巻2号（2018年2月、刊行中）を、それぞれ国立国会図書館で確認。旧国鉄については日本国有鉄道広報部『国鉄あらかると』（日本国有鉄道、1965年）、JR東日本については同社HPを参照。

91)『みち』は、国立国会図書館で4号（1970年12月）～134号（2004年4月）を、電通アドミュージアム東京資料室で1号（1970年1月）～13号（1973年3月）、18号（1974年6月）～100号（1995年8月）を、それぞれ確認。日本道路公団については、『日本道路公団5年のあゆみ』（日本道路公団、1961年）、『日本道路公団二十年史』（日本道路公団、1976年）、『日本道路公団三十年史』（日本道路公団、1986年）を参照。

92)『図書』は、国立国会図書館で（1938年1月）～（1942年12月）、（1949年11月～2018年1月、刊行中）を確認。岩波書店については、『岩波書店五十年』（岩波書店、1963年）、『岩波書店七十年』（岩波書店、1987年）、『岩波書店八十年』（岩波書店、1996年）、『岩波書店百年刊行図書年譜・索引』（岩波書店、2017年）および同社HPを参照。

93)『放送朝日』は国立国会図書館で49号（1958年6月）～259号（1975年12月）を確認。朝日放送(株)については、『ABC』（朝日放送、1956年）、『ABC十年』（朝日放送、1961年）、『朝日放送の50年Ⅰ～Ⅲ』（朝日放送、2000年）を参照。

94)『ABC十年』p.111

第3章 業種別企業広報誌の分析考察(2)―個別分析

95)『Communication』は、国立国会図書館で1巻1号（1986年6月）～16巻83号（2002年2月）を、継続前誌『コミュニケーション』（日本電信電話公社データ通信本部普及開発室）は同じく国立国会図書館で1号（1972年4月）～50号（1984年10月）を、同じく継続前誌『てれとぴあ』は261号（1985年4月）～272号（1986年3月）を、それぞれ確認。日本電信電話(株)については、『日本電信電話公社社史』（1986年）、『NTTの10年』（1996年）、『NTTグループ社史 1996～2005』（2006年）および同社HP参照。

96)『あるく みる きく』は、国立国会図書館で1巻1号（1967年3月）～263号（1988年12月）を確認。近畿日本ツーリスト(株)については、『近畿日本ツーリスト10年史』（近畿日本ツーリスト、1965年）、『観文研23年のあゆみ』（近畿日本ツーリスト、1989年）および同社HPを参照。

第4章
企業広報誌の内容別分類とその特徴
―ビジュアル化とデジタル化の時代へ

4-1 文字言語中心とビジュアル化の系譜

　筆者は前著『広報誌が語る企業像』で、企業広報誌の企業広報上の機能として、①製品情報伝達機能、②製品解説機能、③企業理念・企業活動伝達機能、④文化伝承機能、⑤娯楽提供機能、⑥課題設定機能、⑦世論形成機能、⑧世論変更機能、⑨双方向コミュニケーション機能、⑩威信付与機能、⑪満足感醸成機能、の11点をあげた。本論で行った明治期から2018年初頭までの100年余に及ぶ企業広報誌45誌の内容分析からは、程度の濃淡はあるものの、11機能はいずれの雑誌にも確認できた。そこで45誌を比較検討すると（表１参照）、以下４点について時代の流れを確認できる。第一は、全体が文字言語中心からビジュアル化中心に変化してきていることである。第二は、製品情報伝達・解説機能重視から産業・生活文化形成・伝承機能重視に移行していることである。第三は、2000年以降、休廃刊が急速に早まってきていることである。第四は、刊行を継続している広報誌群中、デジタル化路線、もしくはクロスメディア化路線に転換している広報誌群が新しく発生していることである。以下、本章ではこの4点を考察していく。

　第一に、文字言語中心からビジュアル化を追求する流れは、1990年代以降ますますスピードをあげてきている。文字言語中心の流れを追い続けている（もしくは追い続けた）広報誌群の特徴は、以下の3点である。
　一つは、丸善『學鐙』、岩波書店『図書』など書籍関連企業の広報誌である。その裏には日本の「随筆文学」の流れを存続・継承させていき

たいという狙いがあること、および『図書』の項で分析したように、連載を多く掲載することで、連載終了後それらを自社で単行本化する狙いがあること、が確認された。

　二つは、作家、研究者が編集に直接携わっている広報誌群である。サントリー『洋酒天国』の開高健、カルビー『HARVESTER』の栗本慎一郎、三和酒類『季刊iichiko』の山本哲士、近畿日本ツーリスト『あるく　みる　きく』の宮本常一などである。それぞれが自己の思想に基づいて広報誌を制作し、社会に発信していったことがうかがえる。とくに宮本常一の「旅にもっと知性が要請されていいし、もっと自由に歩き、物にふれ物を見、そして静かに考える機会が必要なのではないか」という言葉は、2020年オリンピックを前にしてインバウンド・アウトバウンド双方での一大旅行ブームに沸き返る日本人に改めて反省を促す言葉ではないだろうか。

　三つは、製品に関する研究論文を掲載している広報誌が少なくなってきていることである。印刷技術がまだ未成熟であった時代、11機能中の製品情報伝達・解説機能は初期広報誌の重要課題であり、とくにBtoB企業の広報誌に多かった。帝人『TEIJIN Information』、新日本製鐵『スチールデザイン』、日立製作所『日立』などは、製品紹介と相まって、それぞれの製品に関する研究論文を紹介することで、自社製品の特性・重要性を発信していったのである。現在はそれぞれの企業が技術研究所を持ち、技術関連論文集を出版する時代になっていると言えよう。

　逆にビジュアル化を追求する企業広報誌にはどのような流れが確認できるのか。1970年近傍に創刊された消費財関連広報誌は、当初からビジュアル化を目指した感がある。11機能中の文化伝承機能、娯楽提供機能、満足感醸成機能、の追求である。川島織物セルコン『KAWASHIMA』は自社製品の中の純粋日本性、欧米建築大家の作品の中の純粋欧米性、その二者が互いに影響しあって生まれた新しい建築文化、の三者を社会に発信するために、雑誌の特性を十二分に生かしてビジュアル化路線を追求していき、それは絢爛豪華といえるものであった。また消費財で

はないが大林組『季刊大林』は古い建設文化の深耕と新しい建築文化の創造を目的として、全号を通じて自社メンバーによる「大林組プロジェクト」という壮大なプロジェクトをビジュアルなかたちで提示し、読者を引きつけていったのである。両誌はビジュアル化の中で製品情報を伝達・解説し、文化伝承、課題設定、威信付与機能も果たしていった。

　自動車という同じ耐久消費財を扱う企業でありながら、トヨタ自動車『自動車とその世界』は文字言語中心であり、本田技研工業『SAFETY 2&4』はビジュアル系を目指している。前者は自動車文化を世に知らしめるため（＝自動車は「走る凶器」ではないことを周知させるため）のオピニオン雑誌として世論形成・変更機能を持っていた。後者はターゲットを直接のライダーである若者に据えたという点で、企業活動伝達・若者文化形成・娯楽形成機能の色合いが強くでている雑誌である。両誌を比較検討することは、両社の企業文化の違いを確認することにつながった。

　資生堂『花椿』は80年に及ぶ歴史の中で、文字言語中心からビジュアル化にスタンスを移行させていく過程、さらにクロスメディアという新しい発信方法をつぶさに確認することができる企業広報誌であり、とくに2007年〜2011年の『よむ花椿』『みる花椿』の分割発行はすぐれた着眼だった。『花椿』は11機能総てを併せ持ちつつ、常に新しい雑誌のスタイルを追求し続ける希有な存在の企業広報誌である。

4-2　産業文化・生活文化形成・伝承の系譜へ

　第二の企業広報誌による産業文化・生活文化形成・伝承の流れは、明治〜昭和前期の西洋文化移入盛行の時代の広報誌群、1960年代に創刊され、その後50年近く刊行され続けた広報誌群、および1990年代以降に創刊された広報誌群に多い。その理由は以下の３点にある。

　一つは明治期、西洋文化を定着させるためには、製品情報伝達・解説機能だけではなく、日本人の間に西洋文化を受け入れる下地を作り込まなければならなかったことである。洋書輸入販売のみでなく紳士用衣

類・文房具などの輸入販売を手がけていた丸善『學鐙』や西洋食材輸入業者であった明治屋『嗜好』は、企業・製品の情報伝達だけではなく、西洋文化そのものを日本人の日常生活の中に定着させる役割を果たしていった。時代は下るが同様の機能はサントリー『洋酒天国』にも確認される。日本酒と焼酎中心の日本の飲酒文化の中に、ウィスキー文化を定着させる上で、「トリスバーやサントリーバーに・・・よほどかようて常連になって、マダムとええ仲に」なるように呼びかけた同誌の果たした役割は大きい。製品情報伝達・解説機能とともに、文化伝承機能、娯楽提供機能を併せ持っていたのである。

　二つは、創業者の企業広報・企業広報誌に対する強い思いがあったことである。エッソ『エナジー』の場合、殿村秀雄会長は「広報は米の飯」というのが口癖であり、日本IBM『無限大』の稲垣早苗社長は「コンピュータの持つ能力と役割を知らせること」が広報誌の役割であると言い切り、富士ゼロックス『GRAPHICATION』の小林陽太郎会長は、「世に先駆けて、あるいは世の流れに逆らうかのように、新しいこと、変わったことをやる企業」でありたい、と語っている。いずれも個性的かつ強いリーダーシップを持ったトップが企業広報・企業広報誌に関して支持をあたえていたことがうかがえる。そしてそのいずれもが外資系もしくは外資との合弁企業の持つ企業文化のせいでもあったことは興味深いことである。

　三つは、90年代以降「モノをつくるな、暮らしをつくろう」の時代が到来したことである。食品関係企業の広報誌にはそれが多い。ミツカン『水の文化』、大阪ガス『CEL』、三和酒類『季刊iichiko』などはその代表格であり、それぞれの製品情報伝達・解説機能のみではなく、製品と関連がある文化事象の形成・伝承機能の発信に努めている。またTOTO『TOTO通信』、INAX『INAX REPORT』、コクヨ『ECIFFO』など住宅関連・オフィス関連企業の広報誌にもそうした傾向が強い。まさに「暮らしをつくる」企業だからこそ、製品情報伝達・解説機能のみではなく、文化伝承機能、娯楽提供機能を雑誌の柱として、幅広い情報を発信している。

4-3　休廃刊・デジタル化の理由—企業広報誌は'旦那芸'か

　休廃刊の理由としてあげられるのは以下の3点である（デジタル化の理由はそのうち1と2）。

　一つは、経営面での理由である。「諸般の理由から」と述べられることが多い休廃刊理由の大部分は、長引く不況の中で広報誌発行の経費面での負担が大きいと感じられたことが原因である。筆者がこの分野の研究を始めた2000年代初期、日本広報学会の研究会で広報誌について発表したとき、某大手広告代理店関係者から「所詮企業広報誌は旦那芸だ」と指摘されたことがある。そうした偏見の存在が逆に筆者にこの研究を継続させる引き金となったことを述べておきたい。

　二つは、費用対効果の面で、広告のように明確な効果測定手法が確立していない、という不透明性である。広告効果におけるリーチ・フリクエンシーなどの測定方法、ネット広告におけるクリック数などの測定方法を持たない企業広報誌の効果測定は、読者との双方向コミュニケーションが成立する場合のみであることは非常に弱い。しかし広告手法による情報開示、画一的な情報開示に、社会に企業を理解させ、その認容を高める力があるのだろうか。

　三つは、近年企業広報の原点そのものが揺れている（マーケティング重視による広報と広告の境界の曖昧化）ことである。第1章冒頭に述べたように企業広報の目的は「企業が企業活動の目的・理念、活動内容に関する情報の公開と共有、その結果としての企業に対する好意の醸成によって、企業と社会との関係を良好にする」ことにある。そもそも企業コミュニケーションには情報公開・情報共有による企業への信頼性創出型のものと、情報操作・マーケティング重視によるブランド（自己差別化）確立型のものがあるが、最近では後者のほうが優勢であり、そのことが企業広報誌を過小評価する傾向を生んでいるのではないだろうか。

　本来企業とはその大小を問わず「社会的責任、説明責任、そのための倫理性と透明性」の3点が求められる存在であり、企業広報はそのために重要かつ有効な役割を果たす。もちろん企業の最終目的は利益を上げ

第4章　企業広報誌の内容別分類とその特徴—ビジュアル化とデジタル化の時代へ

ることにあるが、社会的存在である以上、前述した3点は常に念頭に置かれるべきものである（筆者は神奈川県環境影響評価審査会のメンバーであり、事業者に対しては常にこの3点を求めている）。そしていったん企業に対する社会的批判が高まったとき、社会に説明責任を果たす上での企業広報誌の役割は大きいはずである。しかし東京電力『東電グラフ』、雪印乳業『SNOW』、大林組『季刊大林』（復刊前）、大成建設『大成クオータリー』、エッソ『エナジー』、シェル石油『Forum』の事例に見られるように、様々な不祥事によって企業に対する社会的批判が高まったとき、企業広報誌は突如姿を消してしまっている。このことは当該企業による企業広報誌の役割機能に対する過小評価以外の何ものでもあるまい。その一方で鹿島建設『KAJIMA』のように批判の嵐の中でも毅然として広報誌を出し続けた企業は、企業広報・広報誌の役割を自覚していた企業として評価されてしかるべきであろう。

4-4　まとめに代えて—いま改めて企業広報誌の役割を問う

　以上考察してきたように、企業広報誌とは11の企業広報上の役割機能を併せ持ち、明治以来120年余、企業が社会に向けてさまざまな情報を発信してきた重要な情報伝達媒体・コミュニケーションツールである。その歴史を読み解くことはその企業の歴史を読み解くこと、その内容を分析することは当該企業の企業広報への姿勢を分析することと表裏一体の関係にある。これだけの情報を持ちながら、もはや紙媒体の時代ではないとして簡単に捨て去られてよいのだろうか。

　逆に言えば、広報誌が次々と休廃刊している現在、企業の広報現場が発信している情報は、消費者が本当に知りたいものであるのか（企業の理念や活動が伝えられているか、消費者の声をキャッチし、的確に答えているか、要するに消費者にとって信頼するに足る情報であるか）という点では残念ながら疑問に感ずることが多い。とくに最近は企業広報活動が多様化し、環境報告書・CSR報告書など企業広報誌に代わる様々な媒体が発行される一方で、企業広報活動の重要な部分をアウトソーシン

グする企業、それをテクニックとして引き受ける企業が多く存在するようになった。そのことによって企業広報の画一化が進行し、むしろ消費者の企業コミュニケーションに対する不満足感は高まってきているのではないか。このことは筆者が2000年代初期、この研究を始めた当初から漠然と感じ取っていたものであるが、近年ますますその傾向が強くなってきていると感じる。

そうした中で消費者が信頼できる情報が得られる、企業の「素顔」を見ることができるコミュニケーション・メディアは依然として企業広報誌ではないだろうか。すなわち企業広報誌は日常的に発信され、企業の個性が表れるものであり、わかりやすく（説得的ではなく納得的であること）、ビジュアル性もあり、かつ事後に検証することも可能なメディア（デジタルであれば一定期間の後消去されることは多い）なのである。

まとめに代わるもの[97]として、以下では今後企業広報誌を刊行し続けるための工夫を4点、社内環境条件の整備を3点指摘しておく。

刊行のための工夫の第一は、企業広報誌刊行の目的とターゲットを再度明確にすることである。第二は、情報内容の斬新性・社会的ニーズとの合致である。第三は、採算を度外視し、詳細な情報をある程度長期間、発信し続けることである。第四は、読者をネット等を利用してユーザー登録し、企業と読者のコミュニティを形成するなどして双方向コミュニケーションが持つ正確さ、ていねいさ、迅速性を確保することである。

社内環境条件の整備の第一は、経営トップが広報誌刊行への意思、決断力を有しかつその財政的バックアップをすることである。第二は、見識と企画力に富んだ編集者を出来れば自社内、もしくは強力な外部協力者として有していることである。第三は、執筆者群、アートディレクターなどの「財産」を蓄積することである。

それでは発刊を継続し続けている企業、いったん休刊したものの見事

復刊を果たした企業、デジタル化もしくはクロスメディア化して発刊を継続している企業は自社広報誌にどのような工夫をし、またどのような社内環境条件の中にあるのだろうか。そのためには継続誌14誌、デジタル化3誌、クロスメディア化2誌の編集者インタビューが不可欠であるが、本論執筆時点までにその目的を達成することができなかった。筆者の今後の研究課題として、本書の「補遺」にあたる続稿を今後所属大学の『紀要』等に発表していくつもりである。

【注】
97）詳しくは三島前掲書終章を参照。

表-1 企業広報誌の比較検討

産業分類
BtoC企業

	企業名	広報誌名	創刊年	休廃刊年	現状	休廃刊の理由	ヴィジュアル/文字	文化/製品
書籍	丸善	學鐙	1897		継続		文字	
	岩波書店	図書	1938		継続		文字	
食品	明治屋	嗜好	1908	2008		財政的理由？	文字	文化
	サントリー	洋酒天国	1956	1963		企業コミュニケーションの転換	文字	文化
		サントリー・クオータリー	1979	2009		同 上		文化
	アサヒビール	ほろにが通信	1950	1955		同 上		文化
	味の素	奥様手帖	1956	1997		同 上		製品
	日本コカ・コーラ	爽	1967	1987		同 上		文化
	カルビー	HARVESTER	1981	1989		同 上	文字	文化
	三和酒類	季刊iichiko	1986		継続		文字	製品
	雪印乳業	SNOW		2001		企業利益低迷、社会批判		製品
	ミツカン	水の文化	1999		継続		ヴィジュアル	文化
化粧品	資生堂	花椿	1937		クロスメディア		ヴィジュアル	文化
	ポーラ化粧品	IS	1978	2002		企業コミュニケーションの転換		文化
輸送用機器	トヨタ自動車	自動車とその世界	1966	1997		同 上		文化
	本田技研工業	SAFETY 2 & 4	1971	1988				文化

	企業名	広報誌名	創刊年	休廃刊年	現状	休廃刊の理由	ヴィジュアル/文字	文化/製品
石油産業	エッソ	エネルギー	1964	1974		石油危機による予算削減		文化
	シェル石油	Forum	1971	1976		同 上		文化
	コスモ石油	DAGIAN	1991	2002		企業コミュニケーションの転換		文化
ホテル産業	帝国ホテル	IMPERIAL			継続		ヴィジュアル	
	ホテルオークラ	葵	1965?	1995?		財政的理由？		製品
エネルギー産業	東京電力	東電グラフ	1953	2008		原発問題		文化
	大阪ガス	CEL	1987		継続			
航空産業	日本航空	SKYWARD			継続		ヴィジュアル	
	全日空	翼の王国	1964		継続		ヴィジュアル	
卸・小売	日商岩井	月刊トレードピア	1970	1999		企業合併	文字	文化
倉庫・運輸業	日本国有鉄道	R	1960	1987		民営化		
	日本道路公団	みち	1970	2004		同 上		
情報通信	朝日放送	放送朝日		1975		企業コミュニケーションの転換	文字	文化
	日本電電公社	Communication	1986	2002		民営化		文化
サービス業	近畿日本ツーリスト	あるく みる きく	1967	1988		企業コミュニケーションの転換	文字	文化
BtoB企業	企業名	広報誌名	創刊年	休廃刊年	現状	休廃刊の理由	ヴィジュアル/文字	文化/製品
建設業	大林組	季刊大林	1978	-2002	復刊継続	企業利益低迷、社会批判		文化
	大成建設	大成クオータリー	1961	2000		企業利益低迷、社会批判		文化

172

IT	鹿島建設	KAJIMA	1959		継続			文化
	日本IBM	無限大	1969	2013	デジタル			文化
	富士ゼロックス	GRAPHICATION	1967	2015	デジタル	企業合併	ヴィジュアル	製品
繊維産業	川島織物セルコン	KAWASHIMA	1980	1995				製品
	フコール	フコールニュース	1955	2000	デジタル			製品
	帝人	TEIJIN Information	1971	1975		財政的理由	文字	製品、別雑誌は文化
鉄鋼	新日本製鐵	スチールデザイン	1970	-1988	別雑誌が継続		文字	製品
電気機器	日立製作所	日立	1938	1999		企業コミュニケーションの転換	文字	文化
	富士通	飛翔	1989	2011		同 上		製品
その他製造業	コクヨ	ECIFFO	1988	2009	別雑誌として復刊継続、クロスメディア		ヴィジュアル	文化
	TOTO	TOTO通信	1953		継続		ヴィジュアル	文化
	LIXIL	INAX REPORT	1975		誌名を変えて継続		ヴィジュアル	

企業広報誌目録

【企業広報誌目録】

- 2018年5月現在の情報を入力した。
- 刊行当時から社名に変更があった場合は原則当時の社名で入力。
- 企業以外に関係団体も入っている。
- 典拠によって、誌名の表記が異なる場合は、一般的と思われる方を誌名に立てた。
- 明確な刊行年がわからない場合は「不明」「刊行終了」などを補記した。
- 以下の図書、雑誌、webサイトを参考に作成した。

【図書】

書　名	著編者名	出版者	刊行年
PR誌とパブリシティ	水田文雄	ダイヤモンド社	1962
PR PRの理論と実際	電通	電通	1965
PR誌と社内報	池田喜作	ダイヤモンド社	1966（新版1972）
現代のPR誌	山中正剛	日本経済新聞社	1972
PR誌ハンドブック	池田喜作	視覚デザイン研究所	1981（改訂版1984）
企業のPR誌	サンケイマーケティング	サンケイ新聞年鑑局	1982
パブリシティ年鑑'83（主要PR誌一覧）	サンケイマーケティング	サンケイ新聞年鑑局	1983
広報誌ガイド	経済広報センター	経済広報センター	1994
Business publication graphics		ピエブックス	1995
パブリシティ年鑑'96-97	サンケイマーケティング	サンケイ新聞年鑑局	1996
Business publication graphics　2		ピエブックス	1997
百貨店の文化史	山本武利, 西沢保／編	世界思想社	1999
ニュービジネスパブリケーションズ1		ピエブックス	2000
PR誌企画&デザイン年間ケーススタディ		ピエブックス	2002
パブリックリレーションズグラフィックス		ピエブックス	2004
NEWベストフラッシュ　Vol.03		アド出版	2004
NEWベストフラッシュ　Vol.07		アド出版	2005
フリーペーパーグラフィックス		ピエブックス	2006
フリーペーパーコレクション		STUDIO CELLO	2007
ニュー・PR誌・広報誌グラフィックス		パイインターナショナル	2010
BEST GRAPHICS 03		アルファブックス	2013

【雑誌】

タイトル	著編者名	誌名	刊行年
全国フリーペーパーガイド		メディア・リサーチ・センター	2010-

【雑誌記事】

タイトル	著編者名	誌名	刊行年
広報誌と経営者　1～12	三島万里	「広報会議」	2009.2-2010.2
企業・自治体・大学広報誌一覧		「広報会議」	2010.8

【Webサイト】

タイトル	作成者
広報誌ガイド	経済広報センター
渋沢社史データベース	渋沢栄一記念財団
Aruno	日本フリーペーパー振興協会
フリーペーパーナビ	ポイントラグ

社　　名	誌　　名	刊行期間	刊行頻度	備　考（改題・電子版・編集者が著名等の情報）
水産・農林業／鉱業				
サカタのタネ	園芸通信	1951-2015.12	月刊	
住友林業	建材マンスリー			
大洋漁業	まるは通信	1962-不明	隔月刊	
	まるはニュース	1964.11-不明		
タキイ種苗	園芸と育種	1942.7-不明		後誌：育種と園芸
	育種と園芸	1943.4-1944.7		前誌：園芸と育種；後誌：育種と農芸
	育種と農芸	1946.4-1950.12	月刊	前誌：育種と園芸；後誌：園芸新知識
	園芸新知識	1951-1979	半月刊	前誌：育種と農芸，分割後誌：園芸新知識　花の号，園芸新知識　野菜号
	園芸新知識　野菜号	1979.8-2005.12	月刊	分割前誌：園芸新知識
	園芸新知識　花の号	1979-2005	月刊	分割前誌：園芸新知識；後誌：はなとやさい
	はなとやさい	2006.1-	月刊	前誌：園芸新知識　花の号，園芸新知識　野菜号
トキタ種苗	種苗と園芸	-1973.4	月刊	
中島水産	おさかなぶっく	2001-		
ミキモト	Monthly Mikimoto	-1973.12	隔月刊	後誌：さろん・ど・みきもと
	さろん・ど・みきもと	1974-1984	隔月刊	前誌：Monthly Mikimoto；後誌：Mikimoto essence
	Mikimoto	1978-不明		
	Mikimoto essence	1984.10-1987.8	隔月刊	前誌：さろん・ど・みきもと；後誌：Essence
	Essence	1987-不明		前誌：Mikimoto essence
	COLLER		季刊	
	PARURU			
日本水産	ニッスイだより	1960-1986	半年刊	
	シーフードnow	1982.4-1989	季刊	後誌：GLOBAL
	GLOBAL	1989-2013	年3回	前誌：シーフードnow
	おサカナNEWS		月刊	
建設業				
永大産業	月刊エイダイおれんじページ	1961-1975	月刊	
	永大瓦版	1961-1975	月刊	
	鉋（かんな）	1968-1975	月刊	
	woop		季刊	
海洋建設	シェルナースNEWS	2000.12-	半年刊	
熊谷組	くまがい	1970.10-1974.5	月刊	
	レポートくまがい	1975.9-1978.2	月刊	後誌：Report Kumagai
	Report Kumagai	1978.3-1992.12	月刊	前誌：レポートくまがい
	Monthly report Kumagai update	1997-2000	月刊	後誌：Kumagai update
	Kumagai update	2000-	隔月刊	前誌：Monthly report Kumagai update
五洋建設	クリエイト	1963-不明	年刊	
佐藤工業	クリエート	1969.10-1977.4	季刊	後誌：Create
	Create	1977.7-1996.11	季刊	前誌；クリエート
シーキューブ	シーキューブ		月刊	
清水建設	SHIMIZU BULLETIN	1962.1-不明	季刊	
	いすか	1992.3-不明	不定期	
殖産住宅	もっけん	1986.1-1994.4		
	たのしいすまい			
積水ハウス	きずな	1975.1-不明	季刊	
	こんにちはセキスイハウスです？	1979-不明	月刊	
	literacy：生活リテラシー	2004.9-	不定期	
	S.I.G.		半年刊	
大成建設	大成クォータリー	1961.9-1965.12	半年刊	後誌：Taisei Quarterly
	Taisei Quarterly	1966.5-2000.8	季刊	前誌：大成クオータリー
	Taisei circle	1966.5-不明		前誌：たいせいサークル
	たいせいサークル	1973-1989	半年刊	後誌：Taisei circle
	Taisei Booklet 建設を文化する	1999.3-不明		
	地図に残る仕事。			

社　名	誌　名	刊行期間	刊行頻度	備　考 (改題・電子版・編集者が著名等の情報)
大和ハウス工業	住宅つうしん	1969-不明	月　刊	
	住まいづくり	1969-不明	月　刊	
	規格建築	1969-不明	月　刊	
	オーナーズマガジン	2001-不明	季　刊	
	TKC & D CREARE	2003-不明	季　刊	
	S.P.I.A マガジン	2004-不明	半年刊	
	Okaeri	2005-不明	半年刊	
	Fine View	2006-不明	季　刊	
	GRプレス	2009-不明	半年刊	
	みどりのつどい			
	悠便			
高田工業所	TAKADA	1957-不明	月　刊	
東海興業	D & C	1965-不明	年　刊	
東洋建設	イマージンスクエア	1989-不明	年　刊	
トステムハウジング研究所	レ・マドリ		隔月刊	
戸田建設	Toda communication	1963-	年3回	
	CHALLENGE 21	1985-不明	不定期	
飛島建設	TOBISHIMA'S PROJECT	1978-不明	半年刊	
日本国土開発	明日への遺産シリーズ	1976-不明	年　刊	
	KOKUDO INFORMATION	1980-不明	半年刊	
日本テトラポッド	波と流れ	1968-1974		
間組	HAZAMA	1982.9-1989.4	半年刊	後誌：Hazama technosphere
	Hazama technosphere	1992.6-1997.11	半年刊	前誌：HAZAMA
長谷川工務店	マンションデパート	1973-不明	月　刊	
フジタ	E.S.T.a.P（エスタップ）	1986-1996.3	半年刊	
	藤苑ダイジェスト	1986-不明	季　刊	
	街づくりかわら版		隔月刊	
北海道開発コンサルタント	Docon report	1997-		前誌：HECレポート
	HECレポート			後誌：Docon report
前田建設工業	VIVOVA	1991-	季　刊	
ミサワホーム	ホームイングニュース	1971.7-不明	月　刊	
	住宅革命	1976-不明	月　刊	
	ホームA&B	1979.8-不明	隔月刊	
	QUALITY21	1980.7-不明	隔月刊	
	Misawa Homes digest report	1981-刊行終了	隔月刊	後誌：Misawa digest report
	Misawa digest report	1983.4-	季　刊	前誌：Misawa Homes digest report
	アメニティレポート	1985-不明	不定期	
	放夢新聞	1991-	週　刊	
ミサワホームイング	Home-ing		季　刊	
三井建設	建設四季	1967-不明	季　刊	
三井ホーム	パーソナルデザインニュース		月　刊	
九電工	KYUDENKO NEWS		月　刊	
三機工業	三機マンスリー	1928.1-;1951.4(復刊)-1970.12	月　刊	後誌：Sanki monthly
	Sanki monthly	1971.1-1991.3	隔月刊	前誌：三機マンスリー；後誌：Harmony
	Harmony	1992.1-	季　刊	前誌：Sanki monthly
鹿島建設	鹿島建設月報	1959.11-	月　刊	後誌：KAJIMA
	KAJIMA	1991.1-	月　刊	前誌：鹿島建設月報
	Ki（Kajima information）	1995-2002.2	隔月刊	
西尾レントオール	安全くん	1993.1-	隔月刊	
大日本土木	TOMORROW'S大日本土木	1980-不明	年3回	
大林組	工事画報	1932-不明	年　刊	
	グラフ大林	1966.4-1970	季　刊	前誌：大林グラフ
	大林レポート	1978.6-2002.3	季　刊	

社　名	誌　名	刊行期間	刊行頻度	備　考 (改題・電子版・編集者が著名等の情報)
大林組	季刊大林	1978.6-2002.3；2007.7-	季　刊	
	大林グラフ		隔月刊	後誌：グラフ大林
竹中工務店	APPROACH	1964.3-	季　刊	
	竹中大工道具館だより	2002.8-2009.7	半年刊	後誌：竹中大工道具館NEWS
	竹中大工道具館NEWS	2010-	半年刊	前誌：竹中大工道具館だより
長谷工コーポレーション	CRI	1978.9-	月　刊	合併前誌：CRI 首都圏版，CRI 近畿版
	ANEMOS	1991.1-1996.4	季　刊	
東亜港湾工業	みなと	1949.7-不明		前誌：カッター
	東亜	1962-不明		
東洋エンジニアリング	TEC-INFORMATION	1974-不明	年3回	
	TEC COMM	2001.3-2009.8	半年刊	後誌：TOYO TIMES
	TOYO TIMES	2010.3-	半年刊	前誌：TEC COMM
日建設計	Quarterly	2003-刊行終了	季　刊	合併後誌：NIKKEN JOURNAL
	FACT	2006-2008	年　刊	合併後誌：NIKKEN JOURNAL
	NIKKEN JOURNAL	2009-	季　刊	合併前誌：Quarterly，FACT
	FACT			
日本電建	朗	1956.1-1961.12	月　刊	後誌：ニューハウス
	ニューハウス	1962.1-2007.10	月　刊	前誌：朗
	棟上げ	-1991.4	季　刊	後誌：やわらぎ
	やわらぎ	1991.6-不明	隔月刊	前誌：棟上げ
	でんけん			
日立ビルシステム	Buil care		季　刊	
日立機電工業	C.A.S.E.			
食料品				
PASCO	One Day	1978-不明	月　刊	
赤城乳業	くーるらんど	1981.7-不明	季　刊	
秋本食品	秋本親和だより	1982-不明	季　刊	
朝日麦酒	ほろにが通信	1950.10-1955.6	隔月刊	
	ホロニガ	1967.7-1969.11	隔月刊	
	アサヒ　ファンニュース	1982.5-不明	年3-4回	
	アサヒホットライン	1986-不明	季　刊	
	奥さまサロン	1986-不明	隔月刊	
一番食品	ICHIBAN			
伊藤園	よつ葉			
伊藤ハム	躍進	1965-2012	月　刊	
岩田醸造	紅			
江崎グリコ	グリコニュース	1971-	月　刊	
	こども通信	1985-	半年刊	
エチゴビール	エチゴビール通信	1995.5-		
オタフクソース	おたふく	2000-2015		
	ほっとおたふく	2016-	季　刊	
オハヨー乳業	SALUT			
オリエンタル酵母工業	TASTY	1986-不明	季　刊	
オリオンビール	BEER BREAK			
カゴメ	トマト宣言	1974-不明	年11回	
	VEGETABLE BIBLE	1984.5-不明		
カルビー	Harvester	1981.3-1989.9	季　刊	
カルビーポテト	ポテカル	2004.9-	隔月刊	
カルピス食品工業	ピック・ニック・アージ	1982.6-不明	季　刊	
キーコーヒー	coffee fan	1970年頃-不明	季　刊	
	From key		季　刊	
菊正宗酒造	甘辛春秋	1970-1972	季　刊	
キッコーマン	FOOD CULTURE	1999-	半年刊	

社　名	誌　名	刊行期間	刊行頻度	備　考（改題・電子版・編集者が著名等の情報）
キッコーマン醤油	キッコーマン	1968-不明	年10回	
	ホームクッキング	1974-1999.12	月　刊	
	技術情報	1977-2011	季　刊	
キユーピー	お惣菜のヒント			
	キユーピーニュース	1973.12-	月　刊	
	健やかめぐり			
月桂冠	さかみづ	1963.1-不明		
	季刊月桂冠	1980.10-不明		
	モイストムーン 素肌向上通信			
神戸屋	パンフレンド			
	わが家のサンドウィッチ			
壽屋	繁昌	1938-1939	季　刊	後誌：発展
	はってん	1939-1944；1953-1964	隔月刊	前誌：繁昌；後誌：はってん
	ホームサイエンス	1946.11-1948.3		
	オーシャン			
サッポロビール	サッポロ	1958.5-1972.4	季　刊	
	サッポロ通信	1959.11-不明		
	サッポロ	1972.10-1979.4	月　刊	
	生活科学	1978.4-不明	隔月刊	
	生活情報	1978-不明	月　刊	
	SAPPORO	1986.4-1993.11		
サントリー	洋酒天国	1956.4-1963	月　刊	合併後誌：サントリー天国
	ビール天国	1963.6-1964		合併後誌：サントリー天国
	サントリー天国	1964.12-1966	月　刊	合併前誌：洋酒天国，ビール天国
	サントリー通信	1965.4-不明		
	洋酒マメ天国	1967.6-刊行終了		
	OTOKO・JOY	1971.4-1971.12		
	グルメ	1971-不明	年　刊	
	サントリー・クォータリー	1979.1-2009.4	季　刊	
	SPILIT	1979.2-不明	年　刊	
	リカー・ショップ	1979-不明	隔月刊	前誌：はってん
	サントリー・クォータリー別冊	1981-1985		
	Suntory sister's quarterly	1985-1988.4	季　刊	後誌：サントリーシスターズクォータリー
	サントリーシスターズクォータリー	1988.10-1991	半年刊	前誌：Suntory sister's quarterly
	モルツ通信 Centum	1993-不明		
	ウイスキーヴォイス			
	SUNTORY COLLECTION		季　刊	
三楽オーシャン	Bon mercian	1981.9-1982.6	季　刊	
	Bon mercian	1985.6-刊行終了		
三和酒類	季刊iichiko	1986.10-1998.10 1999.3-	季　刊	
末廣酒造	田楽	1976-不明	半年刊	
セニエ	Boo Hoo Woo		月　刊	
第一屋製パン	はっこう		隔月刊	
タカキベーカリー	アンデルセン	1967-1973	隔月刊	後誌：カリテ
	カリテ	1972-不明	季　刊	前誌：アンデルセン
宝酒造	たから	1958-1964	月　刊	
多聞酒造	多聞天	1969.1-1974		
中尾醸造	蔵元だより		年3回	
中村屋	千客万来	1971-不明	月　刊	
西宮酒造	盛	1968-1973	隔月刊	
ニチレイ	ミート情報　TRY	1986-不明	月　刊	
	OriOri	2005-	季　刊	
	白い食卓		季　刊	

社　名	誌　名	刊行期間	刊行頻度	備　考 (改題・電子版・編集者が著名等の情報)
ニッカ・ウイスキー	ニッカ・ポッカ	1959-不明		
	うすけぱ	1976.4-不明	年3回	
日清食品	Foodeum	1988-刊行終了	季　刊	後誌：Noodles.com
	Noodles.com	2000-2005	季　刊	前誌：Foodeum
日新製糖	しゅがあ	1958-不明	季　刊	
日清製粉	畜産春秋	1962.4-不明	月　刊	
	小麦粉アラカルト	1974-不明	年　刊	
	ラブリーニュース	1988-不明	季　刊	
	元気予報	1988-不明	季　刊	
	くるる　社外報	1990-不明	半年刊	
日清製油	日清サラダ油エコー	1977-不明	季　刊	
日本コカ・コーラ	爽	1969-1989.12	季　刊	
	さわやか経営情報	1975-不明	月　刊	
	with coke	1976-不明	隔月刊	
	さわやか奥様	1978-不明	隔月刊	
	さわやか奥さん		隔月刊	
日本製粉	日粉通信	1958-不明	年3回	
日本農産工業	飼料畜産展望(畜産版)	1957-不明	隔月刊	
	飼料畜産展望(養魚版)	1957-不明	季　刊	
	飼料畜産展望(軽種馬版)	1957-不明	半年刊	
	ペットライン「with PET」	1982-1993	季　刊	
日本配合飼料	飼料の研究	1956-刊行終了	月　刊	
日本ハム	ニッポンハムロータリー	1965-1993.3	月　刊	後誌：ロータリー
	ロータリー	1993.4-	月　刊	前誌：ニッポンハムロータリー
ハインツ日本	HEINZ NET'S			
ハウス食品	ペパーミル	1981-不明	季　刊	
	Kitchen basket	2003-2009	季　刊	
八海醸造	魚沼へ	2003-	季　刊	
不二製油	プラザだより	1981-不明		
フジパン	フジパンニュース	1965-不明	季　刊	
不二家	お菓子手帖	1959-不明	年36回	
	Fresh Fujiya		季　刊	
プリマハム	日々繁昌	1974-不明	年5回	
	ハム・ソーセージの知識	1974-不明	年　刊	
	輝くプリマ			
	プリマ			
	プリマチェン月報			
ペリエジャポン	JE BOIS		季　刊	
マキシアム・ジャパン	近未来カクテルブック The Future Cocktail Book			
マンナンライフ	らいぶらいぶ	1980-不明	月　刊	
ミツカン	水の文化	1999.1-	年3回	
明治製菓	スキート	1923-不明	年　刊	
	Medical corner	1959-1991.11	年3回	後誌：メディカルコーナー
	明治チョコレート	1963-不明	半年刊	
	メディカルコーナー	1992.1-1993.11	隔月刊	前誌：Medical corner；後誌：Medical corner
	Medical corner	1994.1-2005.3	隔月刊	前誌：メディカルコーナー
	カナマイシン明治			
	ふたば			
	医食同源		随　時	
明治乳業	きのこ通信	1974.5-不明		
	Food Information	1974-不明	月　刊	
	明治クッキングサロン	1974-不明	季　刊	
	牛乳について考える	1976.10-不明		

社　名	誌　名	刊行期間	刊行頻度	備　考 (改題・電子版・編集者が著名等の情報)
明治乳業	明治健康ファミリー	1981-	月　刊	
	LA VOIX		季　刊	
	明乳テキスト			
森永製菓	明るい菓子店	1956-不明	季　刊	
森永乳業	ミルクランド	1933.3-不明		
	森永牛乳	1934.6-不明		
	マミー・クラン	1974.4-	月　刊	
モロゾフ酒造	もんで			
ヤクルト	けんちょう	1970-	隔月刊	
	広報ニュース	1973-不明	隔週刊	
	ヘルシスト	1976.10-	隔月刊	
	情報ネットワーク	1988-不明	隔月刊	
	素肌プラス	2004-	季　刊	
	Y.C.news		季　刊	
山崎製パン	ヤマザキパンニュース		月　刊	
	ヤマザキニュース			
雪印乳業	snow	1958.10-2001.12	月　刊	
	ゆき	1965-不明	隔月刊	
	おはようマガジン	1977-不明	季　刊	
	グラフゆきじるし	1978-不明	半年刊	
	NEWLETTER HEALTH DIGEST	1987-不明	月　刊	
ロッテ	Shall we Lotte	2008-	季　刊	
	ロッテ			
和光堂	赤ちゃん通信	1990-刊行終了	隔月刊	
甘美社	甘美			
虎屋	お菓子たより	1938.10-1940		
	和菓子	1994.3-	年　刊	
三栄源エフ・エフ・アイ	ART TASTE	1993.1-2001.2	季　刊	吸収後誌：Foods & food ingredients journal of Japan FFI ジャーナル
肉の万世	肉の万世クラブ			
日本たばこ産業	日本たばこ	1985-刊行終了	年　刊	
	Just now	1989.7-刊行終了	季　刊	合併前誌：ぱいぷ，ハーフタイム
日本パスコン	ふれあい	1979-刊行終了	季　刊	
日本専売公社	財政と専売	1948.5-1950.3		後誌：専売
	専売	1950.7-刊行終了	旬　刊	前誌：財政と専売
	ぱいぷ	1968.3-刊行終了	月　刊	
	ぱいぷ THE PIPE	1973.12-1989	季　刊	合併後誌：Just now
	いっぷく百科			
敷島製パン	One Day			
味の素	味	1932.8-1938.4； 1959.11(復刊)-不明	季刊→月　刊	
	味液	1956.2-1978.4		
	奥様手帖	1956.8-1997.9	月　刊	
	味ニュース	1959-刊行終了	半年刊	
	マイファミリー	1970.10-1982.12	隔月刊→月　刊	
	Ajico news & information	1973.4-1997.1	季　刊	合併後誌：Ajiko news
	POTENTIAL	1979.7-不明		
	Vesta	1989.11-	季　刊	
	Ajiko Reference on Food & Health	1992.8-1997.3	季　刊	合併後誌：Ajiko news
	Ajico news	1997.6-2006.3	季　刊	合併前誌：Ajico news & information, Ajiko Reference on Food & Health
	料理手帳			
	Future's Eye 食情報コミュニケーションレター			

182

社　名	誌　名	刊行期間	刊行頻度	備　考 (改題・電子版・編集者が著名等の情報)
味の素ゼネラルフーヅ	ゲインズ百科	1972.9-1992	年3回	
	ゆとりすと	1991.10-不明		
木村屋總本店	ギンザ キムラヤニュース			
理研ビタミン油	スープストック			
両口屋是清	いとをかし	2008-	季　刊	
麒麟麦酒	キリンサークル	1966-不明	季　刊	
	キリンサービス	1969.5-1982.12	季　刊	
	ライフ・ライブラリー	1974-不明	年　刊	
	プレジャー	1977-不明	季　刊	
	キリンパートナー	1981-不明	隔月刊	
	The KIRIN	1984.7-1989.5	半年刊	
	Hubbuboo	1986-2009	季　刊	
	繁昌百科			
	きりん			
繊維業				
旭化成工業	春秋あさひ	1951.3-1975.4	半年刊	
	ヘーベリアン	1981-不明	月　刊	
	商品ニュース			
エドワーズ	ザ・コンチネンタル	1966-	月　刊	
	エドワード			
片倉工業	The KATAKURA	1968-不明	季　刊	
兼松羊毛工業	兼松羊毛資料	-1967.3	旬　刊	後誌：兼松江商羊毛資料
	兼松江商羊毛資料	1967.4-1974.6		前誌：兼松羊毛資料
川島織物	KAWASHIMA REPORT	1976-不明	隔月刊	
	KAWASHIMA	1980.11-1995.9	季　刊	
	KAWASHIMA PRESS		月　刊	
倉敷紡績	クラボウニュース	1961-1963	季　刊	
グンゼ	ぐんぜ			
近藤忠商事	セルコン			
シキボウ	シキボウニュース	1987-不明	季　刊	
ジャパンゴアテックス	18°C	1986-不明	年　刊	
ダイニック	おれんじ	1959-不明	季　刊	
大和紡績	ダイワボーニュース			
デサント	デサントスポーツ科学	1981.3-	年　刊	
東洋紡績	PONT	1971-不明	月　刊	
東洋レーヨン	しるえっと	1956.9-不明		
	東レニュース	1959.8-1965	隔月刊	後誌：プウルプ
	TORAY TOPICS	1962-不明		
トーア紡コーポレーション	TNNネットワーク			
日本毛織	ニッケモード	1963-不明	季　刊	
日本バイリーン	バイリーン	1969-不明	季　刊	
日本レイヨン	日レセンス			
福助足袋	ふくすけ			
富士紡績	富士	1947.5-不明	月　刊	後誌：富士の友
	富士の友		月　刊	前誌：富士
ユニチカ	魚信	1967.7-不明	半年刊	
好美屋	アクセント			
	よしみやニュース			
レナウン	FMI&fan		年3回	
ワコール	ワコールニュース	1955-1977.8	月　刊	後誌：Wacoal news
	幸葉	1967.12-不明	季　刊	
	ファッションズ・アイ	1969.7-1971.12	年3回	
	ワコール通信	1973-不明	不定期	
	クォータリーレポート	1975.11-不明	季　刊	

183

社　名	誌　名	刊行期間	刊行頻度	備　考（改題・電子版・編集者が著名等の情報）
ワコール	Wacoal news	1977.9-2000	月　刊	前誌：ワコールニュース
	私のおしゃれ		不定期	
	おしゃれの手帳	1954-		
旭一シャイン工業	スタイルノート			
高橋東洋堂	アイデアルシーデンメール			
三菱レイヨン	アクリルニュース	-1981		
	SPACE &	1984.3-1993.9	半年刊	
	ぷうるぷ			
	ボンネルの知識			
帝人	帝人タイムス	1926-1977.5	隔月刊	
	テイジン	1931-不明	月　刊	
	帝人マーケティング情報	1968-不明	月　刊	
	TEIJIN Information	1971-刊行終了	月　刊	
	デザインニュース			
	帝人セールスガイド			
東レ	東レ銀鱗ニュース	1957-不明	季　刊	後誌：海は東レ
	東レモード	1975-不明	半年刊	
	東レ生活科学情報	1991-不明	隔月刊	
	プウルプ		季　刊	前誌：東レニュース
	海は東レ			前誌：東レ銀鱗ニュース
尾崎商事	Ozakiホームルーム	2008-刊行終了		
パルプ・紙				
神崎製紙	パピエ	1961.11-刊行終了		
	View かんざき	1972.7-1989.5	季　刊	前誌：かんざき；後誌：View Kanzaki
	NEW ビジネス読本	1982-刊行終了	季　刊	
	View Kanzaki	1989.11-1993.5		前誌：View かんざき
	かんざき			後誌：View かんざき
日本製紙	Dyna Wave			
北越製紙	infografix			
本州製紙	はと	1963.4-1996.9	月刊→隔月刊	
王子製紙	紙	1981.3-1992	季　刊	
	森の響（もりのうた）	1997.2-2008	季　刊	
	MONSOON	1998.12-刊行終了	年２回	
王子油化合成紙	YUPO	1987.1-刊行終了		
十條製紙	十條ニュース	1974-刊行終了	季　刊	
	CCPニュース			
日本パルプ工業	ほわいと	1967.12-不明		
化学工業				
P&Gファーイースト	P&G通信	1987.1-不明		
アイカ工業	AiCA EYES			
アクアス	ＡＱＵＡＳ	1987.5-1998.9	季　刊	
旭電化	アデカ通信			
アジュバンコスメジャパン	Elle de Chic			
荒川化学工業	アラカワニュース	1959.3-1986.5	月　刊	後誌：Arakawa news
	Arakawa news	1986.7-1989.5	季　刊	前誌：アラカワニュース；後誌：Arakawニュース
	Arakawニュース	1989.10-1994.10	季　刊	前誌：Arakawa news；後誌：News Arakawa
	News Arakawa	1995.1-2003.10	季　刊	前誌：Arakawニュース；後誌：荒川lnews
	荒川lnews	2004.1-2017.1	季　刊	前誌：News Arakawa
アルビオン	アルビオン	1957-不明	季　刊	
	経営ジャーナル	1960-不明	季　刊	
ウエラジャパン	WELLA PERM		季　刊	
エア・ウォーター	Ｗｅ　Ｓｈａｌｌ	1984-不明	季　刊	

社　名	誌　名	刊行期間	刊行頻度	備　考（改題・電子版・編集者が著名等の情報）
岡本信太郎商店	ビューティブック			
小川香料	サンダイヤ	1965-1973.5	季　刊	
花王	花王販社だより ひろば	1969.1-不明	隔月刊	
	MY-COM PLAZA	1980-1997.2	季　刊	
	花王ケミカルだより	1985.11-	半年刊	
	SOFINA	1988.7-不明		
花王石鹸	花王だより	1953.1-不明	隔月刊	
	清流	1974.5-1990.3	月　刊	
科研化学	科研薬報	1953.10-1971.3	隔月刊	
鐘淵紡績	カネボウニュース			
カネボウ化粧品	Bell	1963.1-2005.1	月　刊	前誌：Queen
	チェーンニュース	1966-不明	年26回	
	Bellevita	1983-1991		
川上塗料	川上ニュース	1964-不明	不定期	
関西ペイント	セルバニュース	1967-不明	季　刊	
	ぺん気倶楽部	1987-不明	不定期	
クボタシーアイ	PAL	2000.4-		前誌：Haikan news
クミアイ化学工業	ケミカル農業	1969.12-1975.8	季　刊	後誌：みのりの仲間
	みのりの仲間	1976.5-1980.8	季　刊	前誌：ケミカル農業
クレハ	Monthly Kureha	2005.10-2017.10	月　刊	前誌：呉羽時報
ゲオール化学	G・AGE		月　刊	
	ゲオールi		月　刊	
コージー本舗	OSAMU GOODS STYLE		季　刊	
小西六写真工業	さくらXレイ写真研究	1950.5-1974	隔月刊	後誌：サクラXレイ研究
	さくらの国	-1960.10		後誌：Sakura family
	Sakura family	1961-1975.8	月　刊	前誌：さくらの国；後誌：Photo Family
	SGR	1970-不明	季　刊	
	サクラXレイ研究	1975.1-1987	隔月刊	前誌：さくらXレイ写真研究；後誌：コニカX-レイ写真研究
	Photo Family	1975.9-1982.12	月　刊	前誌：Sakura family；後誌：Sakura photo family
	Sakura photo family	1983.1-1987.10	月　刊	前誌：Photo Family；後誌：Photo Konica
	Photo Konica	1987.11-2002.12	月　刊	前誌：Sakura photo family；後誌：Photo Konica moment
	コニカX-レイ写真研究	1988-2001	隔月刊	前誌：サクラXレイ研究
	Photo Konica moment	2003-刊行終了	季　刊	前誌：Photo Konica
	Photo square magazine	2004-2008	季　刊	
	小西六タイムズ		月　刊	
小林コーセー	リングストア	1860-不明	季　刊	
	カトレア	-1972.1	隔月刊	
	ビューティファッション カトレア	1972.2-1975.1	隔月刊	
	BEAUTY	1976-不明	年５回	
三州ペイント	ART LAND		季　刊	
サンスター	あなたとサンスター	1972.8-不明	隔月刊	
サンスター歯磨	お店とサンスター			
資生堂イプサ	Cawaii Click		季　刊	
ジュジュ化粧品	ユアヒットパレード			
ジョンソン	ジョンソンニュース	1972-不明	季　刊	
	ジョンソン協力会ニュース	1981-不明	季　刊	
シルバー樹脂工業	シルバーニュース	1977-刊行終了	季　刊	
信越化学工業	シリコンレビュー	1958-不明	半年刊	
	シリコーンニューズ	1977-不明	季　刊	
	シーラントニューズ	1979-不明	年　刊	
	LIVE	1993-不明	半年刊	
神東塗料	塗料と塗装	1935-1975.7	年　刊	
	シントー製品ニュース	1973-不明	月　刊	

185

社　　　名	誌　　　名	刊 行 期 間	刊行頻度	備　考 (改題・電子版・編集者が著名等の情報)
住友スリーエム	住友スリーエムワイド	1969.4-1972.4	季　刊	
	Listen！	1971.12-1977.10	季　刊	
	Profile 3M	1973.6-刊行終了	季　刊	
住友ベークライト	デコラ			
積水化学工業	エスロンニュース	1961.1-1962.9	月　刊	
	Aqua	1988-2000	半年刊	
	てんと虫タイムス			
	エスロンタイムズ		半年刊	
セメダイン	セメダインレビュー	1959-不明	月　刊	
	セメダインサークル	1964-不明	季　刊	
ダイセル化学工業	ダイセル化学ニュース	1984-刊行終了	半年刊	
高砂香料工業	高砂香料時報	1928-；1958(復刊)-		
タキロン	OKO		不定期	
中央香料	ぱるはむ	1958.9-不明	年　刊	
中国塗料	中国塗料	1967-1986	季　刊	
筒中プラスチック工業	筒中プラスチックニュース	1959-不明	隔月刊	
デュポン	デュポンマガジン			
東亜農薬	東亞農薬たより	1954.1-1954.3	月　刊	後誌：農薬たより
	農薬たより	1954.4-1964.10	月　刊	前誌：東亞農薬たより
東京マックス	セールスブロシャー			
東洋インキ製造	トーヨー	1931.10-不明		
	東洋インキnews	1956-2003.6	半年刊→年刊	
	I&I：イメージ&インターフェース	1988-不明	季　刊	
東洋リノリューム	フロアー	1960-1964	月　刊	
	東リニュース	1967-刊行終了	隔月刊	
東リ	東リニュースレターCUBE	2000-	季　刊	
	MAINTE		不定期	
トクヤマ	とくそう	1956-不明	月　刊	
富山化学工業	コルベン			
	エコツクシ			
長浜樹脂	ナガハマニュース		月　刊	後誌：三菱樹脂ニュース
日研化学	Partner	1970.1-刊行終了	隔月刊	
日華化学	クローク	1962-不明	季　刊	
日本化薬	診療手帖	1961-2006	季　刊	
	ファーマシートゥディ	1988-2010	季　刊	
日本酸素	チャンネル	1964-刊行終了		
日本ジーイープラスチックス	GEP-J PLAZA		半年刊	
日本曹達	農薬時代		半年刊	
日本特殊塗料	NITTOKU NEWS		半年刊	
日本ペイント	塗料	1951.1-1977.1	季　刊	
	ニッペセールスニュース	1967-不明	月　刊	
	TECHNO-COSMOS	1992.3-2009.3	半年刊→年刊	
日本油脂	日油ニュース	1967-不明	季　刊	
バイエルホールディング	和・Harmony	1986-不明	季　刊	
パピリオ	PAPILIO AMIE D' OR			
ハリウッド	ハリウッドスター			
ピアス	若い肌			
藤倉化成	ふじくら	1967-不明	季　刊	
富士写真フイルム	写真と技術	1937.1-不明		
	写楽祭	1960.12-1963.5	不定期	
	マイクロシステムニュース	1961-不明	月　刊	
	グラフィックアーツ・インフォメーション	1961-不明		

社　　名	誌　　名	刊 行 期 間	刊行頻度	備　　考 (改題・電子版・編集者が著名等の情報)
富士写真フイルム	セールスガイド	1961-不明	月　刊	
	富士グリーンサークル	1969-不明	季　刊	
	ビジネスインフォメーションサークル	1969-不明	季　刊	
	Green	1970.9-1975.5		
	富士フイルムニュース	1971-不明	年　刊	
	フォト・クリエイター	1980.8-不明	季　刊	
	Value	1987-1992		後誌：Pro-value
	Pro-value	1987-刊行終了	隔月刊	前誌：Value
ベルマン化粧品	ベルマンぱーてぃ			
ポーラ・オルビスホールディングス	化粧文化plus	2008-		
ポーラ化粧品本舗	ビューティ専科	1951-1982	月　刊	改題：Pola Beauty & Healthy (379-387)
	EXCEL	1968.2-1974.12	季　刊	後誌：ポエカ
	コフレ	1970-不明	季　刊	
	POECA	1975.3-1977.12	季　刊	前誌：エクセル
	IS	1978.6-2002.3	季　刊	
	化粧文化	1979.12-2005	半年刊→年刊	
	マキエ	1990.1-	年　刊	
ほくさん	HOKUSAN NEWS	1963-刊行終了	月　刊	
マックスファクター	PARTNER	1967-刊行終了		
	Lips			
丸見屋商店	ミツワ文庫		月　刊	
マンダム	男の世界	1972.9-不明		
	MANDOM	1976.10-不明		
三菱化成工業	ファンドリーニュース	1954.1-1978.4		
	稲と麦		月　刊	
	みどり			
三菱樹脂	三菱樹脂ニュース	1954-1969.3	隔月刊	前誌：ナガハマニュース；後誌：プラスチック
	プラスチック	1971.2-1974.10	半年刊	前誌：三菱樹脂ニュース
	雨どい新聞			
ライオン歯磨	歯の健康	1966.6-不明		
	獅子ジャーナル	1972-不明	隔月刊	
	ライオンクリーンニュース	1976.4-不明	隔月刊	
	ザ・ライオン	1979-不明		
	ライオンニュース			
	広報ニュース			
ロンシール	ロン	1973-不明	年3回	
呉羽化学工業	呉羽時報	1950.8-1992.12	月　刊	後誌：Kureha jiho
	Kureha jiho	1993.1-1995.12	月　刊	前誌：呉羽時報；後誌：呉羽時報
	呉羽時報	1996.1-2005.9	月　刊	前誌：Kureha jiho；後誌：Monthly Kureha
	味の小径			
三井石油化学工業	ポリマーニュース	1979.4-1988	季　刊	後誌：A & C
	A & C Activities and communication	1988.4-1991.7	季　刊	前誌：ポリマーニュース
三井東圧化学	APPROACH	1991.6-刊行終了	半年刊	
三菱モンサント化成	ビニールと農業			後誌：ビニールと農園芸
	ビニールと農園芸			前誌：ビニールと農業
三洋化成工業	三洋油脂ニュース	1949.11-1963.5	月　刊	後誌：三洋化成ニュース
	三洋化成ニュース	1963.6-		前誌：三洋油脂ニュース
資生堂	資生堂月報	1924.11-1931.1	月　刊	
	チェインストア	1927.6-1931.1；1938.5-1938.12	月　刊	前誌：チェンストア研究
	資生堂グラフ	1933.5-1937.9		
	チェンストア研究	1935.6-不明		後誌：チェインストア
	花椿	1937.10-2007.6	月　刊	分割後誌：みる花椿, よむ花椿(交互に刊行)

187

社　　名	誌　　名	刊行期間	刊行頻度	備　考（改題・電子版・編集者が著名等の情報）
資生堂	資生堂チェインストア	1939.1-；1948.10（復刊)-1953.12；1957.11(再刊)-不明		後誌：資生堂チェイン
	資生堂チェイン	1941.1-不明		前誌：資生堂チェインストア
	資生堂ニュース	1946.6-不明		
	資生堂セールスダイジェスト	1950.3-刊行終了		後誌：資生堂マーチャンダイジェスト
	資生堂ホールセールチェイン	1953.1-不明		
	資生堂ホールセラー	1953-不明	月　刊	
	資生堂マーチャンダイジェスト	1954.4-刊行終了		前誌：資生堂セールスダイジェスト；後誌：資生堂マーケティングラム
	資生堂マーケティングラム	1956.12-不明		前誌：資生堂マーチャンダイジェスト
	美容研究	1963.8-1988	月　刊	
	ハイ資生堂です	1978.4-不明		
	Beauty Report	1983.6-1987.7	半年刊	分離前誌：美容研究
	SPONTANEOUS（顔）	1989.7-不明		
	LE MILLENIUM	1993.7-不明		
	おいでるみん	1996.3-2012.2	半年刊	
	万物資生	2001.1-2008.3	季　刊	
	みる花椿	2007.7-2011.11	隔月刊	分割前誌：花椿
	よむ花椿	2007.8-2011.12	隔月刊	分割前誌：花椿
	Beauty Book			
	男24時間			
	M's 24			
	L's 24			
	SUCCESS-24			
	SWSC			
住友化学	薬の知識	-2006.3	月　刊	
	月刊人間ドック			
鐘淵化学工業	リビィング			
	カネカロンニュース			
鐘淵紡績	Queen	-1962.12	月　刊	後誌：Bell
瑞西バーゼル化学工業	チバ時報	1919-刊行終了		前誌：現代の治療；後誌：
西武ポリマ化成	SPCニュース			
東京化成工業	TCIメール	1968-	季　刊	
東洋高圧工業	東圧の肥料	1951-不明	月　刊	
	すすむ農業			
日産化学	農事ニュース			
日本サイテックス	WHAT'S NEXT			
日本ペイント	可視光	1987.4-2002	半年刊	
医薬品				
あすか製薬	Aska : thyroid gland	2006.2-	季　刊	
アステラス製薬	Astellas square	2005.4-	隔月刊	
上野製薬	紫光	1960-不明	季　刊	
エーザイ	エーザイ月報	1954-1959		後誌：クリニシアン
	チヨコラ会通信	1955-不明	年10回	
	クリニシアン	1959-1963.2		前誌：エーザイ月報；後誌：Clinician
	Clinician	1963.3-	年10回	前誌：クリニシアン
	はくたく	1973-不明	年10回	
	Hospha	2000-	季　刊	
	ドラッグダイジェスト		年3回	
	Ast news			
	Eisai Rotary			
	生活教育			
	こんにちは！		月　刊	

社　名	誌　名	刊行期間	刊行頻度	備　考（改題・電子版・編集者が著名等の情報）
エスアールエル	Refer	1986.1-1992	季　刊	
	Refer	1992-1994	季　刊	
エスエス製薬	エスエス通信	1932-不明	月　刊	
	家庭の衛生			
大塚製薬	大塚薬報	1950-	月　刊	
小野薬品工業	くすり春秋			
グラクソスミスクライン	Glaxo Smithkline New Science	2001.7-2002.6	季　刊	前誌：GlaxoWelcome New Science
小林製薬	からだ情報　すこぶる			
佐藤製薬	佐藤協力会報	1955-不明	月　刊	
三共	Stethoscope		月　刊	
	三共ホームヘルス			
サンド薬品	3℃ PLUS ONE		季　刊	
塩野義製薬	月刊シオノ	-1947.12	月　刊	後誌：月刊シオノギ
	月刊シオノギ	1948.1-1962.10	月　刊	前誌：月刊シオノ
	モダンテラピー	1948.8-1967.11	年３回	
第一化学薬品	Pure chemicals Daiichi	1970.1-1996.6	季　刊	
	クリニカルニュース	1980.4-1995.1		
第一工業製薬	第一工業製薬社報	-1962	隔月刊	後誌：社報
	社報	1972-2000	隔月刊	前誌：第一工業製薬社報；後誌：拓人
	拓人	2001.1-	季　刊	前誌：社報
第一製薬	第一薬報	1951-刊行終了		
	Medical digest	1952-2007.1	月　刊	
	Medical pharmacy	1967-2007.1	月　刊	前誌：第一薬報
	艸木通信	-2000	季　刊	
	第一ニュース			
大正製薬	家庭の友	1939.2-1941.8		
	大正リポート	1947.10-不明		前誌：共成通信
	大正会報	1952-不明		
	イーグルくらぶ	1961.7-不明		
	Self doctor	1997.6-	季　刊	
	家庭の医学			
大日本住友製薬	Medicaf_	2006-2009	季　刊	前誌：Medical news
	Medical partnering			
大日本製薬	薬の手帖	1953.5-不明		
	マルピーサロン	1953-刊行終了	隔月刊	後誌：薬の知識
	メディカルニュース	1960.6-1995.6	隔月刊	後誌：Medical news
	Cava Cava	1991.8-不明	季　刊	
	Medical world	1993.9-1997.9	月　刊	吸収後誌：Medical news
	Medical news	1995.8-2006	季　刊	前誌：メディカルニュース；後誌：Medicaf_
	マルピー薬の手帳			
武田薬品工業	成人読本	1965-不明	半年刊	
	保健	-1973.12	月　刊	
	子ども部屋			
田辺製薬	田邊ニュース	-1966		後誌：臨床のあゆみ
	臨床のあゆみ	1966.12-1992	月　刊	前誌：田邊ニュース
チバ薬品	CIBA KAGAMI	1960-1972		後誌：Clinical symposia
中外製薬	中外医薬	1948-1996.6	月　刊	
	中外会ニュース	1965-1991	隔月刊	
	Medical forum Chugai	1997-	季刊→隔月刊	
	Faruma Chugai			
ツムラ	BATHCLIN	1984-不明	半年刊	
津村順天堂	おとなの絵本	1966.11-刊行終了	月　刊	
テルモ	季刊　透析ライフ			

社　　名	誌　　名	刊 行 期 間	刊行頻度	備　考（改題・電子版・編集者が著名等の情報）
日本アップジョン	SCOPE	1962-2003.6	月　刊	
	アップジョン文庫			
日本グラクソ	Glaxo New Science	-1999.5		後誌：GlaxoWelcome New Science
	GlaxoWelcome New Science	1999.9-2000.12	季　刊	前誌：Glaxo New Science；後誌：Glaxo Smithkline New Science
日本臓器製薬	ニチゾー通信	1967-不明	隔月刊	
	Sawarabi	1990-1995	季　刊	
	ゼット			
バイエル薬品	今日の医学	1956-1988.3	年3回	
	Bayer booklet series	1988.1-不明		
ヒノキ新薬	asunaro	1960-刊行終了		
	Epta	2001-	年5回	前誌：asunaro
ファイザー製薬	Medic	-2005	年5回	前誌：Spectrum
	Tie-up			
	Spectrum			後誌：Medic
藤沢薬品工業	いずみ	1953.7-2005	年10回	後誌：Astellas square
	FUJI	1962.5-不明	年10回	
ベーリンガー・マンハイム	face to face		季　刊	
ヘキストジャパン	まちあいしつ	1978-刊行終了	隔月刊	
	ヘキスト・カプセル	1978-刊行終了	隔月刊	
	Hoechst + High Chem		半年刊	
山之内製薬	薬局の友	1953-2004	隔月刊→季刊	
	健康と長生き			
ロート製薬	RHOTO	1960-不明	隔月刊	
栄研化学	モダンメディア	1955-	月　刊	
救心製薬	はあと	2002-	半年刊	
山城製薬	ジャーナルオブヤマシロ	1962.1-刊行終了		
松浦薬業	私達のかんぽうやくしリーズ	1977.10-2009.10		後誌：わたし達の和漢薬シリーズ
	伝統と医療	1995.4-	季　刊	
	わたし達の和漢薬シリーズ	2010.10-2014.2		前誌：私達のかんぽうやくシリーズ
鳥居薬品	医薬の門	1961.1-	隔月刊	
帝国臓器製薬	ホルモンニュース			
	ていぞうの手帖			
東京田辺製薬	TOKYO TANABE QUARTERLY	1967-1999	季　刊	
	カラー東京田辺			
同仁薬化学研究所	ドータイト生化学ニュース	1970.3-1973.9		後誌：DBCニュース
	DOTITE NEWS LETTER	-1975	季　刊	合併後誌：ドージンニュース
	ドージンニュース	1976-	季　刊	合併前誌：DBCニュース, DOTITE NEWS LETTER
	DBCニュース			前誌：ドータイト生化学ニュース；合併後誌：ドージンニュース
日研製薬	みやび			
日水製薬	Nissan media	-1969.9	月　刊	後誌：Nissui media
	Nissui media	1971.3-1987	月　刊	前誌：Nissan media
	メディヤサークル	-1996.9	月　刊	
日本C.H.ベーリンガーゾーン	Boehringer Ingelheim Informa	1964-1976		後誌：ノイエ・インフォーマ
	ノイエ・インフォーマ	1977-1987	月　刊	前誌：Boehringer Ingelheim Informa；後誌：Ingelheimer
日本チバガイギー	Clinical symposia	1972-2000	季　刊	後誌：CIBA KAGAMI
日本ベーリンガーインゲルハイム	Ingelheimer	1987-2009	季刊→半年刊	前誌：ノイエ・インフォーマ
日本メルク萬有	Creata	1966.5-1984.12	季　刊	
日本栄養化学	Modern Media	1955-不明	月　刊	
日本新薬	京	1965-	季　刊	
	京	1967-	季　刊	

社　名	誌　名	刊行期間	刊行頻度	備　考（改題・電子版・編集者が著名等の情報）
石油・石炭／ゴム／ガラス・土石製品					
INAX	INAX REPORT	1985.4-2012.4	隔月刊→季刊	前誌：Ina report
	INAX dayori	1985.5-1994.11	隔月刊	前誌：伊奈だより
	第3空間	1987-1995	季刊	
	Esplanade	1987-2005	季刊	
LIXIL	Lixil eye	2012.11-	年3回	
	セ・ライファ			
TOTO	住設ニュース	1963-不明	隔月刊	
	増快読本	1981-不明	半年刊	
	TILING	1991-1994	隔月刊	
	TOTO通信	1994.1-	季刊	前誌：東陶通信
	タイリングプレス	1995-不明	隔月刊	
	住まいと水まわり	1995-不明	隔月刊	
	TOTOリモデルレポート	2002.10-2012.1	季刊	
朝日石綿工業	アスベスト・アンド・アサヒ			
旭硝子	ガラス	1962.1-2003	隔月刊→季刊	前誌：旭だより
	みんなのガラス	1964.1-1969.12	月刊	
	グラスCAN	1993-1994		
	旭だより			後誌：GLASS & ARCHITECTURE
石塚硝子	アデリア	1969-不明	季刊	
出光興産	出光オイルダイジェスト	1950-1975.3	月刊	後誌：出光
	出光	1975.4-	月刊	前誌：出光オイルダイゼスト
出光マテリアル	エスプラスヌ	1993.12-1997.5	季刊	
伊奈製陶	衛陶ニュース	-1962		後誌：伊奈の衛陶
	伊奈の衛陶	1962.9-1967.6	月刊	前誌：衛陶ニュース
	Ina report	1975.12-1985.2	隔月刊	後誌：INAX REPORT
	伊奈だより	1975-1985.3	隔月刊	後誌：INAX dayori
	プラザ			
エッソ・スタンダード石油	デイラーニューズ	1962-不明	月刊	
	エナジー	1964.4-1974.12	季刊	後誌：エナジー対話
	エッソ・オイルウェイズ	1965.1-1973.3	不定期	
	オイルワールド	1967.1-1974.12	季刊	後誌：OIL WORLD
	OIL WORLD	1975.4-不明	季刊	前誌：オイルワールド
	エナジー対話	1975.5-1982.12	年3回	前誌：Energy
エッソ石油	エナジー小事典	1983.6-刊行終了		
大協石油	Barrel	1981.12-1982.12	季刊	
小野田セメント	小野田グループ	1971-刊行終了	隔月刊	
共同石油	共石マン	1966-刊行終了	隔月刊	
	特約店マネジメントガイド	1972-刊行終了		
コスモ石油	DAGIAN	1991.3-2002	季刊	
	C's MAIL	1994-	季刊	
	TERRE	2003-2008	年3回	
	cosmo		季刊	
シェル石油	shell pack life	1970.6-刊行終了		
	Quality	1970.7-1984.11	年3回	
	Forum	1971.1-1976.10	季刊	
	MUREX	1977.1-1982.1	季刊	前誌：FORUM
ジャパンエナジー	Jエナジー	1992-刊行終了	月刊	
小原光学硝子製造所	おはら	1969-刊行終了	季刊	
昭和シェル石油	Quality	1985.1-2003.11	年3回	
	しょうわしぇる	1986-不明	月刊	
	SBS			分離後誌：シェル情報サービス　SBS,シェル情報サービス　技術編

社　名	誌　名	刊 行 期 間	刊行頻度	備　考 (改題・電子版・編集者が著名等の情報)
昭和石油	昭石サービスニュース			
セントラル硝子	Duplex	1966.11-1968.9	季　刊	後誌：板ガラスと新時代
	板ガラスと新時代	1969.1-1977.10	季　刊	前誌：Duplex；吸収後誌：ガラスライフ
	セントラル	-1969.3	月　刊	後誌：ガラスライフ
	ガラスライフ	1969.4-1985	月　刊	前誌：セントラル；吸収前誌：板ガラスと新時代；後誌：Glass Life
	Glass Life	1986-1999.6	隔月刊	前誌：ガラスライフ；派生後誌：Glass Review
	Glass Review	1997.7-2001.6	季　刊	派生前誌：Glass Life
ダイトー	THE TILE FRONT	2001.1-2006.1	年　刊	
秩父セメント	ILB Pavement	1979-1994.9	季　刊	
東燃	とうねん	1951-刊行終了	月　刊	
東洋ゴム工業	TOYOニュース	1963-不明	隔月刊	
東洋陶器	東洋通信			
	販売ニュース			
日本板硝子	SPACE MODULATOR	1960.1-	年3回	
	シートグラス	1960.1-不明	隔月刊	
	ガラスの設計	1963.11-不明		
	NSG			
	COMMUNITY GRAPH		隔月刊	
日本石油	スリーライン	1961.7-刊行終了	月　刊	後誌：日石スリーライン
	日石スリーライン	1962.11-刊行終了	月　刊	前誌：スリーライン
	MDL NEWS	1973-刊行終了	季　刊	
	LUBEIN	1974-刊行終了	季　刊	
	日石灯油ニュース			
日本セメント	セメント工業	1952-1998.7	隔月刊	
日本電気硝子	Glass block & brick	1967.6-1974.1		後誌：Neo pari_s & block
	Neo pari_s & block	1975.5-1975.12		前誌：Glass block & brick；後誌：P&P
	P&P	1976.4-1992.11	季　刊	前誌：Neo pari_s & block
	建材ニュース　環			
	NEOPAPI´ES　AKIRA		季　刊	
日本陶器	日陶ニュース			
日本特殊陶業	NGKニュース	1956-不明	隔月刊	
	にっとくニュース		季　刊	
パリーミキ	ぬうびじょんくらぶ	1977-	月　刊	
バンドー化学	バンドーだより	1955-不明	半年刊	
東陶機器	東陶ニュース	1953-刊行終了	半年刊	
	東陶通信	1956.7-1993.12	月　刊	後誌：TOTO通信
	東陶販売ニュース	1959.3-刊行終了		
	ディラーマンスリー	1959-刊行終了	月　刊	
	住空間			
広島硝子	コプ	1970-刊行終了	季　刊	
深川製磁	赤絵	1974-不明	半年刊	
ブリヂストンタイヤ	ブリヂストンニュース	1955.7-1962.2	月　刊	後誌：ブリヂストンタイヤニュース
	ブリヂストンタイヤニュース	1966-1975	月　刊	前誌：ブリヂストンニュース；後誌：タイヤニュース
	Scrum	1969-不明	季　刊	
	タイヤショップニュース	1971-不明	季　刊	
	ブリジストン工業用品ニュース	1973.12-1983.2	隔月刊	
	タイヤニュース	1976.1-1984	月　刊	前誌：ブリヂストンタイヤニュース；後誌：Junction
	SALES REPORT	1982-不明	季　刊	
	Junction	1985-1986	半年刊	前誌：タイヤニュース
	エバーソフト			
	リペアーショップニュース			
	ブリヂストンSSニュース			
	サイクルオートバイニュース			
	タイヤセールスニュース			

社　名	誌　名	刊行期間	刊行頻度	備　考（改題・電子版・編集者が著名等の情報）
ブリヂストンタイヤ	サイクルセールスニュース			
	イーグル			
保谷硝子	ホヤニュース	1970-不明	季　刊	
丸善石油	マルゼンサービス	1964-不明	季　刊	
	Pro lubrica	1968-不明	季　刊	
三井物産石油	石油ニュース	1980-刊行終了	月　刊	
三菱石油	ダイヤモンドサービス	1956-不明	隔月刊	
	サービスガイド		月　刊	
モービル石油	モービル文庫	1976.7-刊行終了	隔月刊	
	Mobil Nippon	-2000		
横浜ゴム	タイヤ	1956.10-1965		合併後誌：ヨコハマゴムニュース
	ゴムニュース	1956.10-刊行終了	月　刊	合併後誌：ヨコハマゴムニュース
	すまいる	1956-不明	季　刊	
	ヨコハマゴムニュース	1965.10-1977.12	季　刊	合併前誌：タイヤ，ゴムニュース
	スマイルニュース	1966-不明	隔月刊	
	IMPACT	1994-2009	季　刊	
丸栄陶業	KAPALA	1988.12-刊行終了	季　刊	
太平洋セメント	CEM'S	1999.2-	季　刊	
日本グッドイヤー	グッドイヤーニュース		半年刊	
日本ゼオン	ゼオンニュース	1963.2-1975.2		
日本碍子	WHY	1989-刊行終了	年　刊	
日本興業	PURE		季　刊	
鳴海製陶	QUALINA			
鉄鋼				
愛知製鋼	あいこう	1956-不明	隔月刊	
	AICHI STEEL	1981-不明	年　刊	
川崎製鉄	計量器ニュース	1961.9-不明		
	溶接棒レビュー	1962.4-不明	不　明	
	鐵	1970.1-1989	隔月刊	後誌：αK
	ふりーらいん	1976.10-不明	季　刊	
	αK	1989-1999	季　刊	前誌：鐵
	倉敷		季　刊	
興国工業	EFU			
新日本製鐵	カラム	1962.1-1990.7	季　刊	
	スチールデザイン	1970.4-1988.3	月　刊	前誌：フジスチールデザイン，スチールウエイズ
	新日本製鉄営業旬報	1970.4-1990.3	隔　週	
	スチールウエイズ	1970-1975.4	月　刊	合併後誌：スチールデザイン
	鉄の話題	1973.6-1988.10	季　刊	
	NIPPON STEEL MONTHLY	1990.5-2012.8	月　刊	後誌：季刊 新日鉄住金
	しんにってつ	-2012	月　刊	
	Inside the Japanese			
住友金属工業	製品ニュース	1958-1993.10	季　刊	
	白泉	1966-不明	季　刊	
	Sumitomo Scope	1970-1991.1	半年刊	後誌：Business Scope
	紀の川ライフ	1973.7-不明	季　刊	
	かしまライフ	1976.6-不明	季　刊	
	このみライフ	1977.7-不明	季　刊	
	Business Scope	1991-1994	季　刊	前誌：Sumitomo Scope
大同鋼板	大同鋼板の建材 Daido news	1965-不明	隔月刊	後誌：大同鋼板ニュース
	大同鋼板ニュース	1984-2001		前誌：大同鋼板の建材　Daido news
東京製鐵	とうてつ	1977-不明	季　刊	
名古屋製鉄	知多ライフ	1972.8-不明		
日新製鋼	IIAPOΣ（ぱろす）	1981-不明	季　刊	
	匠	1982-不明	隔月刊	
	月星マンスリー			

社　名	誌　名	刊行期間	刊行頻度	備　考（改題・電子版・編集者が著名等の情報）
日本ステンレス	OASIS	1987-不明		
日本鋼管	NKK加工製品ニュース	-1967.4	隔月刊	後誌：NHH製品ニュース
	NKK製品ニュース	1967.8-1972.6	隔月刊	前誌：NHH加工製品ニュース
	STEEL & LIFE	1970-不刊行終了	季　刊	
	S+C : Steel & construction NKK	1972.12-1982		
	Life & steel	1973.1-1982.8	季　刊	
	Japan Steel Notes	-1975.6	月　刊	後誌：NKK NEWS
	サン	1975-刊行終了	半年刊	
	NKKハンドブック	1985-刊行終了	年　刊	
	NKK360°	1989.7-2002.8	季　刊	
	NKKサークル		月　刊	
松下精工	風	1973-刊行終了	年3回	
八幡製鐵	YAWATA NEWS			
淀川製鋼所	淀鋼建材ニュース	1966-不明	月　刊	
	YODOKO NEWS	1966-不明	隔月刊	
寺岡精工	NEW BALANCE	1993-	季　刊	
新日鐵住金	季刊 新日鉄住金	2013-	季　刊	前誌：NIPPON STEEL MONTHLY
神戸製鋼所	軽伸ニュース	1958-不明	隔月刊	
	溶接棒だより（技術篇）	1960-不明	月　刊	
	溶接棒だより（販売篇）	1960-不明	月　刊	
	旋風	1980-不明	隔月刊	前誌：こうべだより
	Kobe Screw	1980-不明	年3回	
	神鋼タイムス	-2005.3	隔月刊	
	工具ニュース		半年刊	
	コベルコNewsnet			
	KOBE STEEL REPORT			
大同特殊鋼	WITH YOU	1987-不明	季　刊	
大和製缶	缶詰技術	1960.8-1971.3	月　刊	後誌：食品と容器
	食品と容器	1971-	月　刊	前誌：缶詰技術
東京製綱	産業とロープ	1960-2001	年　刊	
富士製鐵	フジスチールデザイン	1963-1970.2	月　刊	後誌：スチールデザイン
非鉄金属／金属製品				
OMソーラー	SOLAR CAT	1989-2000	2001 季刊	
YKK	AP com-		隔月刊	
	The Neighbor			
貝印	Kai House		季　刊	
大日日本電線	DNニュース	1973-刊行終了	月　刊	
トーヨーサッシ	TOSTEM VIEW			
	ぐっどりびんぐ			
日本軽金属	アルミニュース	-1972.1	月　刊	
フジクラ	フジクラニュース	1985-不明	月　刊	
不二サッシ	MaDo	1967-不明	月　刊	
古河電気工業	エコノヒートニュース	1973-不明	年3回	
	古河電工ニュース			
三菱金属	三菱超硬ニュース	1957-刊行終了	不定期	
八幡金属	メタルフォーム・ニュース			
	メタルニュース			
三井金属鉱業	ZAC・ZASニュース	1957.4-1961.5	月　刊	後誌：三井金属ニュース
	ｅｓｐｏｉｒ		季　刊	
	三井金属ニュース			前誌：ZAC・ZASニュース
住友軽金属工業	カバーライン	1970-刊行終了	季　刊	
	ある美学	1970-刊行終了	季　刊	
	Light Metal	1989-刊行終了	季　刊	

社　名	誌　名	刊行期間	刊行頻度	備　考（改題・電子版・編集者が著名等の情報）
住友電気工業	ニュースレター	1961-不明	月刊	
	SEI WORLD	1977-	月刊	
	住友電エニュースレター ミュージアム	1977-不明		
機械				
DMG森精機	つながり	2012.1-不明	季刊	
ＪＵＫＩ	JUKIマガジン	1960-2003	季刊	前誌：ジューキマガジン
アイダエンジニアリング	ＡＩＤＡ　ＮＥＷＳ			
赤坂鉄工所	ニュースアカサカ	1956.1-	半年刊	
旭精機工業	製品ニュース	1973-不明	月刊	
アマダ	ましん	-1997.12	月刊	後誌：ましん＆そふと
	ましん＆そふと	1998.1-2005	月刊	前誌：ましん
石川島播磨重工業	Principia	1990.1-刊行終了	季刊	
岩田塗料製機工業	iwataニュース	1959-刊行終了	隔月刊	
荏原製作所	水散歩	1974-不明	隔月刊	
オイレス工業	オイレスニュース	1968-不明	年5回刊	
大隈鉄工所	Okuma	1962-刊行終了	季刊	
オークラ輸送機	オークラニュース			
オルガノ	オルガノハイライト	1946-不明	隔月刊	
	ルック	1973-不明	隔月刊	
鎌倉製作所	カマクラ	1967-不明	半年刊	
川本製作所	川本ニュース	1956-不明	隔月刊	
菊川鉄工所	菊川ニュース	1960-不明	季刊	
キャタピラージャパン	CATくらぶ			
キャタピラー三菱	みなさまの談話室	1969-刊行終了	年3回	
クスダ事務機	こぼる	1962.5-不明	月刊	
	A・B・Dick news	1973.5-1984		
	Wants	1984-1984		
	Panorama			
クボタ	Haikan news	1970-2000.1	月刊	後誌：PAL
	KUBOTA TIMES	1981-不明	隔月刊	
	ジ・エンジン	1984-不明	年8回	
	世紀21	1986-不明	半年刊	
	GLOBAL INDEX	1992.4-	年刊	
	PAL	2000.4-	季刊	前誌：Haikan news
	ウィットくんのラク楽大冒険			
久保田鉄工	URBAN KUBOTA	1969.12-2003.3	半年刊	
	Cast	1970-刊行終了	半年刊	
	日本の農業	1970-刊行終了	月刊	
	ハウジングニュース	1970-刊行終了	季刊	
	クボタグラフ			
栗田工業	KURITA PR	1959-不明	季刊	
	Water consultant		年刊	後誌：Kurita consultant
	Kurita consultant		年刊	前誌：Water consultant
	aqualog		年3回	
栗本鐵工所	KURIMOTO NEWS	1959-不明	季刊	
ケルヒャージャパン	clean-tips	1999-2011.8		後誌：ケルヒャーニュース
	ケルヒャーニュース	2012.8-不明		前誌：clean-tips
コベルコ建機	コベルコ建機機械ニュース			
五味屋	機械ジャーナル	1962-刊行終了	月刊	
小森コーポレーション	KOMORI ON PRESS		季刊	
サタケ	TASTY	1991-不明	季刊	
島崎製作所	かきまぜ	1967-不明	不定期	
神鋼ファウドラー	ニュース	1957-刊行終了	季刊	

社　名	誌　名	刊行期間	刊行頻度	備　考 (改題・電子版・編集者が著名等の情報)
新三菱重工業	中重ニュース	1951.5-不明		
ダイキン工業	Daikin Times			
高砂鉄工	タカサゴポンプニュース	1965-不明	月刊	
タクミナ	じょいんと	1979-2008	季刊	
タダノ	T-WAVE	1992-不明	半年刊	
椿本チェイン	つばきセールズ	1954-不明	隔月刊	
	つばき文化	1956-不明	月刊	
	つばきニュース	1965-不明	月刊	
東京洗染機械	TOSENニュース	1975-1981.8	月刊	後誌：TOSEN news
	TOSEN news	1982-不明	季刊	前誌：TOSENニュース
東京重機工業	ジューキマガジン	1960-1986.1	隔月刊	後誌：Juki magazine
	ジューキニュース	1976-不明	季刊	
東芝エレベータ	東昇	1976-2000		
	Elevator news	2001-2003		
	Toshiba elevator news	2004-2006		後誌：Toshiba future design
	Toshiba future design	2006-	季刊	前誌：Toshiba elevator news
東洋運搬機	TCMニュース	1956-刊行終了	季刊	
東洋キヤリア工業	キャリアニュース	1964-不明	季刊	
東洋刃物	東刃ニュース	1959-不明	季刊	
中北製作所	中北ニュース	1965-不明	年3回	
日新興業	日・新・月・歩			
日特金属工業	NTKタイムス	1967-刊行終了	月刊	
ニッポー	ニッポニュース	1978-不明	季刊	
日立スピンドル製造	NSレビュー	1965-不明	半年刊	
日立精機	セイキテクニカ	1971-刊行終了	月刊	
ブラザーミシン	縫製ジャーナル	1963-刊行終了	季刊	
前田金属工業	トネニュース	1966-刊行終了	月刊	
ヤンマーディーゼル	YANMAR Mare			
三菱化工機	MKK REVIEW			
三菱重工業	三菱重工	1964.10-1975.9	季刊	後誌：三菱重工グラフ
	ダイヤニュース	1967-不明	季刊	
	ダイヤ	1968-1988.3	隔月刊	後誌：Daiya
	三菱建設機械	1970-不明		
	Σ（シグマ）	1973.6-1975.4	季刊	
	三菱重工グラフ	1976.2-2016	季刊	前誌：三菱重工
	だいやさーくる	1977-不明	隔月刊	
	Daiya	1990.2-1995.9		前誌：ダイヤ
	えむえむ			
	Lift up			
	轍			
蛇の目ミシン工業	ジャノメモード	1955.2-不明		
住友機械工業	住友機械グラフ			後誌：住友重機械グラフ
住友重機械工業	住友重機械グラフ		半年刊	前誌：住友機械グラフ
小松製作所	小松グラフ	1959.1-1971.5	季刊	
	大地	1982-不明	季刊	
	bit	1986-不明	年刊	
	News Digest		月刊	
神鋼パンテック	こばると			
長田電機工業	Zoom up			
東京機械製作所	TKS	1985.6-2010.4	季刊	
東芝タンガロイ	タンガロイ	1952-1995	年刊	
日本オーチス・エレベータ	E box			
日立建機	ティエラ	1991-不明	隔月刊	

社　　名	誌　　名	刊行期間	刊行頻度	備　考 (改題・電子版・編集者が著名等の情報)
理想科学工業	理想の詩	1978-	年10回→季刊	
電気機器				
EMCジャパン	ONマガジン	2004-2010		
SCREEN CORPORATION	NEWS BOX			
アズビル	azbil	2006.12-	月刊	前誌：Savemation
アルバック	ULVAC technical journal	1975-	半年刊	
	ULVAC	1983-	季刊	
アルプス電気	アルプスレポート	1965-	半年刊→隔月刊	
アンリツ	WAVE			
猪越金銭登録機	道			
岩崎電気	TWINKLE	1963-不明	月刊	
	アイ照明グラフ			
オーヤマ照明	ambience			
カシオ計算機	カシオタイムス	1972.1-1973.2		
	G-SHOCK REAL TOUGHNESS MAGAZINE			
京都セラミック	Fine Ceramics	1968-刊行終了	年刊	
クラリオン	クラリオンバス機器ニュース	1974-刊行終了	隔月刊	
コモドール・ジャパン	VIC!	1960-刊行終了	半年刊	
山水電気	サンスイオーディオジャーナル	1974-刊行終了	季刊	
三洋電機	チエーンストアブリテン	1973-不明	隔月刊	
	SANYO GLOBAL NEWS	1979-不明	月刊	
	サンヨーリビング			
	SP通信			
	サンヨーコンパス			
	Advantage			
シーケーディ	Blue & Green	1975-不明	年3回	
シャープ	シャープニュース	1954.3-不明	月刊	
	チャーム・フレンド	1963-不明		
昭和無線	SMKニュース	1965-刊行終了	月刊	
新興通信工業	Strain News	1954-刊行終了	隔月刊	
神鋼電機	システマ	1971.4-1976.2	不定期	
	神鋼電機プロダクトレポート	1981-1981	隔月刊	
	電動工具ニュース			
新日本電気	すとあのひろば	1965-刊行終了	季刊	
	NECだより			
スタンダード工業	スタンダードニュース		月刊	
スタンレー電気	スタンレー			
ソニー	ES Review	1974-1986	隔月刊	後誌：Digic
	企業とビデオ	1982-不明		
	Digic	1986.10-1996.10	季刊	前誌：ES Review
	SONY NEWS			
	ソニー週報			
	明日の理科教育のために			
高千穂交易	バローズブレチン			
立石電機	MAP	1963-刊行終了	月刊	
	オムロンニュース	1982-不明	月刊	
千野製作所	チノニュース	1963-刊行終了	月刊	
	チノコミュニケーション	1974-刊行終了	季刊	
電気化学工業	D-Press	1990-刊行終了	年刊	
東京芝浦電気	マツダ新報	1914.7-不明		
東芝	東芝ライフ	1948.9-不明		
	エレベーターニュース	1973-不明	季刊	

197

社 名	誌 名	刊行期間	刊行頻度	備 考 (改題・電子版・編集者が著名等の情報)
東芝	リースエイジ	1975-不明	季 刊	
	重電	1976-不明	季 刊	
	TOSCON MATE	1978-不明	季 刊	
	えれきてる	1981.4-2001	季 刊	
	デザイン情報		季 刊	
	TOSHIBA LIFE			
	サロン			
	さろん			
	トスカルニュース			
東芝メディカル	東芝メディカル友の会	1978-刊行終了	季 刊	
	MEDICALひろば			
東電電球	月刊トウ	1933-刊行終了	月 刊	
東洋キヤリア工業	キャリアニュース			
トーキン	トーキンエレクトロニクス	1985.4-不明	季 刊	
トリオ	トリオニュース	1975-不明	月 刊	
	音	1975-不明	月 刊	
	サプリーム		月 刊	
日興電機工業	日興ニュース	1953-不明	季 刊	
日本IBM	IBM REVIEW	1954-1993	不定期	
	IBM Users	1960-	月 刊	
	無限大	1969.8-2013	隔月刊→半年刊	
	Access	1975.2-不明		
	SSCニュース	1982-不明	隔月刊	
	Partner	1982-不明	季 刊	
	Accessシステム・プラザニュース	1988.6-1993.12	季 刊	
	Professional Vision	1994.4-1996.10	季 刊	後誌：Pro vision
	Pro vision	1997.1-不明	季 刊	前誌：Professional Vision
	think		隔月刊	
日本NCR	MMMニュース	1954-不明	季 刊	
	NCR business automation news	1961-1987.1		後誌：NCR BAN
	Automation News	1961-不明	月 刊	
	フレンド・ナショナル	1961-不明	月 刊	
	NCR Business	1970-不明	月 刊	
	NCR BAN	1987.1-1988.11		前誌：NCR business automation news；後誌：NCR JOURNAL
	PERSPECTIVE	1988-不明	季 刊	
	NCR JOURNAL	1989.1-1994.5	隔月刊	前誌：NCR BAN；後誌：The solution
	The solution	1994.7-1996.5		前誌：NCR JOURNAL；後誌：NCR solutions
	NCR solutions	1996.7-不明	季 刊	前誌：The solution
	リテイル・マネージメント・ニュース			
日本航空電子工業	技術ニュース	1965-不明	季 刊	
日本光電工業	光電レポート	1963-不明	季 刊	
日本ディジタルイクイップメント	DEC station	1986-不明	季 刊	
	Digital News	1989-不明	月 刊	
日本電気	日本電気月報	1902.5-刊行終了	月 刊	
	NECマガジン	1974.1-2004	季刊→隔月刊	統合後誌：コンセンサス
	コンセンサス	1974.4-2009	月刊→隔月刊	統合前誌：NECマガジン
	アプリケーションネットワーク	1984.7-1988.6		
	プラザ			
日本電気精機	デンセイニュース	1960-不明	月 刊	
日本電子	ANALYTICAL NEWS		季 刊	

社　名	誌　名	刊行期間	刊行頻度	備　考（改題・電子版・編集者が著名等の情報）
日本電池	GSタイムス	1953.5-1960.6		
	GSプロムナード	1963.7-不明	月　刊	
	GS照明ニュース	1964-不明	季　刊	
	充電倶楽部	1987.10-不明		
	ラ・ルミエール	1990.9-不明		
日本ビクター	ビクターAVニュース	-1971.7	月　刊	後誌：ビクターAV通信
	ビクター	1929-刊行終了	月　刊	
	音	1957.8-刊行終了	半年刊	
	ビクターAV通信	1971.9-1986.2	隔月刊	前誌：ビクターAVニュース
	Videocation	1981.7-1993	隔月刊	
	ボイス・オブ・ビクター			
パイオニア	オーディオパートナー	1971.7-不明	月　刊	
	HiFi WAY	1979-不明	月　刊	
パナソニック	pana			
パナソニック電工	パナソニック電工 住宅設計	1978-不明	年3回	
	パナソニック電工 建築・設備設計	1984-不明	半年刊	
早川電機工業	シャープフレンド			
日立プラント建設	apt（アプト）	1991-不明	半年刊	
富士通	FACOM ニュース	-1974.12		
	FACOMジャーナル	1975.1-1985.11	月　刊	後誌：富士通ジャーナル
	新しい風	1977-不明	季　刊	
	OASYS	1981-不明	季　刊	
	PIPE	1982-不明	隔月刊	
	FIND	1983-刊行終了	年5回	
	UNIOS	1983-不明	季　刊	
	富士通ジャーナル	1985.12-2011.2	月　刊	前誌：FACOMジャーナル； 合併後誌：FUJITSU DIALOG
	FUJITSU飛翔	1989.12-2011.1	半年刊	合併後誌：FUJITSU DIALOG
	Harmony road	1989.8-1997.3		
	ベストハーモニー	1998.1-不明		
	FUJITSU DIALOG	2012.9-刊行終了		合併前誌：FUJITSU飛翔，富士通ジャーナル
	別冊FACOMニュース		季　刊	
	Fujitsu Human Series			
	FMフォーラム			
富士電機	富士トピックス	1954-不明	月　刊	
富士電気化学	ノーブル	1969-不明	隔月刊	
富士電機冷機	Coin Age	1973-不明	季　刊	
	Fresh	1979-不明	季　刊	
マックスレイ	環			
松下電器産業	Happy home	-1964.12	月　刊	後誌：くらしの泉
	くらしの泉	-1961	季　刊	
	ナショナル・タイムス	-1959.12	月　刊	後誌：ナショナル新製品タイムス
	ナショナル新製品タイムス	1960.1-刊行終了	月　刊	前誌：ナショナル・タイムス
	松下電器株主通信	1963-刊行終了	半年刊	
	くらしの泉	1965.4-刊行終了	季　刊	前誌：Happy home
	Addresser	1984.11-刊行終了		
	Pana Pal	1988-刊行終了	季　刊	
	あかりの文化誌	1997.4-刊行終了		
	マイホーム			
	店会ニュース			後誌：ナショナルショップ
	ナショナルショップ		隔月刊	前誌：店会ニュース
	PaNa			
	ナショナル輪栄		月　刊	

社　名	誌　名	刊行期間	刊行頻度	備　考 (改題・電子版・編集者が著名等の情報)
松下電工	松下電工ニュース	1947-刊行終了	月刊	
	新しい制御機器	1962-刊行終了	隔月刊	前誌：ナショナル機器ニュース
	新しい住まいづくり	1967.9-刊行終了	月刊	
	セールスマンシップ	1967-刊行終了	月刊	
	Nashop通信	1970-不明	季刊	
	松下電工ニュース設計レポート	1978-1983	季刊	後誌：松下電工設計レポート
	松下電工設計レポート	1984-1984	季刊	前誌：松下電工ニュース設計レポート；後誌：設計レポート
	電設レポート	1984-1989	季刊	後誌：A&I report 電設レポート
	設計レポート	1985-1989	季刊	前誌：松下電工設計レポート；後誌：A&i report　設計レポート
	A&i report 設計レポート	1990-1992	季刊	前誌：設計レポート；後誌：A & I Report 住宅設計
	A&i report 電設レポート	1990-1992	季刊	前誌：電設レポート；後誌：A & I Report 建築・設備設計
	A & I Report 住宅設計	1992-1999	季刊	前誌：A&i report 設計レポート；後誌：A&i report インテリア・住宅設計
	A & I Report 建築・設備設計	1992-2000.11	季刊	前誌：A&I report 電設レポート；後誌：NAiS report 建築・設備設計
	OFFICing	1992-不明	半年刊	
	A&i report インテリア・住宅設計	1999-2000	季刊	前誌：A & I Report 住宅設計；後誌：NAiS report 住宅設計
	NAiS report 建築・設備設計	2001.2-2004.4		前誌：A & I Report 建築・設備設計；後誌：建築・設備設計report
	NAiS report 住宅設計	2001.3-2004	季刊	前誌：A&i report インテリア・住宅設計；後誌：住宅設計report
	建築・設備設計report	2004.10-刊行終了		前誌：NAiS report 建築・設備設計
	住宅設計report	2004-2011.6	季刊	前誌：NAiS report 住宅設計
	住まいのＣ＆Ｃ読本			
	暮らしのShape-up読本シリーズ			
	XIMO倶楽部			
三菱電機	電機の三菱	1951.1-不明	月刊	
	ホームライフ	1962-不明		
	機器ニュース	1968-不明		
	住設ニュース	1973-不明		
	スイートホームライフ	1977.9-1990	季刊	後誌：SHL
	SHL	1991-不明	年3回	前誌：スイートホームライフ
	トリプルA			合併後誌：RENESAS EDGE
	MELCOM		隔月刊	
	モダンライフ			
八木アンテナ	あんてな	1964-刊行終了	季刊	
安川電機	安川ニューズ	1959-1975.2	月刊	後誌：Yaskawa news
	Yaskawa news		季刊	前誌：安川ニューズ
山田照明	ライティング			
湯浅電池	ゆあさ			
横河電機	YOKOGAWA NOW	1990.4-不明	半年刊	
	YRC Plaza	1993.12-不明	季刊	
ルネサステクノロジ	RENESAS EDGE	2003.4-2010.2		合併前誌：トリプルA，Gain
和光電気	和光ライティングレポート	1967-1969	年刊	後誌：Voice of Wako
	Voice of Wako	1969-1969	季刊	前誌：和光ライティングレポート
沖電気工業	Presentation	1973.11-不明	季刊	
	if NEWS	1982-不明	月刊	
京セラ	敬天愛人			
	ハートでネットワーク			

社　名	誌　名	刊行期間	刊行頻度	備　考（改題・電子版・編集者が著名等の情報）
山武ハネウエル	コンタクトポイント	1961.10-刊行終了	年　刊	
	山武ハネウエルautomation	1970.10-1978.2	隔月刊	後誌：Savemation
	Savemation	1978.4-2006.11	季　刊	前誌：山武ハネウエルautomation；後誌：azbil
	BAクォータリー	1990-刊行終了	不定期	
	山武ニュース			
市光工業	Ichikoh way	2011-	季　刊	
松下電気器具製作所	松下電器所報			
真空冶金	VMCジャーナル	1981.3-1992.12	年　刊	
大日本スクリーン製造	Screen news	1954.2-1986.8	季　刊	
	スクリーンミニレポート	1981-刊行終了	月　刊	
	Graphic Arts Now			
東亜電波工業	東亜ニュース	1954.9-1971.4	月　刊	後誌：Toa news
	Toa news	1971.5-1991.9	季　刊	前誌：東亜ニュース
	東光ニュース	1964-不明	月　刊	
日本ハネウエル	Honeywell News		月　刊	
日本電気エンジニアリング	Engineering News			
日立製作所	日立評論	1918-	月　刊	吸収前誌：日立機械評論
	日立機械評論	1930.7-1936.10	季　刊	吸収後誌：日立評論
	日立	1938.1-1999.3	月　刊	後誌：ひたち
	HITAC	1966.10-1974.3	月　刊	後誌：はいたっく
	はいたっく	1974.4-	隔月刊	前誌：HITAC
	ヒューマニケーション	1983.9-1993.12	隔月刊	
	ワークステーション日立	1986.7-1991.12	隔月刊	後誌：Workstation Hitachi
	Workstation Hitachi	1992.5-不明	隔月刊	前誌：ワークステーション日立
	ひたち	1999-2009.5	月刊→隔月刊→季刊	前誌：日立
	BladeSymphony live report	2005.10-2010.7	月　刊	
	Uvalere	2005.3-2012.3	季　刊	後誌：Realitas
	Hitachi Storage Magazine	2009.2-2013	半年刊	
	Realitas	2012.7-		前誌：Uvalere
	日立グラフ			
	Gain		隔月刊	合併後誌：RENESAS EDGE
	日立ファミリーサークル			
	日立ファミリー			
	Open Middleware Report		季　刊	
	電化シリーズ			
能美防災工業	サーベラスアラーム	1960.12-1971.7	不定期	後誌：ノーミアラーム
	ノーミアラーム	1971.12-1975.9	不定期	前誌：サーベラスアラーム
堀場製作所	ABIROH			
輸送用機器				
BMWジャパン	M	1986-1992	季　刊	後誌：BMW MAGAZINE
	BMW MAGAZINE	1992-		前誌：M
JAGUAR JAPAN	JAGUAR	1988-不明		
愛知機械	愛車と共に			
いすゞ自動車	ISUZU news	1949.9-不明		
	SUZUNONE	1965-不明	月　刊	
	ヘッドライトニュース	1969-不明	月　刊	
	輸送リーダー	1981.2-不明	隔月刊	
呉造船	呉造船ニュース			
シマノ	シマノだより	1964-不明		
	フィッシングカフェ	2001-	季　刊	
昭和飛行機	ハニカムニュース	1975-不明	季　刊	
鈴木自動車工業	スズキフラッシュ	1965-不明	隔月刊	
ゼクセル	ZEXEL ACRO NEWS	1992-不明	隔月刊	

社　名	誌　名	刊行期間	刊行頻度	備　考（改題・電子版・編集者が著名等の情報）
ダイハツ工業	ウインカー	1965-不明	隔月刊	
	セールスニュース	1972-不明	月刊	
	メイトピア	1982.1-不明	隔月刊	
	月刊CAR			
	コンパーノグラフ			
ツノダ自転車	ツノダニュース	1970-不明	月刊	
	企画ニュース		不定期	
東海理化電機製作所	TOKAI RIKA NEWS		月刊	
東洋工業	Mazda news	1935.8-?, 1951.7（復刊)-1966.4	月刊	後誌：モータリゼーション
	さくがんき	1956-1986	季刊→半年刊	
	モータリゼーション	1966.5-1979.9	月刊	前誌：マツダニュース；後誌：ジョイフルライフ
	マツダゴルフロータリー	1973.9-不明	月刊	
	Joyful life	1979.10-不明	月刊	前誌：モータリゼーション
トヨタ自動車	日本の自動車産業	1969-不明	年刊	
	女性とクルマ	1979.5-不明	年刊	
	Back mirror	1986.1-1992.7	月刊	前誌：バックミラー
	GEN・KEY TIME	1991.12-1995.5	季刊	
	自動車通信			
	Motor Industry of Japan			
	バックミラー		月刊	後誌：Back mirror
	Gazoo Muraマガジン			
	VIA aMULUX		月刊	
	トヨタライフ		隔月刊	
トヨタ自動車工業	トヨタニュース	1971-不明		
日米富士自転車	富士タイムス	1956-刊行終了	半年刊	
日産自動車	ニッサングラフ	1947-1990.8	月刊	
	Prince	1963.9-1990.7	月刊	
	くるまの手帖	1964.2-1990.7	月刊	後誌：Thanks
	Nissan information	1967.10-1993.4	年10回	
	NISSAN CLUB LIFE	1972-不明	隔月刊	
	クルマの豆事典	1981-不明	不定期	
	Thanks	1990.9-不明	月刊	前誌：くるまの手帖
	広報資料		不定期	
	ニッサン・スポーツ・グラフ			
	ニュースカセット			
	NISSAN NEWSLETTER			
	LIGHT CAR			
日本車輌製造	日車			
日本フルハーフ	FRUHAUF Fan			
日本ラヂエーター	風	1981.6-1986.6	年刊	
日立造船	21世紀への挑戦	1977.1-不明	季刊	
	日立造船ニュース	1979-不明	半年刊	
	ガイド・ツージャパン			
富士重工業	カートピア	1972.7-	月刊	
	スバル		隔月刊	
	スバルライフ			
本田技研工業	Flying	1970.1-1990.12	月刊	合併後誌：Flying now, Flying now [Clio版], Flying now [Primo版], Flying now [Verno版]
	ホンダワールド	1970-不明	月刊	
	HONDA 2&4	1971.5-刊行終了		後誌：SAFETY 2＆4
	SAFETY 2＆4	1971.6-1988.2	月刊	前誌：HONDA 2&4；後誌：Along
	THE SAFETY JAPAN	1971.8-	月刊	

202

社　名	誌　名	刊行期間	刊行頻度	備　考（改題・電子版・編集者が著名等の情報）
本田技研工業	Honda now [Verno版]	1984-1990	年6回	分離前誌：Honda now；合併後誌：Flying now [Verno版]
	Honda now	-1985	年5回	
	Honda now [Clio版]	1985-1990	年6回	分離前誌：Honda now；合併後誌：Flying now [Clio版]
	Honda now [Primo版]	1985-1990.4	年6回	分離前誌：Honda now；合併後誌：Flying now [Primo版]
	Along	1988.4-1990.7	月刊	前誌：SAFETY 2＆4；後誌：A-long h-a-r-t
	A-long h-a-r-t	1990.8-2002.4	月刊	前誌：Along
	Flying now [Clio版]	1990-1993	年6回	合併前誌：Flying, Honda now [Clio版]；合併後誌：Ariga-10 magazine
	Flying now [Primo版]	1990-1993	年6回	合併前誌：Flying, Honda now [Primo版]；合併後誌：Ariga-10 magazine
	Flying now [Verno版]	1990-1993	年6回	合併前誌：Flying, Honda now [Verno版]；合併後誌：Ariga-10 magazine
	Flying now	1990-1993	年6回	合併前誌：「Flying」「Honda now [Clio版]」「Honda now [Primo版]」「Honda now [Verno版]」；合併後誌：Ariga-10 magazine
	Ariga-10 magazine	1993.5-不明		合併前誌：Flying now, Flying now[Clio版], Flying now [Primo版], Flying now [Verno版], Honda 21ch magazine
	かんいち	1993-不明	季刊	
	HONDA 4	1971		
	HONDA 2			
	Honda 21ch magazine			合併後誌：Ariga-10 magazine
	CITY PRESS			
	X・LAND			
	ホンダの友			
	ホンダセールス			
	Honda Magazine			
	HONDA株主通信			
三菱自動車工業	MIRAGE JOURNAL	1979-不明	隔月刊	
	ギャランクラブ	1984.6-1999.4	月刊	前誌：すりいだいや
	P'S クラブジャーナル	1987-不明	隔月刊	
	FUSO	1999.4-2008.12	季刊	前誌：とらっく
	ふそう劇画シリーズ			
	CAR PLAZA Outland			
ヤマハ発動機	ヤマハニュース	1959-不明	月刊	
	ヤマハボート	1968-不明	隔月刊	
	ヤマハ奥さま			
	社報ヤマハ			
愛知トヨタ自動車	愛知トヨタ		月刊	
三井造船	三井造船ニュース	1963-1984.9	季刊	
	MITSUI Zosen Message	1985.6-1993.9		後誌：Message
	Message	1994.4-2013	季刊	前誌：MITSUI Zosen Message
三菱ふそう自動車	ふそう	1959-1964	隔月刊	
三菱自動車工業	とらっく	1966.2-1999.3	月刊	後誌：FUSO
新明和工業	エコニケーション			
川崎車輛	轟			
川崎重工業	川崎ニュース	1955.2-1963.2	季刊	
	川崎ニュース	1964.2-1969.4	月刊	後誌：Kawasaki News
	Kawasaki News	1969-	月刊	前誌：川崎ニュース
	川崎MAN			
日野自動車	こんにちはひのでーす	2002.11-2014.3	月刊	合併前誌：デュトロフレンズ，ひので；後誌：ひのでーす
	ひのでーす	2014.4-	月刊	前誌：こんにちはひのでーす
	デュトロフレンズ			合併後誌：こんにちはひのでーす
豊田合成	TG Times	1957-	年9回	
林田製作所	図書館車の窓	1982.6-1995.3	季刊	

社　名	誌　名	刊行期間	刊行頻度	備　考（改題・電子版・編集者が著名等の情報）
精密機器				
朝日ソーラー	夢	1986.3-不明		
オリンパス	THE OLYMPUS PURSUIT		季刊	
オリンパス光学工業	オリンパスフォトグラフィ	1959-2006	月刊→季刊	
	OLYMPUS TECHNOZONE	1988-不明	半年刊	
	オリンパスニュース			
キヤノン	Canon circle	1959-2004.12	月刊	後誌：Canon Photo Circle
	Canon annual	1976-2004	年刊	後誌：Canon photo annual
	キヤノンボイス	1980-不明	月刊	
	キヤノン通信	1988-不明	年10回	
	Canon photo annual	2005-	年刊	前誌：Canon annual
	Canon Photo Circle	2005.1-2009.12	月刊	前誌：Canon circle；後誌：Canon Photo Circle moments
	Canon Photo Circle moments	2010.1-2015.3	月刊	前誌：Canon Photo Circle
	CANON LiFE			
	スゴわざずかん－写真のしくみ			
	チャネラー			
金門製作所	ながれ	1970-刊行終了	季刊	
黒田精工	KKSニュース	1969-不明	季刊	
シチズン	ジュニアマンスリー	1965.12-1967.12	月刊	
	シチズンマーケティングニュース	1968-1976	隔月刊	
	シチズンレポート	1968-不明	隔月刊	
	シチズンライフ			
	シチズンタイムス			
セイコーインスツルメンツ	able			
東京計器	東京計器ニュース	1969-1989	季刊	
東京光学機械	トプコンニュース	1969-刊行終了	季刊	
トキメック	TOKIMECレポート	1990.2-1993.2	季刊	前誌：東京計器ニュース；後誌：トキメックレポート
	トキメックレポート	1993.7-2003	半年刊	前誌：TOKIMECレポート；後誌：Views
ニコン	Nikon新聞	1965.3-1996.1 (297-305号欠)	月刊	
	Nikon NEWS	1965-不明	月刊	
	TOP EYE	1979-不明	月刊	
	Nikon salon	1981-不明		
	NIKON TODAY	1985.11-	半年刊	前誌：DAY-WATCHING
	DAY-WATCHING	1985.6-刊行終了		後誌：NIKON TODAY
日本光学工業	ニコンクラブ	1959-刊行終了	隔月刊	
	ニッコールクラブ会報	1959-刊行終了		吸収前誌：ニッコールクラブジュニア会報
	ビスター	1968-刊行終了		
	ニッコールクラブジュニア会報	-1988	季刊	吸収後誌：ニッコールクラブ会報
	ニコンサロンブックス			
	光友			前誌：光友タイムス
服部時計店	セイコーセールス	1959-刊行終了	月刊	
	セイコーニュース			
	ビスタニュース			
ペンタックスリコーイメージング	Pentax Ricoh Family Club	2012-		前誌：Pentax family
	Pentax family	-2012	季刊	後誌：Pentax Ricoh Family Club
ミツトヨ	ミツトヨレポート		季刊	
愛知時計電機	アイチニュース	1962-不明	季刊	
島津製作所	島津評論	1940.11-	季刊	
	島津科学器械ニュース	1959-不明	隔月刊	後誌：島津科学計測ジャーナル
	島津医用機器ニュース	1970.2-1990.4	隔月刊	後誌：Medical now
	ひはかり	1973-不明	年3回	

社　名	誌　名	刊行期間	刊行頻度	備　考（改題・電子版・編集者が著名等の情報）
島津製作所	島津科学計測ジャーナル	1989.3-1993.12	隔月刊	前誌：島津科学器械ニュース
	Medical now	1991.5-	不定期	前誌：島津医用機器ニュース
	ぶーめらん	1999-	半年刊	
東京計器	Views : Tokyo Keiki presents	2004-	半年刊	前誌：トキメックレポート
日機装	ブライト	1980.3-不明		
服部セイコー	時への旅立ち	1978-刊行終了	年刊	
その他製造				
アート編機	アートライフ			
アシックス	アシックススポット	1963-不明	月刊	
	万歩百景		季刊	
荒川家具	日の出			
アルフレックスジャパン	arflex INFORMATION			
イトーキ	もの―管理とシステム	1966.10-不明		
	OFFICE REPORT	1971.3-不明		
	OFFICE LIFE	1974.1-不明	年5回	
	The i	1987.2-不明		
	Office Age	1987-1995	季刊	後誌：コーポレイトデザイン
	New Office Life	1987-不明		
	corporate design	1996-1998	季刊	前誌：オフィスエイジ；後誌：Ud & eco style
	Ud & eco style	1999-不明		前誌：コーポレイトデザイン
岩崎	IWASAKI Be-I通信		季刊	
エムプレスベッド	エムプレスベッドニュース			
岡村製作所	ディラーニュース	1968-不明	年16回	
	lifescape	1977-不明	季刊	
	OKAMURA Design Space R			
オニツカ	オニツカスポット	1963-不明	月刊	
オリムピック釣具	近代釣具	1964-不明	月刊	
河合楽器	カワイ	1960-1964	月刊	
	いまカワイでは	1979-不明	季刊	
	河合楽器ニュース			
	トリオ			後誌：あんさんぶる
	あんさんぶる		隔月刊	前誌：トリオ
河本精文社	河本ビューズ	1968-不明	季刊	
菊川工業	ZEUS			
キハラ	Library & information science news	1974.10-1995.9	季刊	後誌：LISN
	LISN	1995.12-	季刊	前誌：Library & information science news
クリナップ	365カラット			
くろがね工作所	Offica	1989.8-1994.1	半年刊	
クロバー	クロバーニュース			
ゴールドウィン	HUMAN		季刊	
コクヨ	JEWELRY	1972-不明	季刊	
	ECIFFO	1988-2009	季刊	
	THEORIA	1991.10-不明		
	WORKSIGHT	2011.10-	半年刊	WEB版は月刊
サンウェーブ	サンウェーブ	1963-刊行終了	隔月刊	
ジェイ・エム・エス	SIESTA			
ジェトロニクス	SPAZIO	1970.11-2003	半年刊	電子版は2010年まで刊行
写研	Ken	1970.7-刊行終了	季刊	
	写研	1973-不明	季刊	
ジレットジャパン	GOLDEN ARROW		季刊	
新日軽住宅建材	新日軽ニュース	1982-刊行終了	隔月刊	
スリーボンド	URC			
セーラー万年筆	セーラー通信	1955-不明	隔月刊	

社　名	誌　名	刊行期間	刊行頻度	備　考 (改題・電子版・編集者が著名等の情報)
大成プレハブ	エイトワンニュース	1977-刊行終了	季刊	
	パートナー	1984-刊行終了	季刊	
太陽工業	Taiyo	1967-不明	隔月刊	
ダウ化工	熱と環境	1982.12-2000; 2005.10（復刊）-	季刊	
タカラベルモント	タカラ情報	1981-不明	季刊	
田中貴金属工業	TANAKA GOLD	1980-1982	季刊	
田宮模型	タミヤニュース	1967-	月刊	
段谷産業	本心			
東芝音楽工業	レコードマンスリー			
凸版印刷	The Toppan Line	1926.5-不明		
	THE TOPPAN LINK	1926.5-不明		
	ideanote			
	印刷博物館		季刊	
ナカ工業	α-N	1973-不明	季刊	
中村合板	ハウジング	1969-不明		
ナショナル住宅建材	すまいとくらし	1969-刊行終了	月刊	
	きょうぎょう	1977-刊行終了	隔月刊	
	すまいとくらし増刊 ふれ愛スケッチ			
	たのしい住まいづくり			
	季刊マイホーム	1979.1-1983.10	季刊	後誌：マイホーム
	マイホーム	1984.1-1985.10		前誌：季刊マイホーム；後誌：新・くらし文化の本
	新・くらし文化の本	1986.1-刊行終了		前誌：マイホーム
	ふれ愛知恵ノート			
	ism（イズム）			
西川産業	西川チェーン			
日本楽器製造	ヤマハニュース	1959-1968.8	月刊	
	ヤマハホームニュース	1967-刊行終了	隔月刊	
	ヤングヤマハ	1967-刊行終了	隔月刊	
	ピアノの本	1975.8-刊行終了	隔月刊	
	リコーダーの本	1977-刊行終了	隔月刊	
	WIND STREAM	1977-刊行終了	季刊	
	apex	1979.4-1982.4	年3回	
	日楽社報			後誌：YAMAHA LIFE
	ヤマハ音楽教室			
	ホーム・ミュージック			
日本カルミック	UNI-ZONE	1981-不明	年刊	
日本漁網船具	キグナスニュース	1967-刊行終了	隔月刊	
日本写真印刷	IN			
日本テトラパック	テトラニュース	1983-2004	月刊	後誌：Tetra pak eyes
	Tetra pak eyes	2005-2008		前誌：テトラニュース
	Tetra pak		半年刊	
日本パレットレンタル	Pallet Report	2005-不明	季刊	
野田合板	ノダニュース	1967-刊行終了	年5回	
パイロット万年筆	パイロットタイムス	1925-1986.5	隔月刊	後誌：PILOT TIMES
	PILOT TIMES	1987-不明	年3回	前誌：パイロットタイムス
バング＆オルフセン	courage			
ビジョン	BeBe	1972-不明	月刊	
フィリップスエレクトロニクスジャパン	inforward			
フランスベッド	FBニュース	1959-不明	月刊	
	フランスベッドニュース			
	三樹		年刊	
マンテン	マンテンニュース	1959-1995.1		
三菱鉛筆	ゆにーく	1962-不明	隔月刊	

社　名	誌　名	刊行期間	刊行頻度	備　考（改題・電子版・編集者が著名等の情報）
三ツ星ベルト	星座			
モリサワ	たて組ヨコ組	1983-2002	季　刊	
ヤマハ	THE WORLD OF YAMAHA	1984-不明	年5回	
	YAMAHA LIFE	1987.11-不明	月　刊	前誌：日楽社報
	ヤマハ音楽通信			後誌：ONTSU
	ONTSU		月　刊	前誌：ヤマハ音楽通信
横森製作所	カイダン博覧会			
吉田印刷機材	かわらばん	1975-不明	季　刊	
吉田工業	隣人	1971.1-不明	月　刊	
リッカーミシン	梨花			
リョービイマジクス	アステ	1984.6-1991.11	年　刊	
リンテック	LINTEC WAVE	1992-	半年刊	
ルビー	パール商会ニュース			
ワイデックス	WIDEX　CLUB			
村松楽器	ムラマツ	1983-不明	季　刊	
大建工業	DAIKENニュース	1959-不明	月　刊	
	ダイケンニュース ホームコロジー	1981.9-不明	半年刊	
	ダイケンニュース 設計・施工			
	ダイケンニュース セールス			
大日本印刷	ねんりん	1972.4-1988.3	年　刊	
	DNPレポート	1989-不明	半年刊	
美津濃	MOVE	1988-刊行終了	季　刊	
	M.MAGAZINE			
富士ゼロックス	パイオニア	1966.7-1968.11		後誌：GRAPHICATION
	GRAPHICATION	1969-2015	月刊→隔月刊	前誌：パイオニア。電子版で継続
	ゼロックストリム新聞	1977.4-1984.2		
	ゼロックスファミリー	1980-不明	隔月刊	
	Aim			
富士ゼロックスオフィスサプライ	倶楽部			
卸売業／小売業				
109シブヤ	トークいちまるきゅう	1979-不明	季　刊	
HMVジャパン	HMV the music master		月　刊	
Olympic	KoSaTen			
TSUTAYA	VA		月　刊	
アイセイ薬局	ヘルス・グラフィックマガジン		季　刊	
愛知	Aichi news	1972-1988		後誌：SCENE
	SCENE	1988-	年3回	前誌：Aichi news
青楓チェーン	青楓リビング			
アスクル	dreamers		月　刊	
アレフ	うれしば			
イオン	イオンマガジン	不明-	季　刊	
イケア・ジャパン	IKEA FAMILY LIFE			
伊勢丹	イセタン・ブーケ	1951.3-不明	季　刊	
	ジュニアブーケ	1958.9-不明		
	ホームレディ	1962.3-不明		
	ISETANニューズ	1970-不明	月　刊	
	YAM（YOU AND ME）	1971.1-不明		
	暮らしのスポット	1973.3-不明	月　刊	
	ISETAN	1975.1-不明	半年刊	
	シンデレラ・プレス	1986.3-不明		
	I PRESS	1989.4-不明		
	伊勢丹バーゲット			
イデー	イデーシーズンジャーナル		季　刊	

社　　名	誌　　名	刊 行 期 間	刊行頻度	備　考（改題・電子版・編集者が著名等の情報）
伊藤忠	實業			
伊藤萬	イトマン通信	1922-1975.4	月　刊	
いとう呉服店	衣道楽	1906.9-1910.2	季　刊	後誌：モーラ
	モーラ	1910.3-1913？	季　刊	前誌：衣道楽
イトーヨーカ堂	お買物ミニ百科	1977.3-不明	隔月刊	
	住まいと暮らしのDIY	1981-不明	現　在	
	生活カタログ			
岩谷産業	新樹	1966-不明	月　刊	
	マルヰかわら版			
	Iwatani Report			
岩田屋	IWATA'S OPINION	1992-不明	半年刊	
内田洋行	内田洋行通信	1951-刊行終了	隔月刊	後誌：季刊ひゅーまん
	季刊ひゅーまん	1985-1992	季　刊	前誌：内田洋行通信
	Flexible Workplace	1993-1997	季　刊	
	CUE		季　刊	
	UCHIDA Family			
エス・ジェイ・フーズ	news DELI style		季　刊	
エドウィン	SOMETHING		季　刊	
エプロン会	apron press		月　刊	
大阪屋	大阪屋商報	1950-刊行終了	年36回	
	本の本	1953.4-1962	月　刊	
大沢商会	ぜん	1975-不明	季　刊	
	OSAWA NEWS	1989-不明	季　刊	
大西衣料	セルフニュース			
大沼百貨店	おしゃれニュース			
小田急百貨店	小田急トピックス	1964-不明	月　刊	
	ファミリークラブ	1970-不明	月　刊	
オンワード樫山	オンワードニュース			
カフェ・カンパニー	WIRED TIMES			
川鉄商事	ムーブマン 川商レポート	1960.1-刊行終了	年10回	
	かわしょう			
	Kawasho			
	KAWASHO NOW			
キヤノン販売	canon voice	1980-刊行終了	年10回	
キヤノンマーケティングジャパン	C-magazine	2000-	季　刊	
共立商事	ハローペット	1977-1996	季　刊	
キンカ堂	アミカ	1961-刊行終了	月　刊	
近鉄百貨店	まいたうん	1975-不明	隔月刊	
クワザワ	クワザワ	1962-不明	年3回	
	クワザワ資材だより	1965-不明	年　刊	
京王百貨店	KEIO Biweekly	1964.11-不明	隔週刊	
	京王友の会ニュース	1970-不明	月　刊	
国際紙パルプ商事	Tsunagu	2007-	半年刊	
コネスール	Filt	2003-2014	隔月刊	
サークルKサンクス	Karuwaza style		月　刊	
塩田商店	なごみ通信			
シスコインターナショナル	dis			
下関大丸	大丸からのお知らせ		週　刊	
ジャスコ	イオン	1990-刊行終了	季　刊	
	ジャスコピープル			
ジュンク堂書店	書標	1978.10-	月　刊	
新星堂	RPM		月　刊	
	PAUSE		月　刊	

社　名	誌　名	刊行期間	刊行頻度	備　考（改題・電子版・編集者が著名等の情報）
住友商事	住商ニュース	1973.3-1989.1	隔月刊	後誌：NEXTAGE
	NEXTAGE	1989.3-1998.3	隔月刊	前誌：住商ニュース
	SC Network	1998-2009	季　刊	後誌：SC News
	SC News	2009-	半年刊	前誌：SC Network
西武百貨店	プチせぞん	1970-不明	月　刊	
	セイブ			
	せぞん			
	Ikebuku Land		月　刊	
	西武生活			
西友ストア	熱中なんでもブック	1979.6-1980.8	半年刊	
	青春評判ブック	1984.春-不明		
ゼット	ゼットレポート	1972-不明	月　刊	
セブン&アイ・ホールディングス	みどりの風	2005.3-	季　刊	
セブン・イレブン	7チャンネル	1981-不明	季　刊	
千趣会	COOK	1958.5-1988.7	月　刊	
全日空商事	SORANA		月　刊	
千疋屋	Fruit			
ソニー商事	ソニー			
	ネットワーク			
ダーバン	ダーバニアン	1976-不明	季　刊	
ダイエー	ダイエー白書	1976.12-1979.11	月　刊	後誌：The Orange Page
	The Orange Page	1979.12-1981.12	月　刊	前誌：ダイエー白書
	ORANGE SAFETY	1991-不明	月　刊	
	DAIEI NOW	1991-不明	半年刊	
大国屋百貨店	お買物ニュース			
大丸	ラ・ミューズ	1973-不明	月　刊	
	ECRIN		季　刊	
ダイワエクシード	Esquire news		月　刊	
大和実業	クラブ・ライフ			
高島屋	新衣装	1902-1920？	月　刊	
	百華新聞	1926.4-1931.4	旬　刊	
	ル・シック・タカシマヤ	1951.11-不明		
	ローズサークル	1963-不明	月　刊	
	くらしのミニブック	1980.6-不明	月　刊	
	タカシマヤ通信		月　刊	
	TAMAGAWA		月　刊	
立花商会	たちばな		年3回	
タリーズコーヒージャパン	タリーズタイムズ		季　刊	
タワーレコード	Musee	1996.3-2004.7	隔月刊	後誌：Intoxicate
	Intoxicate	2004.8-	隔月刊	前誌：Musee
	Bounce		月　刊	
	TOWER+			
中央社	中央社通信	1950-	月　刊	
蝶理	CHORI NOW	1987-不明	隔月刊	
デザインフィル	TRAVELER'S TIMES			
デニーズ・ジャパン	ミニ・デニ		季　刊	
東急ストア	ファミリー109	1975.11-	月　刊	
東急百貨店	TOKYU			

社　　名	誌　　名	刊 行 期 間	刊行頻度	備　考（改題・電子版・編集者が著名等の情報）
東京出版販売	新刊ニュース	1950.10-	隔週刊→月刊	
	東販週報	1957.1-1991.12	週　刊	後誌：トーハン週報
	書店経営	1957.3-	月　刊	
	チームワーク	1964.1-1984.11	月　刊	後誌：しゅっぱんフォーラム
	雑誌ニュース	1980.12-1983.3	月　刊	後誌：Rack ace
	Rack Ace	1983.4-1999.12	月　刊	前誌：雑誌ニュース
	しゅっぱんフォーラム	1985.1-2009.3	月　刊	前誌：チームワーク；合併後誌：書店経営
東京トヨペット	METROPOLITAN ROAD	1980-不明	隔月刊	
	月刊Pet			
東芝商事	さろん	1960-不明	月　刊	
	東芝通信商品ニュース			
東食	Toshokuニュースポスト	1974-不明	隔月刊	
東武百貨店	TOB NEWS	1970-不明	月　刊	
トーハン	トーハン週報	1992.1-	週　刊	前誌：東販週報
トーメン食品	Grand March´e		季　刊	
トヨタ自動車販売	流線型	1937-1956.12	月　刊	後誌：モーターエイジ
	モーターエイジ	1957.1-1996.7	月　刊	前誌：流線型
	自動車とその世界	1966.11-1997.12	月刊→隔月刊	
	地域と交通	1979.1-1984.6	季　刊	
	my car		月　刊	
	とよぺったぁ			
トラスコ中山	はんどめいど	1969-	隔月刊	前誌：わかたけ
ナイス	ナイスビジネスレポート	1951-	隔週刊	
	ナイスルッキング	1986-		
長瀬産業	フオートリプログラフィ	1967.2-1969.1	年　刊	
	ふれあい	1968-不明	季　刊	
	プロフェッショナルニュース	1971.11-不明	季　刊	
	NBCニュース			
	フォトカプセル			
ニチイ	KYOYU	1971-不明	季　刊	
	ラブリーケーション	1979.3-不明	月　刊	
	SATY		隔月刊	
日産ディーゼル工業	ディーゼルニュース	1950-不明	月　刊	
	UD			
日産プリンス自動車販売	プリンス	-1964.3	月　刊	後誌：Car topics
	Car topics	1964.4-1972.12	月　刊	前誌：プリンス；合併後誌：プリンス
日商岩井	トレードピア	1970-1999.3	月　刊	
日本KFCホールディングス	パーチャス！		月　刊	
日本紙パルプ商事	JPリポート	1971.5-1983	季　刊	後誌：JP REPORT
	JP会報	1972.7-不明	月　刊	
	JP REPORT	1983-2012.8	年3回	前誌：JPリポート
日本シェーキーズ	ピザなコ。		季　刊	
日本出版販売	日販通信	1950.5-	月　刊	
	新刊月報	1953.9-1957.2	月　刊	後誌：日販通信新刊月報　読者版
	週刊日販速報	1957.5-	月　刊	
	新刊展望	1957.9-2017.1	月　刊	
	日販通信新刊月報　読者版	1957-1962	月　刊	前誌：新刊月報
	子どもらいぶらり	1958.9-1975.7	年10回	
	Do book	1989.2-1998.12	月　刊	
	日本出版貿易ニュース	1948-1972.6	月　刊	
日本図書普及	図書券だより	1962-刊行終了	月　刊	

社　名	誌　名	刊行期間	刊行頻度	備　考（改題・電子版・編集者が著名等の情報）
日本ビジネスコンピュータ	JBC	1974-刊行終了	季　刊	
	りんく			
日本マクドナルド	生活文化食べもの			
	アクセス			
	マックジョイ		月　刊	
	Smile			
	Mc. Topics			
	マクドナルドニュース		月　刊	
パーク・コーポレーション	hanashi			
函館製網船具	ウロコ会報	1959-不明	年3回	
パッセンジャーズ・サービス	L&G	1988.1-不明	月　刊	
バリージャパン	Bally Club			
パルコ	Fizz	1986.9-1989.2	月　刊	前誌：JBB；合併後誌：GOMES
	GOMES	1989.5-1996.2	月　刊	合併前誌：Fizz, Pnuts press
	FLYER		月　刊	
	PEC MAGAZINE		月　刊	
	JBB			
	Pnuts press			合併後誌：GOMES
	PARCO NEWS		月　刊	
	PARCO MAGAZINE		月　刊	
パルコブックセンター	パルコブックセンターNEWS		月　刊	
阪急百貨店	阪急文化	1956-不明	季　刊	
	ふれあいはんきゅう	1975-不明	月　刊	
	青い鳥	1976-不明	年10回	
	おめにとまれば。		月　刊	
ビービーケーケー	PAPAS			
菱屋	ネクタイだより			
日立エレベータサービス	HELSだより	1973-刊行終了	季　刊	
日立家電	日立ファミリー	1955-不明	月　刊	
	家電ライフ	1965-不明	月　刊	
	ローディプラザ	1982-刊行終了	月　刊	
日野自動車販売	HINODE	1959-2002.10	月　刊	合併後誌：こんにちはひのでーす
	日野ニュース			
日比谷花壇	vox			
ファミリーマート	Livin' Mart	2002-不明	季　刊	
フジカラーサービス	FCS	1968-刊行終了	隔月刊	
フジカラー販売	ラボ通信	1981-刊行終了	月　刊	
文祥堂	3の4		年3回刊	
ブラザーミシン販売	ハロー！ニット	1977-不明	月　刊	
プラザスタイル	Ans.	2002-不明	月　刊	
プレナス	ホッとたいむす		隔月刊	
プロントコーポレーション	pronto pronto?	2006.3-2011	季　刊	
	SOLARE PRESS			
平和堂貿易	平和堂ジャーナル	1973-刊行終了	隔月刊	
ボーネルンド	あそびの森		季　刊	
ホクレン農協	Green	1974-	隔月刊	
マイカル	DIARY		季　刊	
マイショウ企画	ルフラン	1979-刊行終了	月　刊	
松屋	松屋トピックス	1970-不明	月　刊	
松屋呉服店	今様	1906-1926.9？	月　刊	
	松屋グラフ	1926.10？-1936.10？	月　刊	
マリテ&フランソワ・ジルボー	MARITH`E & FRANCOIS GIRBAUD		季　刊	

211

社　名	誌　名	刊行期間	刊行頻度	備　考 (改題・電子版・編集者が著名等の情報)
丸井	クレジットライフ			
	ロン			
	花籠			
	婦人生活			
	リビングブックス			
丸井今井	CREO CLUB MAGAZINE		月刊	
丸榮	ショッピングガイド	1975-不明	月刊	
マルエツ	くらし型録			
丸善	學燈	1897.3-	月刊→季刊	前誌：学の灯
	聲	1958.10-1961.1	月刊	
	丸善ライブラリーニュース	1958.3-1989.12	隔月刊	
	アテナスポット	1977-不明	隔月刊	
	Library news	2007.11-2011	季刊	
マルニ販売	マルニタイム	1977-不明	月刊	
丸紅	株主レポートまるべに	1963-	季刊	
	Liaison			
三井物産	MBK Life	1964.2-不明	隔月刊	
	三井グラフ	1970.4-2005.10	季刊	
	レター・フロム・ミツイ	1975-不明	季刊	
	冒険とロマン	1977-不明	半年刊	
	ミツイトレイドニュース			
ミツウロコ	ウロコジャーナル	1967-不明	月刊	
	ミツウロコ会ニュース	1968-不明	月刊	
三越百貨店	キング&クイーン	1973-不明	月刊	
	Le Club GINZA		季刊	
三菱自動車販売	すりいだいや	1964.11-1984.5	月刊	後誌：ギャランクラブ
	トラック情報 こんにちわ三菱です	1971.6-不明		
	みつびしバストピア	1980-不明	月刊	
	菱ぐるま			
三菱商事	MCニュースレター	1975.1-1988.5	月刊	後誌：MC WORLD
	Infodia	1987.4-1999.5	月刊	
	MC WORLD	1988.8-1993	半年刊	前誌：MCニュースレター
緑屋	ライフシリーズ			
メトロプロパティーズ	la Esola			
モスフードサービス	モスナウ	1984-不明	年刊	
守田宝丹	芳譚雑誌	1878.7-1884.10	週刊	
ヤナセ	YANASE LIFE	1978-刊行終了	月刊	後誌：YANASE LIFE plaisir
	YANASE LIFE plaisir	2003-	隔月刊	前誌：YANASE LIFE
山野楽器	Caprice			
	Jam Spot			
やまや	ヴィノッテ			
有隣堂	有鄰	1967.12-	隔月刊	
ユニー	SUN TERRACE			
吉田産業	よしだファミリー	1959-不明	月刊	
リブロ	LIBRO通信		月刊	
良品計画	無印良品		不定期	
ローソン	それいけ！ローソン通信		隔週刊	
	なるほどね！ローソン新聞		隔週刊	
ロック・フィールド	SHOKU-IKU新聞			
和光	News from Wako			後誌：チャイム銀座
	チャイム銀座		月刊	前誌：News from Wako
永晃産業	素直	1957.2-不明	季刊	

社　名	誌　名	刊行期間	刊行頻度	備考（改題・電子版・編集者が著名等の情報）
丸紅飯田	丸紅ニュース			
	ベニーニュース			
紀伊國屋書店	L'ESPRIT NOUVEAU	1930.7-1931.8	月　刊	
	紀伊國屋月報	1931.2-11, 1950-1951	月　刊	後誌：机
	レツェンゾ	1933.3-1936.3		
	机	1952.1-不明	月　刊	前誌：紀伊國屋月報
	しおり	1984-1992.2	隔月刊	
	i FEEL	1991-2006	季　刊	
	scripta	2006-	季　刊	
栗田書店	栗田図書新報	1950-不明		
	栗田時報	1950-不明	年36回	
三井呉服店	花ごろも	1899.1-刊行終了		
三越百貨店	時好	1903.8-1908.5	月　刊	後誌：みつこしタイムス
	みつこしタイムス	1908.4-1908.5	日　刊	
三越百貨店	みつこしタイムス	1908.6-1914.4?	月　刊	前誌：時好；後誌：三越
	みつこし週報（ウィークリー）	1910	週　刊	
	大阪の三越	1910.3-1935?		後誌：みつこし
	三越週報	1911	週　刊	
	三越	1911.3-1933.4?	月　刊	前誌：みつこしタイムス
	三越カレンダー	1922-1925		
	みつこし	1936?-1944.1		前誌：大阪の三越
	レディーズクラブ会誌	1973-不明	月　刊	
	三越グラフ			
三喜商事	MARELLA		半年刊	
三省堂書店	ザ・サンセイドウ・タイムズ	1921-1925		
	エコー	1931.6-不明	月　刊	
	未踏	1961-1983.8	月　刊	
三陽商会	TURBINE		隔月刊	
昭和騰写堂	昭和堂月報	1933-1961		
松坂屋	新装	1935.6-1938.6?；1951.3(復刊)-不明	月刊→季　刊	
	カトレア		半年刊	
新光商事	Electronic monthly	1972.1-2001.10	月　刊	前誌：Shinko Electronic monthly
	Shinko Electronic monthly			後誌：Electronic monthly
新東京いすゞモーター	ライオン			
神鋼レジスター	Register			
総合メディカル	D toD club	2008-不明	季　刊	
大丸呉服店	衣装	1907.1-1908.8?	月　刊	
	婦人くらぶ	1908.10-1911.11?	月　刊	
	大丸	1913?-刊行終了		
大喜産業	一即多	1968-不明	季　刊	
大阪トヨペット	mite mite	2010.4-不明	月　刊	
東京メガネ	め better vision	1980.5-不明	季　刊	
日製産業	The Hitachi Scientific Instrument Digest			後誌：The Hitachi Scientific Instrument News
	Hitachi Scientific Instrument News		半年刊	前誌：The Hitachi Scientific Instrument Digest
日鐵商事	マンスリーレポート	1979-刊行終了	年8回	
白木屋	家庭のしるべ	1904.7-1905.12		後誌：流行
	流行	1906.1-1918.2		前誌：家庭のしるべ；後誌：白木タイムス
	白木タイムス	1918.3-1921?		前誌：流行
	婦人と子供			
本家かまどや	本家かまどやFUN			
名鉄百貨店	MERCURY			

213

社　　名	誌　　名	刊行期間	刊行頻度	備　考 (改題・電子版・編集者が著名等の情報)
明治屋	嗜好	1908-1955.9(復刊1号)-2008.6	隔月刊→季刊	
	嗜好　別冊ベビーブック	1969.12-1984.3	年　刊	
	嗜好　別冊	-2007.9	年　刊	
眞露ジャパン	眞		季　刊	
金融・保険業				
青森銀行	あすなろ	1976-不明	半年刊	
秋田銀行	くらしのしおり	1965-不明	年10回	
	あきぎんトピックス	1984-不明	月　刊	
朝日火災海上保険	朝日代理店ニュース	1967-不明	隔月刊	
足利銀行	あしぎんレポート	1983.10-不明	隔週刊	
アメリカンファミリー生命保険	アフラックレポート	1979-2002.1	季　刊	
	AFLAC NEWS			
愛媛銀行	ひめぎん情報	1974-不明	年3回	
大阪クレジットビューロー	さるーん			
大阪市信用金庫	栴壇木			
大阪信用金庫	だいしんだより		月　刊	
大阪屋リサーチセンター	ぷろむなーど	1982-不明	月　刊	
岡崎信用金庫	岡信			
オリエントファイナンス	おりえんと			
香川銀行	fit	1981-不明	月　刊	
関西信託	関西信託時報			
関東銀行	くらしのしおり	1965.6-不明		
	関銀ライフ	1968.6-不明		
九州相互銀行	九銀			
共栄火災海上保険	共栄代理店ニュース	1958-不明	月　刊	
	まごころ	1963-不明	隔月刊	
	海外T＆E情報	1988-不明	随　時	
京都銀行	京	-1965.6		
	京のくらし	1965-不明	季　刊	
京都信用金庫	コミュニティ	1967-不明	月　刊	
	金と銀			
協和銀行	きょうわライフ	1965-不明	月　刊	
	くらしのコンサルタント	1970.5-不明	季　刊	
	リビングレター			
	だんらん			
呉信用金庫	くれしん	1953-不明	月　刊	
群馬銀行	らうんじ	1987-不明	季　刊	
興亜火災海上保険	興亜だより	1959-不明	隔月刊	
高知銀行	高銀ライフ	1975-不明	月　刊	
神戸銀行	キープスマイル			
	らしんばん			
国際協力銀行	JBIC today	2009-	季　刊	
埼玉銀行	埼銀タイムス	1951.3-1960.5		
	サイギン	1969.12-刊行終了	隔月刊	
	サイギンくらしの百科	1973.3-1975.11		
	サイギン・ファミリーブック	1973.4-刊行終了	半年刊	
	サイギン・お茶の間ニュース	1973.4-刊行終了	月　刊	
	サイギンくらしの情報カード			
	さろん			
さくら銀行	こんにちはさくら銀行です	1990-刊行終了	年5回	
	ミニ百科	1990-刊行終了	隔月刊	

社　名	誌　名	刊行期間	刊行頻度	備　考（改題・電子版・編集者が著名等の情報）
三和銀行	はんえい	1966-刊行終了	月　刊	
	暮らし	1967-刊行終了	隔月刊	
	みどりの新聞	1978.7-刊行終了	季　刊	
	みどりのアイデアノート	1980.11-刊行終了	季　刊	
	暮らしのスポットニュース			
静岡銀行	夢遊便しずおか	1992-不明	不定期	
芝信用金庫	しばしんぶっく			
常陽銀行	常陽タイムス	1959-不明	季　刊	
	常陽ミリオンニュース	1965-不明	隔月刊	
	常陽百科シリーズ	1977-不明	半年刊	
	CITYみと	1982.8-不明	隔月刊	
昭和リース	SL SCOPE			
新日本証券	証券調査	1967-2000.3	月　刊	
	はっぴい	1970-不明	月　刊	
巣鴨信用金庫	すがも			
住友海上火災保険	代理店通信	1950-不明	月　刊	
	インフォメーション	1970-不明	月　刊	
	安全データファイル	1986-不明	隔月刊	
住友海上火災保険	SALUT（サリュウ）	1986-不明	半年刊	
	Let's	1986-不明	隔月刊	
	SSクラブ	1987-不明	隔月刊	
	Copines	1989.4-1991.3	季　刊	
	Keys	1989-不明	不定期	
	整備いずみ	1989-不明		
	Keys-SF	1991-不明	隔月刊	
住友銀行	ブルーカルテ	1965-刊行終了	不定期	
	ポケットライブラリー	1981-刊行終了		
	生活コンパス			
	ライフ・ガイド			
	大判小判			
住友信託銀行	いずみ	1956.2-刊行終了	季　刊	
	回転椅子	1963-刊行終了	季　刊	
駿河銀行	あなたの季節			
セゾン生命保険	WELL AGING	1977-刊行終了	年　刊	
瀬戸信用金庫	レポート			
第一火災海上保険	飛躍	1969-刊行終了	月　刊	
第一勧業銀行	でいけイエム	1968-刊行終了	月　刊	
	調査部ニュース	1971-刊行終了	年20回	
	ディケイエムマネジメントレポート	1972-1982.12	月　刊	前誌：DKMビジネスガイド；後誌：DKMマネジメントレポート
	リビング	1972-刊行終了	月　刊	前誌：ヒント
	ハートの新聞	1974-刊行終了	季　刊	
	るくぅう	1979-刊行終了	半年刊	
	千客万来	1980.4-刊行終了	季　刊	
	Sr.	1981-刊行終了	季　刊	
	DKMマネジメントレポート	1983.1-1997.6	月　刊	前誌：ディケイエムマネジメントレポート；後誌：マネジメントレポート
	マネジメントレポート	1997.7-2002.3	月　刊	前誌：DKMマネジメントレポート；後誌：みずほマネジメントレポート
	ハートの子供新聞			
	DKMビジネスガイド			後誌：ディケイエムマネジメントレポート
	家計			
第一証券	DAI・ICHI NEWS	1937-刊行終了	月　刊	
	暮しの窓			
第一商品	PISC（ピスク）	1979-不明	月　刊	

社　名	誌　名	刊行期間	刊行頻度	備　考（改題・電子版・編集者が著名等の情報）
第一生命保険	団体通信	1958.3-1973.12	季刊	
	The Community	1964.5-	半年刊	
	一(いち)	1973.7-1975.9	季刊	
	いっぷく	1976.4-不明	月刊	
	city&life	1984.2-	季刊	
	相互	1991.10-1991	月刊	前誌：Sohgo
	相互	-1991.3	月刊	後誌：Sohgo
	Sohgo	1991.4-1991.9	月刊	前誌：相互；後誌：相互
	ファミリー			
	やまびこ			
大商証券	ウィークリー			
大成火災海上保険	大成人		月刊	
大東京火災海上保険	大東京ニュース	1969-刊行終了	月刊	
第百生命保険	ふぁいん	1977.7-刊行終了	月刊	
	かがやき			
太陽火災	太陽	1965-刊行終了	隔月刊	
第四銀行	みどりニュース	1967-不明	季刊	
	CLICK（クリック）	1991-不明	半年刊	
大和銀行	ダイワファミリーグラフ〈一般編〉	1963-刊行終了	半年刊	前誌：くらしの窓
	ダイワファミリーグラフ〈はつらつニュース編〉	1963-刊行終了	半年刊	
	経営のこよみ	1968-刊行終了	隔月刊	
	年金ニュース	1968-刊行終了	月刊	
	DAIWA BANK MONTHLY RESEARCH REPORT	1985-2000	月刊	
	くらしの窓			後誌：ダイワファミリーグラフ〈一般編〉
大和證券	ゴールドプラン	-1963.10	月刊	後誌：大和ニュース
	大和投資	1963-不明	月刊	
	大和ビジネスニュース	1973-不明	季刊	
	ダイワ債券投資情報	1976-不明	月刊	
	ダイワフォーキャスト	1976-不明	季刊	
	インベスターズガイド	1977-不明	月刊	
	経済見通し	1986-不明	月刊	
	インベストメントウィークリー	1989-不明	週刊	
	ストラテジー	1989-不明	年3回	
	アジア月報	1991-不明	月刊	
	大和ニュース	-1999.7	旬刊	前誌：ゴールドプラン
武富士	リズム＆バランス	1979-不明	季刊	
多治見信用金庫	たしみ			
玉塚証券	証券と貯蓄		月刊	
千葉銀行	ひまわり	1964.8-不明	隔月刊	
	ぱれっと	1984-1999	季刊	
	ラウンジ	1999.2-	季刊	
千葉興業銀行	コウギンタイムス	1962-不明	季刊	
	コスモス	1975-不明	月刊	
	こういう	1989-不明	季刊	

社　名	誌　名	刊　行　期　間	刊行頻度	備　考（改題・電子版・編集者が著名等の情報）
中央信託銀行	年金情報	1962.10-刊行終了		
	証券代行ニュース	1963.7-2000.3	不定期	後誌：証券代行研究
	調年ニュース	1964.6-刊行終了		
	年金ニュース	1970.1-刊行終了		
	証券情報	1972.8-刊行終了		
	証券市場月報	1976.7-刊行終了		
	代行法務情報	1984.11-刊行終了		
	不動産情報	1988.9-刊行終了		
	L'espas	1989-1993.7		
	証券代行研究	2000.4-刊行終了		前誌：証券代行ニュース
	中央信託小百科			
中央信用金庫	ちゅうおう	1963-刊行終了	季　刊	
千代田生命保険	ちよだらいふ	1973.4-刊行終了	隔月刊	
	OWNER	1990-刊行終了	月　刊	
	千代田ファミリー			
東海銀行	経営相談	1962-刊行終了	隔月刊	
	チャイム	1968-刊行終了	月　刊	前誌：ミリオンニュース
	暮らしの新書	1977.6-刊行終了	半年刊	
	ミリオンニュース			後誌：チャイム
	THINKS　NETWORK			
	ふれんど	1967.12-；1980.10（復刊)-刊行終了	隔月刊→半年刊	後誌：Friend
	Friend		半年刊	前誌：ふれんど
東京信用金庫	とうしん			
東京相互銀行	経営ジャーナル	1967-刊行終了	隔月刊	
	くらし			
東京相互銀行	お店便り			
	家庭便り			
	工場便り			
東京相和銀行	鐘	1984-刊行終了	季　刊	
東京都民銀行	くらしのしおり	1965-不明	月　刊	
	とみんホームグラフ	1965-不明	隔月刊	前誌：明るい家庭
	明るい経営	1965-不明	隔月刊	
	Tomin information	-1992.4		後誌：Tokyo Tomin Bank news release
	明るい家庭			
	Tokyo Tomin Bank news release			前誌：Tomin information
東武信用金庫	さかえ			
東邦生命保険	ANDAR（アンダール）	1990-刊行終了	月　刊	
	ALTERNATIVE	1993.7-1995	季　刊	
	TOHO Link	1993-刊行終了	隔月刊	
	さくらんぼ通信		月　刊	
東洋信託銀行	目でみる経済	1962-刊行終了	半年刊	
	年金ニュース	1962-刊行終了	隔月刊	
	ミリオネラ	1972-刊行終了	季　刊	
	財形サロン	1973-刊行終了	季　刊	
同和火災海上保険	同和火災ニュース	1975-刊行終了	年10回	
	す・く・ちゅ・ぶー	1986.1-刊行終了	半年刊	
	セーフティ・アプローチ	1988-刊行終了	年3-4回	
	同和火災のゆとりんぐくらぶ	1991-刊行終了	年　刊	
東和銀行	日日好日	1989-不明	半年刊	
	ぜふぃーる	1990-不明	年3回	
直江津信用金庫	信友			
長崎相互銀行	長銀			
名古屋銀行	みなさまと名古屋銀行	1985-不明	年　刊	

社　名	誌　名	刊行期間	刊行頻度	備　考（改題・電子版・編集者が著名等の情報）
名古屋信用金庫	名信レポート			
七十七銀行	暮らしの新聞	1980.1-不明	季　刊	
	カルチャー7	1983.6-不明	季　刊	
	ふれあい	1996-不明	季　刊	
西日本建設業保証	ANCER	1989.9-2002.10	季　刊	
日動火災海上保険	日動ニュース	1964-刊行終了	月　刊	
	ND通信	1980-刊行終了	季　刊	
	WINプラザ	1988-刊行終了	季　刊	
	I AM		隔月刊	
日興證券	月刊マネービル	1958.3-1959.12	月　刊	
	日興新聞	1960.4-刊行終了	旬　刊	
日産生命保険	なんでもQ	1989-刊行終了	月　刊	
	いこい			
日本開発銀行	季刊かいぎん	1986.2-1999.4	季　刊	
日本火災海上保険	日火代理店ニュース	1962-刊行終了	月　刊	
	PL Informatiion	1987-刊行終了	不定期	
	別冊 Risk Review	1990-刊行終了	不定期	
日本勧業銀行	のばらちゃん文庫			
	新編かわら版			
日本クレジットビューロー	かるね			
日本興業銀行	キューピーだより	1965.4-刊行終了	季　刊	
日本債券信用銀行	サイちゃんだより	1969-刊行終了	季　刊	
	日債銀レポート	1984-2000.12	月　刊	
日本生命保険	ニッセイサークル	1970-不明	隔月刊	
	ニッセイ経営情報	1972-不明	月　刊	
	すくすくぐんぐん	1972-不明	月　刊	
日本生命保険	インダストリー・レビュー	1991-不明	月　刊	
	フロムニッセイ	1993-不明	月　刊	
	家庭のいずみ			
	日生新聞・日生男の新聞			
	たのしい生活			
	ニッセイひまわり			
日本長期信用銀行	長銀レポート	1968.10-1996.3	月　刊	
	長銀通信	1969-刊行終了	半年刊	
	ワリチョーライフ			
日本輸出入銀行	輸銀情報	1961-1975	季　刊	後誌：海外投資研究所報
	海外投資研究所報	1975-1999	月刊→隔月刊	前誌：輸銀情報；合併後誌：開発金融研究所報
	Open	1993.6-1997.5	隔週刊	
	Global eye：輸銀	1995-1999	隔月刊	
	Global eye：国際協力銀行レポート	1999.12-2003	不定期	
野村證券	財界研究	1926.6-1931.6		後誌：財界観測
	財界観測	1931.7-2018.4	月　刊	前誌：財界研究。電子版で継続
	野村週報	1954.1-2018.4	年50回	前誌：週末報告
	第二の所得	-1965.7		
	NRI Search	1980.9-1987.12	月　刊	後誌：Nomura search
	Nomura search	1988.1-1995.9	月　刊	前誌：NRI Search
	こどものくらし			
	投資ニュース			
八十二銀行	すてきライフ	1992-不明	月　刊	
日立クレジット	NOVA	1985-刊行終了	季　刊	
	S & C	1987-刊行終了	年　刊	
百五銀行	すばらしきみえ	1983-	隔月刊	
	HOT CLUB	1991-不明	季　刊	

社　名	誌　名	刊行期間	刊行頻度	備　考 (改題・電子版・編集者が著名等の情報)
広島銀行	せとうち	1969-不明	隔月刊	
	ひろぎん			
広島信用金庫	ひろしんだより	1965-不明	年刊	
福井銀行	経営相談	1971-不明	年8回	
	ポプリ	1994-不明	半年刊	
	福銀ジャーナル	不明-	年4回	
福岡銀行	ふくぎんサロン	1961.1-不明	季刊	
	くらしのサロン	1965.5-不明	季刊	
	九州の経済	1974-2007	年刊	
	経営レポート	1979-不明	月刊	
	暮らしのポケット相談	1980-不明	月刊	
	あすの経営	1986-不明	月刊	
福岡シティ銀行	For you	1992.1-2003.8		
	For you	-2004.7		
福岡相互銀行	ホームぎんこう	1966-1988	月刊	
富国生命保険	ニューライフ	1974-不明	月刊	
	ファミリーロード			
	富国経営だより			
富士火災海上保険	富士	1969-刊行終了	季刊	
富士銀行	家計ダイジェストシリーズ	1972-刊行終了		
	発展	1973-刊行終了	月刊	
	ふじ			
	暮らしのワンポイント			
	こんにちは富士です			
プロミス	月刊パーソナルローン	1976.12-1981	月刊	
平和相互銀行	楽しいくらし			
北越銀行	北銀コータリー	1959.8-1995.1	季刊	後誌：ホクギンクォータリー
	ホクギンクォータリー	1995.4-2001	季刊	前誌：北銀コータリー；合併後誌：ホクギンクォータリー21
	ホクギンクォータリー21	2001-2016	季刊	合併前誌：ホクギン県内景気動向調査, ホクギンクォータリー
北洋相互銀行	暮らしのいづみ	1955.1-不明		
	グッドライフ	1962.7-1963.8	月刊	
	婦人手帖			
北陸銀行	くらしのしおり	1965-不明	半年刊	
	あすの商店	1967-不明	月刊	
	経営相談	1973-不明	隔月刊	
北國銀行	商店街	1968-不明	隔月刊	
	経営相談	1970-不明	隔月刊	
	北國マンスリーレポート		月刊	
みずほインベスターズ証券	Mews			
みずほ総合研究所	Fole	2002.10-	月刊	
	みずほマネジメントレポート	2002.4-2002.9	月刊	
みちのく銀行	海外だより	1991-不明	季刊	
三井海上火災保険	MITSUI MARINE	1950-不明	年10回	
	PLニュースレター	1980-不明	不定期	
	セイフティニュース	1982-不明	季刊	
	自動車事故ゼロを願って SAFETY TOPICS	1989-不明	季刊	
	エターナル	1990-刊行終了	不定期	
三井銀行	三井ファミリー	1961-刊行終了	隔月刊	
	経営の知恵	1965-刊行終了	隔月刊	
	月刊モワ	1972-刊行終了	月刊	
	こんにちは三井です	1978-刊行終了	月刊	
	三井ファミリーカード			

社　名	誌　名	刊行期間	刊行頻度	備考（改題・電子版・編集者が著名等の情報）
三井生命保険	大樹ファミリー	1973-不明	月　刊	
	大樹らいふ	1976.6-1993.3	月　刊	後誌：大樹life
	繁栄	1978-1989.10	月　刊	後誌：HAN・EI
	チャンネル・ミツイ	1979.11-1995.9	月　刊	
	お料理ヒント	1979-不明	月　刊	
	腕時計カレンダー	1981-不明	月　刊	
	HAN・EI	1989.11-1996.3	月　刊	前誌：繁栄；後誌：繁栄
	Weekly EYE	1992-不明	週　刊	
	大樹life	1993.4-2002.7		前誌：大樹らいふ
	はぴいらいふPRESS	1995-不明	月　刊	
	繁栄	1996.4-	月　刊	前誌：HAN・EI
	はぴいらいふ			
	三井とあなた			
三菱銀行	お茶の間グラフ	1959.1-刊行終了		
	マネージメントジャーナル	1965-刊行終了	月　刊	
	ポンポンニュース			
	みつびし・ホーム・クッキング			
	ポケット専科			
三菱信託銀行	財務相談	1960-不明	季　刊	
	暮らしのゆとり			
宮崎銀行	みやぎん調査ニュース	1965-不明	半年刊	
	みやぎんホームグラフ	1973-不明	隔月刊	
明治生命保険	明るい家庭	1950.7-不明		後誌：くらしのしおり
	ハピネス	1950-不明	隔月刊	
	メイジ・ライフ	1970.6-不明		
	経済ニュース	1974-不明	月　刊	
	ダイヤモンド経営情報	1975-不明	月　刊	
	LIFE & LIVES	1977.6-刊行終了	月　刊	
明治生命保険	FINANSURANCE	1992-2003	季　刊	後誌：生活福祉研究
	ラジェ	1994-不明	月　刊	
	くらしのしおり		月　刊	前誌：明るい家庭
	MMライフ			
明治安田生命保険	生活福祉研究	2004-	季　刊	前誌：FINANSURANCE
	メイジライフ			
安田火災海上保険	ほうむ	1981.4-1996.10	季　刊	後誌：安田火災ほうむ
	海外PL情報	1981-1997	年2回	合併後誌：Safety Now
	生きる	1984.1-2002	半年刊	
	Legal EYE	1988-刊行終了	隔月刊	
	TERRA	1990.7-2001.10	季　刊	
	自動車交通安全ニュース	1991-刊行終了	随　時	
	テクノレポート	1992-刊行終了	随　時	
	国内PL情報	1994-1997	半年刊	合併後誌：Safety Now
	Safety Now	-1997.10	半年刊	合併前誌：国内PL情報, 海外PL情報
	安田火災ほうむ	1997.3-2002.3	不定期	前誌：ほうむ
安田信託銀行	信託さろん	1963.4-刊行終了	隔月刊	
	まどか			
	やすだのたより			
安田生命保険	ざ・やすだ	1977-刊行終了	季　刊	
	わが家	1981.6-不明	月　刊	
	マインドパートナー	1987-刊行終了	隔月刊	
	テレビ情報誌　ON AIR	1987-刊行終了	週　刊	
安田総合研究所	安田総研クォータリー	1992.1-200.5	季　刊	後誌：損保ジャパン総研クォータリー
山形銀行	すくらむ			
山叶証券	証券要報			

社　　名	誌　　名	刊行期間	刊行頻度	備　考（改題・電子版・編集者が著名等の情報）
山種証券	山種国際証券ニュース	1973-刊行終了	月刊	
	ヤマタネレポート	1973-刊行終了	隔週刊	
大和生命保険	やまとファミリー	1975-刊行終了	月刊	
ユニバーサル証券	Off Time	1990-刊行終了		
横浜信用金庫	横浜信用金庫新聞			
琉球リース	新風（みーかじ）	2008-	半年刊	
和光証券	マネープラン新聞	1961-刊行終了	月刊	
愛媛相互銀行	ひめぎん	1973-不明	半年刊	
横浜銀行	くらしの手帖	1957-不明	隔月刊	前誌：茶の間の話題
	経済スポット	1968.4-不明	月刊	
	豊かなかながわ	1978.4-不明	年刊	
	カルチャーライフ	1981.1-不明	季刊	
	マイウェイ	1989.3-	季刊	吸収前誌：カルチャートーク
	カルチャートーク	1989-1995	季刊	吸収後誌：マイウェイ
	茶の間の話題			後誌：くらしの手帖
	くらしの友			
京都中央信用金庫	くんしらん			
京葉銀行	千葉が誇る日本一			
広島相互銀行	ヒロソー	1964-刊行終了	隔月刊	
国際協力銀行	開発金融研究所報	2000.1-2008.8	季刊	合併前誌：海外投資研究所報、開発援助研究
三井海上火災保険	Mitsui Marine guidance	1991-不明	年刊	
三井信託銀行	信託ジャーナル	1959-刊行終了	季刊→月刊	
山一證券	こんにちは	1981.10-刊行終了	月刊	
	らいふグラフティ	1981-刊行終了	月刊	
	証券貯蓄			
山陰合同銀行	合銀のしおり	1952.11-刊行終了		後誌：郷土のしおり
	郷土のしおり	1960.8-刊行終了		前誌：合銀のしおり；後誌：山陰のしおり
	山陰のしおり	1965.4-不明		前誌：郷土のしおり
滋賀銀行	近江	1968-不明	半年刊	
	湖	1972-2017	季刊	
	かけはし	1976.9-2017.3	季刊	
	かけはし	2017-	季刊	合併前誌：湖，かけはし
住友海上火災保険	Keys-P L			
住友生命保険	スミセイちびっこだより	1972.10-不明	月刊	
	HELLO!	1981-刊行終了	月刊	
	スミセイ・ベストブック	1985.12--	月刊	
	スミセイ・ふれあいプラザ			
	S.H.C.			
	花			
商工組合中央金庫	ちゅうきんだより	1969-	月刊→季刊	
	ゆたか	1969-2006	季刊	後誌：マイハーベスト
	マイハーベスト	2007-		前誌：ゆたか
	季刊経営のパートナー			
西日本シティ銀行	博多・北九州に強くなろう	1979-	年1~2回	
	九州流	2009-	年3回	
西日本銀行	西銀時報		月刊	
西日本相互銀行	ほほえみ	1965-刊行終了	半年刊	
千代田火災海上保険	千代田ニュース	1950.4-刊行終了		後誌：代理店版ちよだ
	代理店版ちよだ	1959.1-刊行終了	月刊	前誌：千代田ニュース
損害保険ジャパン	SAFETY　EYE	1999.3-2001		

221

社　　名	誌　　名	刊行期間	刊行頻度	備　考（改題・電子版・編集者が著名等の情報）
損保ジャパン総合研究所	損保ジャパン総研クォータリー	2002.10-2011.3	季　刊	前誌：安田総研クォータリー；後誌：損保ジャパン総研レポート
	損保ジャパン総研レポート	2011.9-2014.3	半年刊	前誌：損保ジャパン総研クォータリー
太陽神戸銀行	経済、時事問題早わかり	1973.10-1986	半年刊	
	経営実務シリーズ	1973.10-刊行終了	隔月刊	
	新しい税金の知識			
	ミニ百科			
	新しい経営			
	インターナショナルニュース			
大信販	C & L	1982-刊行終了	月　刊	
大正海上火災保険	大正ニュース	1950-刊行終了	年10回	
	&	1971-刊行終了		
大東京信用金庫	大信奥さまニュース	1965-刊行終了	隔月刊	
	ふくろう			
大同生命保険	DAIDO LIFE	1965-不明	季　刊	
	YUTORI	1965-不明	季　刊	
	one hour	1987-不明	月　刊	
	AIM		年３回	
	Ponte		半年刊	
	ダイドウニュース			
第一生命保険	POSTURE(ポスチャー)	1997-	年　刊	
朝日生命保険	かざぐるま	1976.4-不明	隔月刊	
	SANSAN	1986-	月　刊	
	ウィークリーAi	1989-不明	週　刊	
東急カード	トップ通信			
東京海上日動火災保険	MESSAGE FROM TOKIO	1986-刊行終了	年　刊	
東京海上火災保険	代理店ニュース	1948.6-1949.9	月　刊	
	TOKIO倶楽部	1955-刊行終了	月　刊	
	リスク・レーダー	1983-刊行終了	月　刊	
	TALISMAN	1989.10-	不定期	吸収前誌：Corporate Risk Consulting情報
	TALISMAN別冊	1989-不明	年3-4回	
	Corporate Risk Consulting情報（CRC情報）	1992.1-1996.12	季　刊	吸収後誌：TALISMAN
東京都商工信用金庫	トショウコー			
東日本建設業保証	EAST TIMES		季　刊	
東洋火災海上保険	東洋代理店ニュース	1963-刊行終了	隔月刊	
東洋信販	心			
日産火災海上保険	アクシデント	1913.7-刊行終了		
	にっさん	1953-刊行終了	月　刊	
	セフトピア	1985.11-刊行終了		
	日新ニュース	1961.10-不明		
日本銀行	貯蓄時報	1949-1981	季　刊	後誌：貯蓄と経済
	生活の設計	1963-2001	月刊→季刊	後誌：くらしとおかね
	貯蓄と経済	1981.6-1985.12	季　刊	前誌：貯蓄時報；後誌：にちぎんquarterly
	にちぎんquarterly	1986-1993	季　刊	前誌：貯蓄と経済；後誌：にちぎんクォータリー
	にちぎんクォータリー	1994-2004	季　刊	前誌：にちぎんquarterly；後誌：にちぎん
	くらしとおかね	2001-2007	季　刊	前誌：生活の設計
	にちぎん	2005-	季　刊	前誌：にちぎんクォータリー
日本信販	group	1971.11-刊行終了	隔月刊	
	明るい毎日			
	家庭信販ニュース			

社　　名	誌　　名	刊　行　期　間	刊行頻度	備　考（改題・電子版・編集者が著名等の情報）
日本政策投資銀行	経済経営研究	1980.7-		
	DB Journal	2000.1-2008.3	季　刊	吸収前誌：かたりすと
	かたりすと	2000.3-2006.2		吸収後誌：DB Journal
	RPレビュー	2000.3-2007.3	不定期	後誌：地域調査研究
	地域政策研究	2000.7-2007.3	不定期	後誌：地域調査研究
	地域政策調査	2001.3-2006		後誌：地域調査研究
	地域調査研究	2007-		前誌：地域政策研究；地域政策調査；RPレビュー
	季刊　DBJ	2008-	季　刊	
日本相互銀行	イチワリ夫人	1964.1-刊行終了		
農林中央金庫	みのり			
八幡信用金庫	八信だより	1953.11-2001.6		
北海道拓殖銀行	すずらん			
不動産業				
ABC開発	OUR HOUSE	-1994.2	季　刊	
	LIFE		季　刊	
SGホールディングス	SG-NEWS	2006-	季　刊	
穴吹興産	α	1989-不明		
伊藤忠ハウジング	ハウジングニュース	1979-不明	月　刊	
	HOUSE UP		月　刊	
エヌケーホーム	NKホームニュース憩	1981-不明	季　刊	
大蔵屋	じゅう	1969-不明	隔月刊	
小田急不動産	クリエート	1972-不明	季　刊	
	ハウジング・ガイド	1973-不明	月　刊	
角栄建設	角栄ホームニュース	1968-刊行終了	月　刊	
	門			
	フロンティア			
木下工務店	木下ニュース	1981-刊行終了	隔月刊	
グッドマンジャパン	J-REP			
京王不動産	HomeStation			
サッポロ不動産開発	ヱビススタイル			
三友ハウジング	interet			
住建産業	月刊ジューケン	1978-刊行終了	年10回刊	
	Wood one	1988.11-刊行終了	季　刊	
住友不動産	ハウジング	1970-1974	隔月刊	
	In The City			
創生	創生人			
大京	ライオンズライフ	1982-不明	隔月刊	
	ELSA	1985-不明	月　刊	
	BGMビジネスガイドマガジン	1992-不明	季　刊	
大京アステージ	くらしと			
太平洋興発	and／or	1972.5-1973.12	季　刊	
	にゅうふぁみりい	1973-不明	月　刊	
高杉開発	杉の子	1976-刊行終了	季　刊	
	ふれあいぷらざ	1982-刊行終了	月　刊	
東亜興産	ト・ア	1970-1975.3	隔月刊	
東急不動産	ハウジングメンバーズ			
東急リバブル	LIVABLE			
	One Stage			
都市再生機構	UR press	2004.8-	季　刊	前誌：アーバンnext
都市デザインシステム	コープラス		季　刊	
ドッパー	どっぱあ	1979.9-1981	隔月刊	
日本ホームズ	Mr. & Mrs.	1973-刊行終了	月　刊	
野村不動産アーバンネット	おうちに帰ろ	2007.7-2008.11	月　刊	
ビルディング不動産	Collabo	1990-1992	季　刊	
平和観光開発	平和郷だより			

223

社　名	誌　名	刊行期間	刊行頻度	備　考（改題・電子版・編集者が著名等の情報）
松下興産	Logements Style			
三菱地所	アセットライフ	1981.4-不明	季刊	
	The Parkhouse	2011-		
	LANDMARC PRESS		季刊	
	Marunouchi THE PAPER		隔月刊	
森ビル流通システム	chappy			
	Laforet's EYE		月刊	
レオパレス21	レオパレス・タイムズ		月刊	
阪急不動産	ゆめひとくらし			
三井不動産	三井ハウジングニュース	1973-不明	隔月刊	
	S & E (Space & Environment)	1988-不明	季刊	
	Let'sニュース			
	バックグラウンド			
	MuFu!			
	WORKERS FIRST			
西洋環境開発	ヴィルヌーブ通信		月刊	
大栄不動産	ふぉれすと		季刊	
都市基盤整備公団	ひと・まち・くらし	2000.1-刊行終了		
	アーバンnext	2002-2004	季刊	後誌：UR press
	アーバン・ファミリー		季刊	
藤和不動産	不動産センターニュース	1973-刊行終了	隔月刊	
	りぶ	2001-刊行終了		後誌：BELISTA
	BELISTA	2007-2010		前誌：りぶ
	湯島かいわい	1986.9-	半年刊	
日本土地建物	Vital solution news	2004-2010.1	隔月刊	
	CRE SOLUTION Report	2010.4-	半年刊	
野村不動産	まどい	1973-不明	月刊	
	野村ホーム住まいづくりニュース	1981-不明	隔月刊	
有楽土地住宅販売	ハウジングニュース	1986.1-1989	月刊	
倉庫・運輸関連業				
AIR DO	rapora		月刊	
KLMオランダ航空	和蘭		季刊	
	Windmill		隔月刊	
SBSロジコム	LOGILINK	2015.4-	季刊	
エイチ・アイ・エス	H.I.S.Times			
	タビマガ			
	LOVE HAWAII			
	バリフリーク			
	イタリア好き			
	旅するヨーロッパ			
	Free Traveler			
エール・フランス	JETOPICS	1961-不明	月刊	
	Bon voyage	1976-2016	季刊	
近江鉄道	びわ湖・近江路	1970-不明		
大分バス	まりんぶるー	1983-不明	半年刊	
大阪高速鉄道	Osakaモノレール	1997.4-刊行終了	季刊	
	大阪モノレールプレス	-2008.4	月刊	後誌：Osakaモノレールプレス　つれてって
	Osakaモノレールプレス　つれてって	2008.5-刊行終了	月刊	前誌：大阪モノレールプレス
大阪商船	海	1924.7-1943	月刊	
大阪商船三井船舶	海運調査月報	1951.7-1998.9	月刊	
オーストリア航空	一望千里	2006.8-		

社　名	誌　名	刊行期間	刊行頻度	備　考 (改題・電子版・編集者が著名等の情報)
小田急電鉄	小田急だより	1954-不明	季刊	
	マンスリー小田急	1967-不明	月刊	
	おだきゅう	1987.4-1995.3	月刊	
	ODAKYU VOICE	2008.4-2011.4	月刊	
	Odakyu voice home	2011.5-	月刊	
	小田急生活情報誌　CUE！		月刊	
川崎汽船	川崎汽船調査月報	1980.11-1990.3	月刊	後誌：Kline情報開発月報
	Kline情報開発月報	1990.4-1993.6	月刊	前誌：川崎汽船調査月報；後誌：Kline情報センター月報
	Kline情報センター月報	1993.7-1994.3	月刊	前誌：Kline情報開発月報；後誌：Kline調査月報
	Kline調査月報	1994.4-2001.6	月刊	前誌：Kline情報センター月報
	季刊瀬戸内海	1952-刊行終了	季刊	
紀州鉄道	ぱるこおる		季刊	
キャセイ航空	キャセイニュース	1964-不明	月刊	
九州旅客鉄道	Please		月刊	
京王電鉄	京王ニュース	1955.5-	月刊	
	あいぽりー	1996-	隔月刊	
	京成文化	1949.12-刊行終了	月刊	後誌：京成らいん
	京成	1967-不明	月刊	
	京成らいん	不明-	年10回	前誌：京成文化
京浜倉庫	PARTNER	1977-刊行終了	季刊	
コマツ物流	とらんすぽーと			
コンチネンタル・ミクロネシア航空	Pacifica		隔月刊	
コンチネンタル航空	Continental Pacific			
相模鉄道	相鉄瓦版	1976.3-	季刊→年8回	
	そうてつ彩事記	1992-不明	隔月刊	
山陽電気鉄道	山陽ニュース	1950.2-	月刊	
	Escort＝エスコート	2001-	月刊	
四国旅客鉄道	JR四国ニュース	1987-	月刊	
ジャパンライン	緑風			
首都高速道路公団	首都高速	1960-1988.3	季刊	後誌：Net way
	Net way	1989-2010	季刊	前誌：首都高速
商船三井客船	海		季刊	
シンガポール航空	シルバークリス日本版		隔月刊	
新京成電鉄	CiaO		隔月刊	
スカンジナビア航空	Scanorama	1964-	月刊	
	SASニュース			
秩父鉄道	秩父沿線ニュース	-2003.5	月刊	
帝都高速度交通営団	メトロ時代	1936.4-1941	月刊	
	メトロニュース	1960.4-2004.5	隔月刊	
デルタ航空	sky			
東海自動車	伊豆だより	1938-2011	隔月刊	
東海旅客鉄道	L＆G(レディース＆ジェントルメン)	1988.1-不明	月刊	
	かぎろひ	1989.3-不明		
	WEDGE	1989.5-	月刊	
	ひととき	1989-1992	季刊	
	やまとみち	1992-不明		
	ひととき	2001.8-	月刊	
東京急行電鉄	東急グラフ	1955-1969.9		
	SALUS	2001.4-	月刊	
	東急からのお知らせ			

社　名	誌　名	刊行期間	刊行頻度	備　考 (改題・電子版・編集者が著名等の情報)
東京空港交通	Limousine city guide	-1992	季　刊	後誌：Via
	Via	1992.4-	季　刊	前誌：Limousine city guide
東京地下鉄	URBAN LIFE METRO	1995.7-2012.8	隔月刊	
	Tokyoメトロニュース	2004.4-2005.3	月　刊	後誌：Tokyo speed
	Bonjour! Metro	2004-2013	季　刊	
	Tokyo speed	2005.4-2005.6	月　刊	前誌：Tokyoメトロニュース； 後誌：Tokyo Metro News
	Tokyo Metro News	2005.7-	月　刊	前誌：Tokyo speed
	MetroWalker		季　刊	
東武鉄道	マンスリー東武	1949-1985.8	月　刊	後誌：マンスリーとーぶ
	ゆあ東上	1985-	月　刊	
	マンスリーとーぶ	1985.9-	月　刊	前誌：マンスリー東武
	エリア7	1989-不明	月　刊	
	ajouter	2005-	季　刊	
	池袋通信	2005-	季　刊	
	東武沿線見聞録 TOBU MARCO	2006-	隔月刊	
	とーぶエリア7			
	東上線沿線ニュース			
長野電鉄	The NAGANO			
名古屋鉄道	wind	1959-	月　刊	前誌：行楽と文化
	紀ело	1959-不明	月　刊	
	めいてつNEWS	1970-不明	月　刊	
奈良交通	奈良交通ニュース	1976-不明	隔月刊	
南海電気鉄道	ニュース南海	1969-不明	月　刊	
	南海	1971-不明	月　刊	
	南海だより	1972-不明	隔月刊	
	NATTS	2000.11-	月　刊	
	P＋natts	不明-	月　刊	
新潟交通	月刊新潟交通	1961-不明	月　刊	
西日本高速道路サービス・ホールディングス	遊・悠・WesT	2011.9-	隔月刊	
西日本鉄道	西鉄ニュース	1959.6-不明	月　刊	
	レール・アンド・タウン	1976.3-不明		
	沿線の見どころ	1989-不明	年　刊	
	西鉄レポート		半年刊	
西日本旅客鉄道	Blue Signal	1987.5-1995.1；1996.3-	隔月刊	
	Urban network	1988.12-不明	月　刊	
	シティ・ハイク　オオサカ		隔月刊	
日本アジア航空	アジアエコー	1976.1-2008.3	月　刊	

社　　名	誌　　名	刊 行 期 間	刊行頻度	備　考（改題・電子版・編集者が著名等の情報）
日本航空	Jet travel	1962.12-刊行終了		後誌：ジェットトラベル
	季刊おおぞら	1973.7-1989.2	季刊	
	ジェットトラベル	-1979.5	季刊	前誌：Jet travel；後誌：Winds
	Winds（国際線）	1979.6-1987.12	月刊	後誌：ウインズ（国際線）
	Winds	1979.6-1987.12	月刊	前誌：ジェットトラベル；後誌：ウインズ
	Winds　日本航空機内誌	1979.6-1987.12		後誌：ウインズ　日本航空機内誌
	ウインズ	1988.1-1996.3	月刊	前誌：Winds
	ウインズ（国際線）	1988.1-2003.3	月刊	前誌：Winds（国際線）；合併後誌：Skyward（国際線）
	ウインズ　日本航空機内誌	1988.1-2003.3		前誌：Winds　日本航空機内誌；合併後誌：Skyward（国内線）
	CURRENTS	1989.7-2007	隔月刊	
	Agora	1991.4-	月刊	
	Skyward（国内線）	2003.4-	月刊	合併前誌：ARCAS、ウインズ　日本航空機内誌
	Skyward（国際線）	2003.4-	月刊	合併前誌：ARCAS 国際版、ウインズ　日本航空機内誌
	JAL Travel Caf_	2007-不明	季刊	
	Garden Jet			
	エアツーリスト			
日本国有鉄道	R	1959.10-1987.3	月刊	後誌：JR EAST
	国鉄首都圏ニュース	1963-刊行終了	月刊	
	国鉄通信	-1982.3		
日本通運	とらべる	1961-不明	月刊	
	えきすぷれす	1963.4-1968.1	隔月刊	
ニュージーランド航空	Blue Pacific			
ニュープリンス観光バス	signe de B			
はとバス	東京遊覧	1955-1964	月刊	
はとバス旅行	ブライダル	1977-不明	月刊	
パン・アメリカン航空	クリッパーニュース	1959-1965	月刊	
	CLIPPER CARGO HORIZONS	1963-1973		
	Worldwide Marketing Horizons			
阪急タクシー	フロントガラスの向こう側			
阪神高速道路公団	阪神ハイウェイ	1967-2007	季刊	後誌：Hanshin Highway
パンナム	クリッパーニュース	1959-1965	月刊	
	カーゴ・ホライズンズ	1963-1973		
東日本旅客鉄道	JR EAST	1987.4-1994	月刊	前誌：R
	トランヴェール	1988.4-1991.4	月刊	後誌：Train vert
	Train vert	1991.5-	月刊	前誌：トランヴェール
日立物流	TRANS　AGE			
広島電鉄	広電ニュース	1965-不明	月刊	
フィンランド航空	キートス		年2回	
富士急行	富士急ニュース	1992-不明	年3回	
本州四国連絡橋公団	かけ橋	1981-2009	季刊	
	winds way		季刊	
マレーシア航空	金の翼			
万才自動車	万才ニュース			
三重交通	車窓	1948.6-刊行終了		
名鉄電車	名鉄	1963-不明	月刊	
大和運輸	YAMATO	不明	隔月刊	
ヤマト運輸	クロネコだより	1983-刊行終了		
	クロネコだより	2007.7-	季刊	
ユナイテッド航空	ユーエーリーダーズレビュー		隔月刊	

社　名	誌　名	刊行期間	刊行頻度	備　考（改題・電子版・編集者が著名等の情報）
ルフトハンザ・ドイツ航空日本支社	ジェットニュース	1964-1974.12	月刊→隔月刊	
伊豆急行	伊豆急			
関西汽船	関汽旅行ニュース	1967-刊行終了	半年刊	
京阪電気鉄道	京阪	1949-不明	月刊	
	くらしの中の京阪	1976.1-不明	月刊	
	グラフ京阪	1981-不明	半年刊	
	けいはんだより	1988-不明	半年刊	
	京阪ニュース	-1999.3	月刊	後誌：K-PRESS
	K-PRESS	不明-	月刊	前誌：京阪ニュース
京浜急行電鉄	なぎさ	1956.11-1976.12	月刊	後誌：Nagisa
	Nagisa	1977.1-1993.12	月刊	前誌：なぎさ；後誌：なぎさ
	なぎさ	1994.1-	隔月刊	前誌：Nagisa
	京急線普通電車の旅	2007-	隔月刊	
	Haneiro（はねいろ）	不明-		
	京急インフォメーション			
近畿日本鉄道	近鉄	1947-1967.12	月刊	後誌：近鉄ニュース
	近畿文化	1949.10-不明	季刊	近畿文化通信
	真珠	1952-1969.2	季刊	
	近鉄ニュース	1968-	月刊	前誌：近鉄
	きんてつ	1976-不明	月刊	
	沿線歳時記	1990-不明	月刊	
阪急阪神エクスプレス	Link to	2014.1-	季刊	2015年 No.05冬号まではLink!
阪急電鉄	TOKK	1972.4-	月刊	
	阪急沿線	1980.1-1984.2		
	Linea（リネア）	1990-刊行終了	月刊	
	HOT			
阪神高速道路	Hanshin Highway	2007-	季刊	前誌：阪神ハイウェイ
阪神電気鉄道	阪神	1965.7-1987	月刊	
	阪神電車	1966-不明	隔月刊	
	みなさまの足　阪神電車	1976-不明	月刊	
	ホッと！HANSHIN			
商船三井	えちか	2004-2012	季刊	
昭和海運	昭和	-1993.4	月刊	後誌：SHOWA
	SHOWA	1993.5-刊行終了	月刊	前誌：昭和
神戸電気鉄道	神鉄	1953.4-不明	月刊	
西武鉄道	西武ニュース	1966-不明	月刊	
	ホリディ・イン・セイブ	1973-不明	季刊	
	西武鉄道かわら版	1992-	月刊	
	アニッコ	2008.12-不明	季刊	
	cocotto	不明-	月刊	
	むさし			
全日本空輸	翼の王国	1960.9-	隔月刊→月刊	
	ていくおふ	1977.12-	季刊	
	WINGSPAN	1988-	月刊	
大阪高速鉄道	OSAKAモノレールPRESS	不明-		
朝日航洋	季刊朝日航洋			
津軽海峡フェリー	Tug	2010-	季刊	
東亜国内航空	TDAニュース	-1988.3	月刊	後誌：日本エアシステムニュース
東日本旅客鉄道	JR east	1994.4-	月刊	前誌：JR EAST

228

社　名	誌　名	刊行期間	刊行頻度	備　考（改題・電子版・編集者が著名等の情報）
日本エアシステム	日本エアシステムニュース	1988.4-1988.12	月刊	前誌：TDAニュース；後誌：JASニュース
	ARCAS　国内版	1988.7-2003.3	月刊	合併後誌：Skyward（国内線）
	ARCAS　国際版	1988.7-2003.3	月刊	合併後誌：Skyward（国際線）
	JASニュース	1989.1-1997.6	月刊	前誌：日本エアシステムニュース；後誌：JASレポート
	JASレポート	1997.7-2002.10	月刊	前誌：JASニュース
日本トランスオーシャン航空	CORALWAY	1985.8-	隔月刊	
日本空港ビルデング	BIG BIRD PRESS		隔月刊	
	じゃんくしょん		季刊	
日本道路公団	道路公団ニュース	1963-刊行終了	月刊	
	みち	1970.1-2004.4	季刊	
	日本道路公団だより			
北海道旅客鉄道	The JR Hokkaido	1987-	月刊	
情報・通信業				
CA Technologies	SMART ENTERPRISE			
CRC総合研究所	CRC communication	1964.5-1992.3	隔月刊	後誌：CRCコミュニケーション
	CRCコミュニケーション	1992.5-2004	隔月刊	前誌：CRC communication
KADOKAWA	本の旅人	1995.11-	月刊	
KDDI	ISCS bulletin	1985.7-1998.3	月刊	後誌：衛星通信bulletin
	衛星通信bulletin	1998.4-2003.5	月刊	前誌：ISCS bulletin
	TIME & SPACE	2000.10-2014	隔月刊	
	情報通信bulletin	2003.6-2009.2	月刊	
NET	NETニュース			
NTTアドバンステクノロジ	AT's	1998.11-2003.5	隔月刊	
NTTコムウェア	てら	1999.9-2015	季刊	
NTTデータ	consensus community	-2005.12		
	KAERURYOKU	2009-2013	季刊	後誌：INFORIUM
	INFORIUM	2014-		前誌：KAERURYOKU
NTTデータ通信	New Paradigm	1988-刊行終了	季刊	
NTTドコモ	Anywhere	2005.1-不明	季刊	
PHP研究所	文蔵	2005.10-		
RKB毎日放送	放送RKB	1960-不明	隔月刊	
SMBCコンサルティング	MiT	2001.4-2013.3	月刊	合併前誌：住友マネジメントレビュー、さくらあい；後誌：SMBCマネジメント＋
	SMBCマネジメント＋	2013.4-	月刊	前誌：MiT
TBS	調査情報 第3期	2008-	隔月刊	
TIS	システムナビゲータ	1997-不明	季刊	
アイエックス・ナレッジ	ナレッジ・レポート	2001-	半年刊	
青森放送	月刊エリア青森	1972.4-1975.4	月刊	合併前誌：エリア青森，月刊あおもりほうそう
	RABふれあいダイヤル	1976-	月刊	
	月刊あおもりほうそう			合併後誌：月刊エリア青森
	エリア青森			合併後誌：月刊エリア青森
秋田放送	月刊秋田放送			
朝日新聞社	家庭朝日	1931.5-不明		
	広告月報	1960.5-2009.3	月刊	
	朝日出版通信	1961.3-1973.1	月刊	
	朝日家庭便利帖	1973-2000	月刊	
	朝日家庭便利帖	-2000.3	月刊	後誌：暮らしの風
	暮らしの風	2000.4-2009.9	月刊	前誌：朝日家庭便利帖
	家庭と朝日新聞			
朝日新聞出版	一冊の本	1996.4-	月刊	
アスペクト	アスペクト	2006.7-2009		
アルトマン・システム・インターナショナル	季刊アルトマン	1982.11-1986.11	季刊	
	You and me	1982-刊行終了	隔月刊	

社　　名	誌　　名	刊行期間	刊行頻度	備　考（改題・電子版・編集者が著名等の情報）
岩手放送	月刊岩手放送			
岩波書店	岩波書店新刊案内	1934.1-	月刊	後誌：岩波月報
	岩波月報	-1938	月刊	前誌：岩波書店新刊案内；後誌：図書
	図書	1938.8-1942.12; 1949.11(復刊)-	月刊	前誌：岩波月報
	文庫	1951.10-1960.12	月刊	
インターネットイニシアティブ	IIJ.news	1997-	隔月刊	
インテック	インテックファミリー	1973.10-2001.1	季刊	前誌：インテックニュース
	Intec	2001-2006.6	季刊	
	Interlink	2007.1-	季刊	
	インテックニュース			後誌：インテックファミリー
エイベックス	beat freak	1987-2011.6	月刊	
愛媛新聞	アドニュース			
エフエム大阪	フリーマガジン ハチゴーイチ		月刊	
エフエムジャパン	CLUB TOKIO		月刊	
エフエム東京	Monthly Newspaper 80			
エフエムふくやま	レディオBINGO		季刊	
エフエム那覇	筬柄暦	2003.5-	月刊	
エムアールエム	music freak		月刊	
旺文社	出版と販売			
大分放送	OBS	1966.9-不明		
大阪メディア・ポート	Pangaia	1996.10-1998.4	季刊	
大塚商会	BP Navigator			
オービックビジネスコンサルタント	奉行EXPRESS			
学習研究社	学研速報	1968-不明	年36回	
角川書店	角川通信			
北日本新聞社	富山県PR資料			
九州朝日放送	KBCダイヤル			
京都新聞社	トマトマガジン		月刊	
京都放送	京都放送			
グノシスパシフィック	SEQUELINK News		季刊	
熊本放送	熊本放送		月刊	
幻冬舎	ポンツーン	1998.10-	月刊	電子版で継続
	星星峡	1998.2-2013.11	月刊	
講談社	本	1976.2-	隔月刊→月刊(1977-)	
	IN★POCKET	1983.10-		
	Kodansha news clip	不明-	月刊	
高知新聞社	PR高知			
高知放送	季刊高知放送			
神戸新聞社	神戸新聞			
国際航業	文化遺産の世界	2001-2007	季刊	
国際電信電話	国際電信電話	1953-1988.3	月刊	後誌：ON THE LINE
	ON THE LINE	1988.4-2000.8	月刊→隔月刊	前誌：国際電信電話
	OVER THE PHONE		季刊	
コナミ	DS-3		隔月刊	
コンピュータアプリケーションズ	SOFT FORUM	1985-刊行終了	年刊	
さくら総合研究所	さくらeye	1991.7-1992.9	月刊	後誌：さくらあい
	さくらあい	1992.10-2001.3	月刊	前誌：さくらeye；合併後誌：MiT
サン・マイクロシステムズ	グリッド・コンピューティングへの招待			
山陰放送	山陰放送			

社　名	誌　名	刊行期間	刊行頻度	備　考（改題・電子版・編集者が著名等の情報）
産経新聞社	くらしの百科	1959-	月　刊	
	Sankei advertising news	1959.3-1963.12		後誌：Sankei AD monthly
	Sankei AD monthly	1964.1-1968.12	月　刊	前誌：Sankei advertising news
	Metropolitana	2003.1-	月　刊	
	サンケイ			
三省堂	三省堂ぶっくれっと	1975.9-2002.3	隔月刊	
山陽新聞社	山陽レポート			
山陽放送	月刊RSK	-1982.3	月　刊	後誌：メディアRSK
	メディアRSK	1982.4-1988.7	隔月刊	前誌：月刊RSK；後誌：グラフせとらんど
	グラフせとらんど	1988-1991	季　刊	前誌：メディアRSK
シスコシステムズ	インタネットの話			
信濃毎日新聞社	信濃〔第2次〕	1942.1-1947.3	月　刊	後誌：信毎情報
	信毎情報	1948.1-1948.12	月　刊	前誌：しなの；後誌：月刊信毎
	月刊信毎	1949.1-1949.12	月　刊	前誌：信毎情報
集英社	青春と読書	1967-	季刊→隔月刊→月刊	
	COMMUNICATION		月　刊	
小学館	本の窓	1978.2-	月　刊	
	きらら	2004.6-	月　刊	
	STORY BOX	2009.8-	月　刊	
信越放送	日本の屋根	1960-1981.10	月　刊	
新潮社	波	1967.1-	隔月刊→月刊	前誌：Catalogue
	Catalogue			後誌：波
新日鉄情報システム	ENICOM		季　刊	
セガ・エンタープライゼス	SEGA MAGAZINE	1996.11-1997.9	隔月刊	
	SEGA TALK		隔月刊	
仙台放送	いまどきマガジン	2010.2-刊行終了	月　刊	
草思社	草思	1999.5-2005.8	月　刊	
大映	大映グラフ			
大修館書店	辞書のほん	-2015	季　刊	
タイトー	side b		隔月刊	
第二電電	EVERY	1985-刊行終了	隔月刊	
大日本雄弁会講談社	學藝通信			
	書店面白誌			
ダイヤモンド社	エグゼクティブ	1964.7-1972.3	月　刊	後誌：価値ある情報
	価値ある情報	1973.1-1984.3	月　刊	前誌：エグゼクティブ；後誌：Executive
	Executive	1984.4-2001.6	月　刊	前誌：価値ある情報
筑摩書房	筑摩	1959.4-1959.5		後誌：筑摩しんぶん
	筑摩しんぶん	1959.6-1959.7		前誌：筑摩；後誌：読書展望
	読書展望	1959.8-1960.1		前誌：筑摩しんぶん
	ちくま	1969.5-	月　刊	
中国新聞社	中国地方事情			
	中国新聞資料			
	プレスシート			
中国放送	ラジオ中国ニュース			
	放送RCC		月　刊	
中日新聞社	くらしのSPOT			
中部日本放送	放送と宣伝：CBCレポート	1957-1965	月　刊	
長銀総合研究所	長研マネジメントL	1984.2-1989.6	月　刊	後誌：長銀総研L
	長銀総研	1989.7-1998.12	月　刊	前誌：長研マネジメントL
テレビマンユニオン	テレビマンユニオンニュース	1974-不明	月刊→隔月刊	
	赤坂短信			

社　名	誌　名	刊行期間	刊行頻度	備　考（改題・電子版・編集者が著名等の情報）
電通国際情報サービス	INTERFACE		年刊	
東映	東映の友			
東海テレビ放送	月刊THK		月刊	
	月刊東海テレビ		月刊	
東海ラジオ放送	SFマンスリー			
東京通信ネットワーク	みなさまのTTNet	1987-	隔月刊	
	TTNet		隔月刊	
東京放送	調査情報	1958.8-1993.8	月刊	後誌：新・調査情報passingtime
	Lovely	1973-2006	月刊	
	ya-ya	1974.5-刊行終了	隔月刊	
	新・調査情報passingtime	1996-2007	隔月刊	前誌：調査情報
東宝	東宝映画	1938.4-不明	半月刊	
	帝劇	1945-不明		
	Nichigeki	1946.4-不明		
	宝苑	1957-不明		
東北放送	東北放送	1967-不明	季刊	
徳間書店	本とも	2007.7-2011	月刊	
名古屋放送	若い11	1962-不明	月刊	
ナムコ	NOURS	1993-2006	季刊	
南海放送	南海放送			
新潟日報社	新潟日報			
新潟放送	RNKレポート			
日教販	日教販通信	1951-不明	季刊	
日動画廊	繪	1964.3-2003.3	月刊→隔月刊	
日活	日活映画	1925.3-不明		
日刊工業新聞	はぐるま	-1992.8		
日刊スポーツ新聞社	にっかん	1963-不明	月刊	
ニッポン放送	VIVA young	1968.9-不明	月刊	
日本オラクル	Oracle Magazine		季刊	
	Profit			
日本経済新聞社	日経広告手帖	1954.1-2009.6	月刊	
	日経手帳			
	日経インテレッセ			
	日経販売店だより			
日本コロムビア	コロムビアニュース			
日本総合研究所	Japan Research Review	1991.1-2005.6	月刊	後誌：Business & economic review
	Business & economic review	2005.7-2012.9	月刊	前誌：Japan Research Review
	JRIレビュー	2012-	不定期	
日本短波放送	短波手帳			
	NSBジャーナル			
日本テレコム	はーとびーと	1986-刊行終了	月刊	
日本テレビ	月刊日本テレビ	1958.2-1968.1	月刊	
日本電子計算機	国産電子計算機ニュース	-1978.5	月刊	後誌：日本電子計算機ニュース
	日本電子計算機ニュース	1978.6-1980.11	月刊	前誌：国産電子計算機ニュース；後誌：JECCニュース
	JECCニュース	1980.12-	隔月刊	前誌：日本電子計算機ニュース
日本電信電話	NTTぷらざ	1985.4-1999.6	月刊	前誌：電信電話
	Communication	1986.6-2000.2	隔月刊	
日本電信電話公社	電信電話	1949.10-1985.3	月刊	後誌：NTTぷらざ
	ダイヤル	1963.10-1973.3	月刊	後誌：テレトピア

232

社　名	誌　名	刊行期間	刊行頻度	備　考 (改題・電子版・編集者が著名等の情報)
日本電信電話公社	コミュニケーション	1972.4-1985.12	季　刊	合併後誌：てれとぴあ
	テレトピア	1973.4-1985.3	月　刊	前誌：ダイヤル；後誌：てれとぴあ
	花暦	1984-刊行終了	季　刊	
	てれとぴあ	1985.4-1986.3	月　刊	前誌：テレトピア
	電々通信		隔週刊	
	電信電話新聞			
日本放送協会	放送文化	1946.6-1985.3	月　刊	
	NHK	1960.5-1965.3	半月刊	後誌：グラフNHK
	グラフNHK	1965.10-1990.4	月　刊	前誌：NHK；後誌：STERA
	新放送文化	1986-1993	季　刊	
	STERA	1990.5-1991.4	週　刊	前誌：グラフNHK；後誌：BS & TV STERA
	BS & TV STERA	1991.4-1992.3	週　刊	前誌：STERA；後誌：STERA
	STERA	1992.4-1996.3	週　刊	前誌：BS & TV STERA；後誌：ステラ
	放送文化	1994.7-2001.8	月　刊	後誌：HB
	ステラ	1996.4-	週　刊	前誌：STERA
	HB	2001.11-2002.10	月　刊	前誌：放送文化；後誌：放送文化
	放送文化	2003.12-2011	季　刊	前誌：HB
日本ユニシス	えすぷり	1987-2001		前誌：L'esprit
日本ユニバック	Univac news	1961.6-1983.6	月　刊	後誌：ユニバックニュース
	Decision	1970-1974.1	季　刊	
	Lesprit	1971-1984.11	季　刊	後誌：えすぷり
	ユニバックニュース	1983.7-1988.3	月　刊	前誌：Univac news；後誌：ユニシスニュース
	コンピュータ・サイエンス			
バンダイナムコゲームス	B-NOURS	2006-2009	季　刊	
	Side-BN			
福音館書店	あのね	1992.10-不明		
富士総合研究所	Φ	1989.10-2002.4	月　刊	後誌：Meme
	Meme	2002.5-2002.9	月　刊	前誌：Φ
藤原書店	機	1990-	月　刊	
文化放送	ラジオコマーシャル	1960-1984.12	不定期	
	ヴィレッヂ	1970.10-不明		
	あら	1991-不明	半年刊	
	文化放送 AM1134 fukuMIMI	2006.4-		
文藝春秋	本の話	1995.7-2011.10	月　刊	
平凡社	書店少年	1928.11-不明		
	国民百科	1962.9-1967.9	月　刊	後誌：月刊百科
	月刊百科	1967.10-2011.6	月　刊	前誌：国民百科
北海道新聞社	北海道レポート			
北海道放送	ネットワーク	1961-不明	月　刊	
ポリスター	Mode		季　刊	
毎日新聞社	毎日夫人	1960.2-	月　刊	
	Space	1970.1-1989.9	月　刊	後誌：Mainichi new space
	Mainichi new space	1989.10-1991.10	月　刊	前誌：Space；後誌：毎日新聞new space
	毎日新聞new space	1991.11-1992.5	月　刊	前誌：Mainichi new space； 後誌：Mainichi new space
	Mainichi new space	1992.6-1992.12	月　刊	前誌：毎日新聞new space；後誌：Space
	Space	1993.1-2017.2	月　刊	前誌：Mainichi new space
マガジンハウス	鳩よ！	1983.12-2002.5		
	銀座3丁目から	1990.9-1993.5	月　刊	
	ウフ	2002.7-2009.5		
松竹合名会社	中座	1926.9-刊行終了		後誌：道頓堀
	道頓堀	1927.1-刊行終了		前誌：中座
みすず書房	みすず	1959-	月　刊	
みずほ情報総研	NAVIS	2007.7-	季　刊	

社　名	誌　名	刊行期間	刊行頻度	備　考（改題・電子版・編集者が著名等の情報）
三井情報	Inside Cube	2008-	季刊	
三井情報開発	総研レビュー	1922-不明	季刊	
三菱総合研究所	MCC	-1974.8	月刊	
	MRIニュースレター	1977.6-1983.3		後誌：MRI news letter
	MRI news letter	1983.7-不明	季刊	前誌：MRIニュースレター
光村図書出版	総合学習		半年刊	
南日本新聞社	南日資料			
	Felia			
	てぃーたいむ			
南日本放送	MBCクォータリー	1959-1982	半年刊	
未来社	未来	1963-	月刊→季刊	
山形放送	月刊山形放送			
山梨放送	やまなし			
ユーザックシステム	Meijin PRESS	2009.1-	半年刊→不定期	
有斐閣	書斎の窓	1953.6-	月刊→隔月刊	
読売新聞社	読売家庭版	1965-	月刊	後誌：リエール
	これが中国だ	1967.3-1967.7		
	YOMIPACK	1975-	季刊	
	読売カラー百科	1975-不明	月刊	
	リエール	2009.5-2013.12	季刊	前誌：読売家庭版；後誌：読売家庭版
	読売家庭版	2014.1-	月刊	前誌：リエール
読売テレビ	YTV report	1959-1975.9	年6回	
琉球放送	RBC			
伊藤忠電子計算サービス	学際	1968.12-1975.3	季刊	
横河技術情報	C & S : Create & service	1985.1-2000.5	半年刊	
吉川弘文館	本郷	1995.1-	季刊→隔月刊	
国際航業ホールディングス	Zutto	1998-刊行終了	不定期	
山川出版社	世界史の研究	1954-1967	季刊	合併後誌：歴史と地理
	日本史の研究	-1967.4	季刊	合併後誌：歴史と地理
	歴史と地理	1968-	月刊	合併前誌：世界史の研究；日本史の研究；地理の研究
	人文地理の研究			後誌：地理の研究
	地理の研究		季刊	前誌：人文地理の研究；合併後誌：歴史と地理
住友ビジネスコンサルティング	繁栄の泉	1980.1-1988.12	月刊	後誌：住友マネジメントレビュー
	住友マネジメントレビュー	1989.1-2001.3	月刊	継続前誌：繁栄の泉；合併後誌：MiT
神奈川新聞社	ig	2005-不明		
西日本放送	RNC	-1966.5	月刊	後誌：瀬戸内海
	瀬戸内海	1966-1967	隔月刊	前誌：RNC；後誌：RNCエリア情報
	RNCエリア情報	1968-1989.3		前誌：瀬戸内海
仙台放送	仙臺いろは	2015.6-	月刊	前誌：いまどきマガジン
全国朝日放送	ON THE AIR	1988-刊行終了	季刊	
太陽神戸三井総合研究所	経営レポート	1982.4-1991.6	月刊	後誌：さくらeye
大和総研	大和レビュー	2001-2004	季刊	
中央公論社	書店はんじょう	-1974.2	月刊	
朝日放送	月刊朝日放送	1954.4-1955	月刊	後誌：放送朝日
	放送朝日	1955-1975.12	月刊	前誌：月刊朝日放送
	くらしのABC	1958.11-不明		
	Voice of Voices		年刊	
帝国データバンク	COSMOS NEWS	1985.1-不明		
天神エフエム	EP	1998.10-	隔月	

社　名	誌　名	刊行期間	刊行頻度	備　考（改題・電子版・編集者が著名等の情報）
東京書籍	教室の窓	1952-	月刊	
東京堂	東京堂月報	-1941.10	月刊	後誌：読書人
	読書人	1941.12-1944.4; 1951.4(復刊)-不明	月刊	前誌：東京堂月報
東洋経済新報社	ベターライフ	1964.11-1973.12	季刊	
	東洋経済書窓	1971.8-1978.10	季刊	
	東洋経済だより			
日商エレクトロニクス	NE COMMUNICATION			
日本ユニシス	クレオ	1981.12-1993.4		
	ユニシスニュース	1988.4-2002.12	月刊	前誌：ユニバックニュース；後誌：Club Unisys magazine
	Club Unisys magazine	2003.1-2005.9		前誌：ユニシスニュース
	Club Unisys + plus	2005.10-2017	隔月刊	
日本電気コンピュータシステム	Communications		月刊	
日本電信電話	Alga	1989.10-1991.4	隔月刊	
	ハローインフォメーション	1991-	随時	
	from NTT	1991-	隔週刊	
	Inter Communication	1992-2008	季刊	
日本郵政公社	P&T	1988.4-1998.10	月刊	後誌：郵政トピックス
	郵政トピックス	1998.11-2004.4	月刊	前誌：P&T
	Macco	2005-不明		
日立ソリューションズ	プロワイズ		季刊	
浜銀総合研究所	Best Partner	1989.1-	月刊	
野村総合研究所	ＮＲＩレファレンス	1978.8-1981		
	知的資産創造	1993-	月刊	
	NRIシステム・マンスリー	1998.1-2001.12	月刊	前誌：NCC情報マンスリー・レポート；後誌：ITソリューションフロンティア
	未来創発	2000-不明	不定期	
	ITソリューションフロンティア	2002.1-	月刊	前誌：NRIシステム・マンスリー
	NCC情報マンスリー・レポート			後誌：NRIシステム・マンスリー
電気・ガス業				
九州電力	九電	1952-不明	季刊	
	九電だより	1956.1-不明	月刊	
	ともろう	2003-不明	季刊	
京葉瓦斯	がすぷらざ	1975.10-不明	月刊	
四国電力	電力だより	1953.7-1991.4	月刊	後誌：ライト＆ライフ
	ライト＆ライフ	1991.5-	月刊	前誌：電力だより
	ルネサンス四国	1992-2012	半年刊	
西部ガス	パイプライン	1974-不明	季刊	
ゼネラル瓦斯	アラジンの炎	1973-不明	季刊	
中国電力	中国電力だより	1954.11-刊行終了		後誌：中電だより
	中電だより	1961.5-不明	隔月刊	前誌：中国電力だより
	エネルギア地域経済レポート	1974-	月刊	
	エネルギアレポート	1981-2010	季刊	電子版で継続
	夢づくり	1986-不明	隔月刊	
	碧い風	1992.8-	季刊	
中部電力	中電グラフ	1955-不明	季刊	
	交流	1979-不明	季刊	
	BELLE EPOQUE	1987-不明	半年刊	
	生活畑	1988-不明	季刊	
	Enchant´e		季刊	
電源開発	電源	1956.6-2004.3		後誌：J-powers
	電発グラフ	1971-1973	季刊	後誌：でんぱつ
	でんぱつ	1973-1980	季刊	前誌：電発グラフ；後誌：Phase

235

社　名	誌　名	刊行期間	刊行頻度	備　考（改題・電子版・編集者が著名等の情報）
電源開発	Phase	1980.10-2005.1	季　刊	前誌：でんぱつ；後誌：Global edge
	J-powers	2004.4-	月　刊	前誌：電源
	Global edge	2005.4-	季　刊	前誌：Phase
東京コークス	コークダイジェスト	1961-1976.8	隔月刊	
日本原子力発電	原電レポート	1985.3-1992.5		後誌：You & me
	You & me	1993-1999	年3回刊	前誌：原電レポート
	e	1999-2002		
広島ガス	広島ガス	1961-1991.3	月　刊	後誌：ひろガス
	ひろガス	1991.4-2002.3	月　刊	前誌：広島ガス；後誌：Good life
	Good life	2002.4-2004.3	月　刊	前誌：ひろガス；後誌：GAS　LAND
	GAS　LAND	2004.4-	年　刊	前誌：Good life
北陸電力	北電	1962.9-不明	年3回→年2回	
	ぴいぷる	1982.3-不明	半年刊	
	えるふぷらざ	1991-	季　刊	
北海道瓦斯	わたしたちのまち、わたしたちのガス	1973.4-不明	季　刊	
	ガス便り			
北海道電力	北電レポート	1951.9-不明		
	北電ニュース	1952.2-不明		
	農業電化期報	1956.9-不明		
	フロンティア	1964.10-不明	半年刊	
	電力レポート	1971-不明	半年刊	
	ファミリー版あなたの電気	1976-不明	隔月刊	
三菱液化瓦斯	三菱プロパン	1978-刊行終了	月　刊	
ヤマサ総業	Life Stage			
関西電力	ひらけゆく電気	1952.11-1994.10	月　刊	後誌：わっと
	縁	1984-2001	隔月刊	
	わっと	1994.11-2014.9	月　刊	前誌：ひらけゆく電気
	躍	2008-	季　刊	
	関電グラフ			
大阪瓦斯	夢みるくらし	1959.11-不明		
	Pipe line	1961-不明	隔月刊	
	ガスニュース	1963.11-不明	隔月刊	
	商売繁盛	1965.7-不明	隔月刊	
	あすなろ	1965-不明	隔月刊	
	暮らしとガス	1974.2-不明	季　刊	後誌：Flame
	みなさまの大阪ガス	1980-不明	半年刊	
	CEL	1987.2-	季刊→年3回刊	
	Flame	1989.6-不明		前誌：暮らしとガス
	Gas Epoch	1993-不明	季　刊	
	OSAKA GAS TOPICS	1994-2003.4	季　刊	
	Utila			
	G front			
	RENEW			
東京瓦斯	ガスニュース	1956.1-1970.12	月　刊	後誌：星
	GUS age	1970-不明	年3回	
	星	1971.1-1988	隔月刊→季刊	前誌：ガスニュース
	ARGUS	1971.5-1997	不定期	
	東京ガスレポート	1973.11-1984.8	年3回	後誌：Tokyo Gas report
	暮らしと街とガスと	1977.5-1988	隔月刊→季刊	
	Live energy	1981-2017		
	GINZA POCKET PARK NEWS	1984.4-1999.5	季　刊	

236

社　名	誌　名	刊行期間	刊行頻度	備　考（改題・電子版・編集者が著名等の情報）
東京瓦斯	Tokyo Gas report	1985.4-1990.9, 1992.3-	年刊	前誌：東京ガスレポート
	Urbane	1988.6-1992.3	季刊	
	このまち—東京ガス通信	1991.11-1997.6	季刊	
	ひと・まち・くらし	1998-2001	季刊	
東京電力	東電グラフ	1953.6-1987.9	月刊	後誌：グラフTEPCO
	地域開発ニュース	1967.5-2004.12	月刊→季刊	後誌：CHIKAI
	東電レポート	1980-1993	季刊	後誌：TEPCOレポート
	E・LIFE	1986-1998	季刊	
	グラフTEPCO	1987.10-2005.3	月刊	前誌：東電グラフ；後誌：Graph TEPCO
	ILLUME	1989.4-2007.12	半年刊	
	TEPCOレポート	1993.5-2010	不定期	前誌：東電レポート
	CHIKAI	2005.3-2010	季刊	前誌：地域開発ニュース
	Graph TEPCO	2005.4-2008.3	月刊	前誌：グラフTEPCO
	Sola	-2011		
東邦瓦斯	住まいとガス	1966-不明	季刊	
	ガスサプライ	1978.4-不明	半年刊	
	千客万来	1987.5-不明	半年刊	
	E.MAIL	1991.3-不明	季刊	
	Liaison	1991-不明	年3回	
	東邦ガスサロン			
	もぎたてキャッチ		月刊	
	le gout（ル・グー）		年刊	
東北電力	家庭と電気	1955-1986.3	月刊	後誌：白い国の詩
	白い国の詩	1986.4-2011	月刊→季刊	前誌：家庭と電気
	Famita	1993-不明	季刊	
	Yui	2005.7-	季刊	
	東北電力ニュース			
日本発送電	発送電	1941.5-1951.4	隔月刊	合併前誌：發送電社報, 發送電産業報國會々報
北海道電力	あなたの電気	不明-	月刊→不定期	
サービス業				
CSK	飛龍	1988-2007.12	隔月刊	
JALホテルズ	The Fountains	1985-1992	季刊	後誌：ファウンテンズ
	ファウンテンズ	1992-1995	季刊	前誌：The Fountains
NECフィールディング	ふぃーるでぃんぐ	1983-	季刊	
NHVホテルズインターナショナル	HUIS TEN BOSCH ERASMUS		季刊	
NTTアド	目黒発			
	先事新聞		季刊	
NTTテレマーケティング	POPPING TALK		季刊	
NTTファシリティーズ	FUSION	1994-2005	季刊	
YDKシステムセンター	未来短信	1982-刊行終了	月刊	
アクアライン	アクアタイムズ	2008.10-不明	季刊	
アクセンチュア	Outlook	2002.10-2014.6	年3回刊	
アデコ	Vistas Adecco			
アド・サークル	王様手帖	1963-	月刊	
アパ・グループ	Apple town	1991-	月刊	
エス・ティー・ワールド	私の隠れ家ホテル		不定期	
エムエイチユニット	タベルヒト			
大阪ロイヤルホテル	LOBBY	1967-不明	月刊	
オプスクリエイティブデザインスクール	オプスプレス		季刊	
オリエンタルランド	ファミリー・エンターテイメント	1983-不明	季刊	
	TDL News	1986-不明	季刊	

社　名	誌　名	刊行期間	刊行頻度	備　考（改題・電子版・編集者が著名等の情報）
オリコミ	広告美術	1952-不明	季　刊	
風の旅行社	風・通信		季　刊	
キイ・プロダクション	Key	1961-不明	月　刊	
協同広告社	くらしのABC			
協同宣伝	ファームセブン			
協和広告	アドレビュー			
くもん子ども研究所	Chalaza	1991.4-1993.1	季　刊	
ザ・ガード	ザ・ガード			
サニクリーン	UNIPRESS			
三晃社	三晃社通信			
ジェイティービー	ぶろむなあど		季　刊	
ジャパンネットワークツアー	いぬのたまご		不定期	
商品科学研究所	Core	1974.10-1993.6	年5回	後誌：Two way 生活研究号
	Two way	1974-1993	隔月刊	後誌：Two way 生活情報号
	Two way 生活情報号	1993.8-1994.12	隔月刊	前誌：Two way；後誌：Two way 生活情報誌
	Two way 生活研究号	1993.9-1995.1	隔月刊	前誌：Core；後誌：Core
	Two way 生活情報誌	1995.2-1998.4	隔月刊	前誌：Two way 生活情報号
	Core	1995.4-1998.3	隔月刊	前誌：Two way 生活研究号
新日本観光	東京のすべて			
住友グループ広報委員会	すみとも	1997.1-2001.11	季　刊	
千広企画	隣人	1971.1-1994.5	月　刊	後誌：Neighbor
	Neighbor	1994.6-	月　刊	前誌：隣人
綜合警備保障	SECURITY SMILE	1993-刊行終了		
	安心生活サポートマガジンALSOK	2003-不明	月　刊	
増進会出版社	Aupio	1991.5-1992.3	月　刊	前誌：Okeanos δuo；後誌：アヴリオ
	アヴリオ	1992.4-1993.3	月　刊	前誌：Aupio
	Okeanos δuo			後誌：Aupio
第一勧銀ハウジングセンター	家づくり	1969.11-1991.12	月　刊	後誌：Housing & Living
	Housing & Living	1992.1-2000.3	月　刊	前誌：家づくり
第一企画	マスコミュニケーションと広告	1981-不明	季　刊	
第一興商	ベタ	2000.5-不明	月　刊	
	michika			
大広	あど・えりあ	1959-1960		
	アドリサーチ月報	1961.6-刊行終了		後誌：Advertising research quarterly
	Advertising research quarterly	1963.7-不明		前誌：アドリサーチ月報
太陽ハウジングセンター	明るい住まい	1972-不明	月　刊	
ダスキン	ダスキン喜びのタネまき新聞	1971-	月　刊	
	愛の店からのラブレター	1977.5-1979	4週に1回	
知性PRセンター	暮し			
帝国ホテル	インペリアル	1972-1993	季刊→隔月刊	後誌：IMPERIAL
	IMPERIAL	1994.1-	季　刊	前誌：インペリアル
ディスクガレージ	PAPER DI：GA			
デザイン・スタジオ・ブレーン	ワンダーシネマ	1973-不明	季　刊	
電通	市場の調査と分析並にPR	1953.2-1955.6	月　刊	合併後誌：電通調査と技術
	宣伝技術	1953-不明		合併後誌：電通調査と技術
	電通報	1954-	年36回	
	電通広告論誌	1955.1-不明	季　刊	
	電通調査と技術	1955-1965	月　刊	合併前誌：宣伝技術, 市場の調査と分析並にPR；後誌：季刊クリエティビティ
	Marketingと広告	1956.10-1965	月　刊	前誌：マーケッティング・広告；後誌：マーケッティング・広告
	マーケッティング・広告	1956.9-刊行終了		後誌：Marketingと広告
	マーケティングと広告	1965.8-1973.3	月　刊	前誌：Marketingと広告；後誌：月刊アドバタイジング

社　名	誌　名	刊行期間	刊行頻度	備　考（改題・電子版・編集者が著名等の情報）
電通	季刊クリエイティビティ	1966-1973	季刊	前誌：調査と技術
	月刊アドバタイジング	1974.3-2000.3	月刊	前誌：マーケティングと広告；後誌：Advertising
	Advertising	2000-2009	季刊	前誌：月刊アドバタイジング
電通PRセンター	PRニュース	1963-不明	月刊	
電通総研	HUMAN STUDIES	1988.7-2003.3	半年刊	
東急観光	Top news	1960-不明	月刊	
東急ホテルチェーン	東急サロン	1971.4-2002	月刊	
	Comforts	2002-	季刊	
	四季			
東京プリンスホテル	TOP	1968-不明	月刊	
道祖神	Do DO WORLD NEWS		季刊	
図書館流通センター	TRCほんわかだより	1986.5-1999.11	月刊	
トラベル世界	Flying Rabbit		季刊	
中日本高速道路	NEO　ROAD	1994-	季刊	
	高速家族	2007-	隔月刊	
南海サウスタワーホテル大阪	South Wind		隔月刊	
ニチイ学館	Tomoniile	2009-2015	隔月刊	
日東興業	Nitto-family	1980.3-不明		
	クラブライフ			
日本交通公社	旅行春秋	1957.4-1983	月刊	合併後誌：Yes
	J	1962.11-不明		
	海外旅行情報	-1964.5	半月刊	後誌：パスポート
	パスポート	1964.6-1983.4	月刊	前誌：海外旅行情報；合併後誌：Yes
	観光文化	1976.12-	隔月刊	
	Yes	1983.7-不明	月刊	合併前誌：パスポート，旅行春秋
	旅行ニュース			
	旅路			
日本ビューホテル	フロムビュー	1985-	隔月刊	
日本リサーチセンター	あなたは王様	1960-刊行終了	隔月刊	後誌：エース
	エース	1973-	季刊	前誌：あなたは王様
日本旅行	日旅	1954-1983.12		後誌：赤い風船
	赤い風船	1984.1-不明	季刊	前誌：日旅
日本和装	KOSODE	1999.9-2015	季刊	電子版で継続
ニュース企画	てれとぴあ	1977-1986	月刊	
のん工房	エピキュリアン	1974-刊行終了	季刊	
博報堂	博報堂月報	1948-1954	月刊	後誌：広告 恋する芸術と科学
	広告 恋する芸術と科学	1955.1-1966；1978.9(復刊)-	隔月刊→季刊	前誌：博報堂月報
	美を求めて	1975.8-1978.4	月刊	
白洋舎	うららか	1956-1989	季刊	
長谷川興産	チョクリ		半年刊	
パレスホテル	パレス	1962.12-刊行終了	月刊→隔月刊	
阪急交通社	阪急旅倶楽部		月刊	
弘報社	マーケット北海道			
フェニックスリゾート	SEAGAIA RE-SOUL STYLE		隔月刊	
藤田観光	FUJITA KANKO NEWS	1977-不明	隔月刊	
	Fcnews	1981-不明	季刊	
	株主通信「四季」	1992-不明	半年刊	
船場SC綜合開発	Communion	1977-不明	隔月刊	
ブルーチップスタンプ	Family circle	1978.11-1983.11	月刊	
フルキャスト	CAST VOICE			
ベネッセコーポレーション	ゆめみらい			
編集工房	暮しの工夫			

社　名	誌　名	刊行期間	刊行頻度	備　考（改題・電子版・編集者が著名等の情報）
ホテル・ハイランドリゾート	RESORT-WIND		季　刊	
ホテルエドモンド	delice		半年刊	
ホテルオークラ	葵	1965-1973；1976-1995	季　刊	
ホテルニューオータニ	FRIENDLY	1972.12-不明	季刊→隔月刊	前誌：扇
	扇			後誌：FRIENDLY
マイクロソフトウェア・アソシエイツ	CPNEWS	1982-刊行終了	季　刊	
毎日広告社	Chaier be maiko			
	毎広手帖			
萬年社	アド・リポート	1960-刊行終了		
マンパワー・ジャパン	季刊マンパワー	1980.11-1984.2	季　刊	
メイテック	Think tank	1981-1995	季　刊	
メモリアルアートの大野屋	季刊スフィンクス		季　刊	
モック	アイモック ウェディング スタイル		年3回刊	
ユーラシア旅行社	Eurasia	1992.10-	月　刊	
ユナイテッド・トラベル・スタディ・サービス	tabi gaku		隔月刊	
読売広告社	読広ニュース			
代々木ゼミナール	YOZEMI JOURNAL		月　刊	
楽天地	楽天地ニュース	1981-不明	月　刊	
リクルート	HUMAN・AD	1990-2008	季　刊	後誌：A&R company
	HUMAN AGE	1990-不明	季　刊	
	R´ESUM´EX	1991.1-1993.9	季　刊	
	A&R company	2009.4-不明		前誌：HUMAN・AD
	Gappie		季　刊	
リビング・デザインセンター	LIVING DESIGN	1998.9-2006.7	隔月刊	後誌：LD
	LD	2006-2009	季　刊	前誌：LIVING DESIGN；後誌：SUSU
	OZONE		隔週刊	
ロイヤルホテル	RIHGA ROYAL NEWS	1990-不明	年　刊	
ワールド航空サービス	海外旅のひろば	1979-1990.6		
	WORLD 旅のひろば	1990.7-	月　刊	
ワコールアートセンター	SPIRAL PAPER		隔月刊	
近畿日本ツーリスト	あるく　みる　きく	1967.3-1988.12	月　刊	
	ツーリスト	1967-不明	月　刊	
	日本観光文化研究所研究紀要	1981.12-1988.12		
	おとなの旅空間	2005-2006		
光益社	日々好日		季　刊	
第一広告	Monthly Daiichi	-1967.1	月　刊	後誌：The Dai-Ichi
	The Dai-Ichi	1967-1970	季　刊	前誌：Monthly Daiichi
丹青社	tansei.net	2000-2009		
東京リーガルマインド	法律文化	1990-2007.3	隔月刊	
南北社	アド・ニュース			
日本公文教育研究会	文	1985.11-2010	季　刊	後誌：文next
	文next	2011.1-	半年刊	前誌：文

著者略歴

三島 万里（みしま・まり）

文化学園大学現代文化学部教授
津田塾大学国際関係学科卒業後、国民経済研究協会研究助手、
2006年東京経済大学大学院コミュニケーション学研究科博士
課程学位修得。著書『広報誌が語る企業像』（日本評論社）が
2008年度日本広報学会賞優秀研究奨励賞受賞。

企業広報誌の世界
―広報誌から企業コミュニケーションを読み解く

2018年7月25日　第1刷発行

著　　者	三島万里
発 行 者	大高利夫
発　　行	日外アソシエーツ株式会社

〒140-0013 東京都品川区南大井6-16-16 鈴中ビル大森アネックス
電話 (03)3763-5241（代表）FAX(03)3764-0845
URL http://www.nichigai.co.jp/

発 売 元／株式会社紀伊國屋書店
〒163-8636 東京都新宿区新宿3-17-7
電話 (03)3354-0131（代表）
ホールセール部（営業）電話 (03)6910-0519

組版処理／有限会社デジタル工房
印刷・製本／株式会社平河工業社
装　　丁／小林彩子 (flavour)

©Mari MISHIMA 2018
不許複製・禁無断転載　《中性紙H-三菱書籍用紙イエロー使用》
〈落丁・乱丁本はお取り替えいたします〉

ISBN978-4-8169-2731-7　　Printed in Japan, 2018

企業不祥事事典Ⅱ
―ケーススタディ2007-2017
結城智里 監修　A5・400頁　定価（本体5,550円＋税）　2018.5刊

2007～2017年に発生した企業不祥事についての事典。代表事例100件と関連する事例215件を収録。特に社会的影響の大きかった100件については、事件の背景、発端、その後の経緯、会社の対応、警察・検察の動き、裁判等を詳述。「事項名索引」付き。

企業名変遷要覧2
機械振興協会経済研究所　結城智里 編
B5・800頁　定価（本体30,000円＋税）　2015.12刊

国内主要企業の社名変遷が一覧できるツール。2006年以降の新規上場を含む、商号・社名変更や持株会社・海外子会社の設立など、変遷のあった企業3,200社を収録。「業種別一覧」「社名索引」付き。

白書統計索引

各種白書に収載された表やグラフなどの統計資料の総索引。主題・地域・機関・団体などのキーワードから検索でき、必要な統計資料が掲載されている白書名、図版番号、掲載頁がわかる。

白書統計索引2016
　　A5・950頁　定価（本体27,500円＋税）　2017.2刊

白書統計索引2013
　　A5・920頁　定価（本体27,500円＋税）　2014.2刊

スキルアップ！　情報検索―基本と実践
中島玲子・安形輝・宮田洋輔 著
A5・200頁　定価（本体2,300円＋税）　2017.9刊

情報検索スキルを高め、検索時間の短縮と楽しさを実感できるテキスト。豊富な例題を通じて検索方法の考え方を易しく解説。的確な情報を、最適な情報源で素早く見つけられるスキルが身につく。

データベースカンパニー
日外アソシエーツ　〒140-0013　東京都品川区南大井6-16-16
TEL.(03)3763-5241　FAX.(03)3764-0845　http://www.nichigai.co.jp/